WHY NOT

불온한 자유주의자 유시민의 세상 읽기

WHY NOT?

2000년 2월 17일 초판 1쇄
2010년 5월 25일 초판 9쇄

지은이 | 유시민

편 집 | 문해순, 박대우
영 업 | 김우정
관 리 | 이영하

펴낸이 | 장의덕
펴낸곳 | 도서출판 개마고원
등 록 | 1989년 9월 4일 제2-877호
주 소 | 서울시 마포구 공덕1동 105-225 2층
전 화 | (02) 326-1012
팩 스 | (02) 326-0232
이메일 | webmaster@kaema.co.kr

ISBN 89-85548-52-2 03300

www.kaema.co.kr

WHY

불온한 자유주의자 유시민의 세상 읽기

NOT

?

개마고원

차례

책 머 리 에 · 6

1 생각의 감옥으로부터의 해방

이 땅에서 자유주의자로 산다는 것은 · 11

나는 국론통일이 싫다 · 16

'한국적 자유주의'의 비극 · 21

조지 오웰, 2000 · 31

내가 아직도 악몽을 꾸는 이유 · 40

국가안보를 위한 위험천만한 초능력 · 51

보는 만큼 알게 된다 · 58

'음험한 평화'에 도전하는 전투적 자유주의자들 · 62

우리가 '미련한 인간들'에게 진 빚 · 74

2 '시장'의 미덕과 악덕

시장경제는 들꽃이 아니다 · 87

그 많던 경제전문가들은 다 어디로 갔나? · 92

U.S.A 경제학의 한계 · 112

성공한 화폐 위조는 범죄가 아니다? · 125

수출은 악이요, 수입이 선이다 · 137

나를 슬프게 하는 것들 · 147

우리 나라엔 신문배달부가 너무 많다 · 151

사회적 협약은 '화장'에 불과한가? · 164

정작 구조조정의 대상은 경제 권력이다 · 168

'과소비'도 때로는 미덕이다 · 174

손해는 나누고 이익은 독차지하겠다? · 180

'현대'에서 벌어진 중세의 비극 · 185

3 정치에도 자유경쟁을

정당은 없다 · 191

투표하지 않을 권리 · 196

더 낮게, 더 천천히, 더 가까이 · 201

"넌 좋겠다. TK라서!" · 207

'일해(日海) 대사'의 행복 찾기 · 212

깨끗한 절망을 위하여 · 222

해바라기는 있다 · 231

개인적 원한과 비판은 다르다 · 234

그 사건은 제발 들추지 마세요? · 240

비전향 장기수에 관한 단상 · 244

"통일하지 맙시다!" · 249

탈북자의 인권과 위험한 이웃, 중국 · 254

4 낡은 권위와의 결별

인문 정신은 누구의 몫인가? · 263

대학 개혁, 고양이 목에 방울 달기 · 267

희한한 '총단결'의 우울한 여운 · 278

'후안무치'는 힘이 세다 · 282

웬 군사부일체(君師父一體)? · 286

이유 있는 반항 · 293

전문성은 만병통치약이 아니다 · 296

238<61? · 300

얼굴 있는 '박노해'의 거품 · 304

난폭한 화해 · 315

나도 때로는 포르노그라피의 주인공이고 싶다? · 319

아직도 '개 옆구리'가 필요하십니까? · 324

지나친 여성화, 지나친 남성화 · 329

에필로그/ 다시 슬픔과 노여움으로 · 332

이 책의 목표는 우리 사회를 지배하는 권력자와 다수파의 횡포에 맞서 싸우는 것이다. 나는 사회의 발전과 역사의 진보를 갈망하며, 국민 개개인의 사상적 개안(開眼)과 정신적 진보가 이루어지는 바로 그만큼 사회도 발전한다고 믿는다. 그리고 군사독재 시절이나 '국민의 정부' 시대에나 변함없이, 다양성을 용납하지 않고 차이를 인정하지 않으려는 사고방식과 문화, 법률, 제도가 우리 국민의 정신적 개안과 사회의 발전을 가로막고 있다고 생각한다.

따라서 우리 사회 구석구석에 또아리를 틀고 있는 '일사불란주의', '국론통일주의', '발본색원주의', 그리고 '광신적 반공주의'와 '연고주의'를 몰아내지 않고서는 민주주의도 사회정의도 제대로 실현할 수 없다고 보기 때문에, 나는 이 책에서 더러는 진짜 내 생각보다 더 과격한 견해를 일부러 내놓기도 했다. 이 책에 대한 나의 소감은 책 말미의 후기에 소상하게 적어놓았다.

여기 실린 글은 대부분 지난 2년 동안 신문과 잡지에 기고한 글을 새로 손본 것이다. 주제가 워낙 잡다해서 한 권의 책으로 묶기가 쉽지 않았다. 제1부는 자유주의자로서 나의 사상적 편력과 현주소를 보여주는 글을 모았다. 제2부는 경제칼럼의 범위에 속하는 글을 모았고, 제3부는 한국 정치에 관한 글모음이다. 그리고 교육문제와 성차별 등 앞에다 넣기 어려운 글들은 모두 제4부에 묶었다. 글의 길이도 들쭉날쭉하고 문체도 일정하지가 않아서 짜임새는 없지만 하나, 하나가 모두 독립된 글이기 때문에 독자들께서는 관심 가는 주제부터 선택해서 읽어도 좋을 것이다.

기꺼이 출판을 허락해준 도서출판 개마고원에 대한 의례적인 인사는 생략하는 것이 좋겠다. 지식유통업에 관해서는 여러모로 배짱이 맞는 사이니까 말이다. 하지만 적지 않은 경제적, 가정적 어려움을 무릅쓰고 내가 독립적인 지식인으로 살아가도록 비판하고 격려해주는 아내 한경혜에 대한 고마움만은 꼭 한마디 적지 않을 수가 없다.

그리고 날로 무뎌가던 내 정신과 투지를 수시로 흔들어 깨워주시는 전북대 강준만 교수와 '빨간 바이러스' 진중권 씨, 그리고 '파리의 망명객' 홍세화 선생께 이 기회를 빌어 뜨거운 감사와 존경의 말씀을 드리고 싶다.

새 천년에
유시민

1 생각의 감옥으로부터의 해방

자유주의자는 부당한 권위에 복종하지 않으며
집단의 위세 앞에 주눅들지 않는다.
술자리의 안주감으로 씹히고
괘씸죄에 걸려도 어쩔 수가 없다.
어느 시대든 신조를 지키는 데는
언제나 비용이 따르는 법이 아니겠는가.

이 땅에서 자유주의자로 산다는 것은

우리 사회에서는 '자유주의자'를 자처하는 지식인이 거의 없었고 지금도 그런 편이다. 여기에는 크게 보아 두 가지 이유가 있다. 첫째는 '자유주의자'와 거의 비슷한 뜻을 가진 '자유민주주의'라는 말이 심각하게 오용되었기 때문이고, 둘째는 '자유주의'에 대한 오해와 편견 때문이었다.

해방 후 반세기 동안 자유민주주의자를 자칭한 사람은 너무나 많았다. 자유민주주의가 들어가는 이름을 내건 단체도 무수히 많았다. 그런데 그들이 내세운 자유민주주의는 사실 '반공주의'의 다른 이름에 지나지 않았다. 자유민주주의라는 간판을 내걸고 그들이 실제로 한 일은 국가권력을 동원하여 자신들이 좋아하지 않는 사상과 견해를 말살하는 극우적, 파쇼적 만행이었다. 이것은 이승만도, 박정희도, 전두환도 모두 입으로는 자유민주주의를 칭송하면서 사상과 표현의 자유를 봉쇄하고 집회와 결사의 자유를 박탈했으며 국민의 참정권을 몰수한 데서 단적으로 드러난다.

'자유민주주의'라는 단어를 잘 쓰는 관변단체들도 민간단체의 가면을 쓰고 독재권력에 협조했다.

이런 상황에서는 진짜 자유주의 사상을 가진 사람이 공개적으로 자유주의자를 자처할 수가 없다. 그랬다가는 파시스트와 한 패거리라는 오해를 받기 알맞다. 자유주의자는 사상과 견해의 다양성을 존중한다. 서로 다른 사상이 병존하는 가운데 상호 비판과 토론을 통해서 '진리' 또는 '올바른 인식'에 접근할 수 있다고 믿는다. 그래서 사회를 하나의 지배적인 사상에 복속시키려는 시도에 단호하게 반대한다. 특히 법률과 폭력을 동원해서 국민에게 특정한 사상과 견해를 강요하는 국가권력에 대해서는 저항과 불복종으로 맞선다. 그러면 국가권력은 그들을 '공산주의자' '사회주의자' '무정부주의자' '좌익분자' '급진세력'이라는 이름을 붙여 가두고, 추방하고, 박해하고 심지어는 죽이기까지 한다. 자기가 자유주의자라고 항변해봐야 아무 소용없다. 이것이 우리 사회에서 자유주의자를 자처하는 지식인이 드물었던 첫번째 이유다.

어떤 독일인 친구가 내게 이런 말을 했다. "리버럴한(liberal) 건 좋다. 하지만 리버럴리즘(liberalism)은 개떡이다. 민족적인(national) 건 환영한다. 그러나 민족주의(nationalism)는 밥맛이다. 매사를 사회적인(social) 관점에서 보는 건 좋다. 그렇지만 사회주의(socialim)는 사양한다." 하지만 내가 보기에 그 친구는 자유주의자(liberal 또는 liberalist)임에 분명한데도 본인은 자유주의자를 자처하는 것을 굳이 거부했다. 누구에게 문제가 있었던 것일까? 물론 내게 있었다. 내가 자유주의를 오해하고 있었던 것이다.

공산주의자, 사회민주주의자, 환경주의자, 자유주의자, 그리고 보수주의자가 평화롭게 공존하면서 경쟁하는 유럽의 민주주의 선진국에서 자신과는 다른 사상을 가진 사람의 존재를 존중하는 자유주의적 태도는 모든 '주의자'의 기본이다. 이 기본을 갖추지 못한 세력은 '극좌'와 '극우'로 분류된다. 1968년 유럽 학생운동의 극좌파를 계승한 '적군파'와 '혁명소조'는 이 기본이 없는 '극좌'다. 공화당이나 국민전선 따위의 다양한 이름을 가진 우익정당들도 기본이 의심스럽기 때문에 '극우'로 분류된다. 좌파의 모든 '주의자'들은 극좌와의 연대를 거부한다. 우파의 모든 '주의자'들도 극우와의 제휴를 거부한다.

분할될 수 없는 자유

명시적으로 자유주의자를 자처하는 사람은 특히 경제정책과 관련해 국가의 시장 개입을 최소화하는 데 관심을 가진 사람들이다. 사상과 표현의 자유, 언론의 자유, 국민의 참정권과 선거의 자유, 집회와 결사의 자유, 문학과 예술에 대한 검열의 철폐, 종합적으로 말해서 국가권력으로부터 개인의 해방을 옹호하는, 정치·사회적인 측면에서의 자유주의를 옹호하는 사람은 자유주의자라고 하지 않는다. 이런 가치는 좌우를 막론하고 모든 '정상적인 주의자'라면 누구나 옹호하는 것이기 때문이다. 내가 그 독일 친구를 자유주의자라고 오해한 것은 이런 사실을 몰랐기 때문이다.

시민혁명을 거치면서 개인의 해방과 정치적 자유를 이미 달성한 오늘날의 유럽 사회에서 자유주의는 '시장은 선이고 국가는 악'이라고 주장하는 경제적 자유주의 또는 그 '악명 높은' 신자유주의를 의미한다. 만약 자유주의를 이렇게 이해한다면 똘마니들을 모아놓고 100% 가까운 찬성표를 받아 대통령이 된 독재자들이 국민들에게 야만적, 파쇼적 폭력을 행사한 지난 시대 한국 사회에서 정치, 사회, 문화 등 사회의 모든 영역에서 전면적인 개인의 자유를 실현하기 위해서 싸운 사람들이 자유주의자를 자칭하지 않은 것은 너무나 당연한 일이다.

만약 자유주의가 독재권력과 싸우는 사상적 무기가 될 수 없다면 남는 것은 사회주의밖에 없었다. 그래서 사회주의 사상을 내면화한 진짜 사회주의자뿐만 아니라 전투적 자유주의자들까지도 스스로를 좌파, 진보주의자, 또는 사회주의자라고 믿거나 자유주의자를 자처하기를 거부했다. 이러니 극우 파시스트들이 '사회주의자가 넘쳐나는 세태'에 울분을 토하면서 '이 땅에 우익은 죽었는가'를 외친 것도 무리가 아니다.

한국은 아직도 개인의 해방이 이루어지지 않은 사회다. 국가보안법을 비롯하여 사상과 표현의 자유에 대한 심각한 법률적 제약이 상존하고 있으며, 공익과 미풍양속의 이름으로 개인의 문화적 취향과 선택권을 침해하는 일이 일상적으로 저질러진다. 그리고 자신을 떳떳이 드러내면서 발언하고 행동하기보다는 조직과 집단을 등에 업고 횡포를 부리는 것이 일반적이다. 이런 사회에서 언행이 일치하는 자유주의자로 살기란 쉬운 일이 아니다.

게다가 지금까지 자유주의자를 자처해온 사람들은 사회의 모든 영역에서 개인을 해방하고 자유를 전면적으로 실현하는 일은 외면한 채 기업인들의 이익과 영업의 자유를 넓히는 일에만 골몰해온 사람이 대부분이기 때문에 자칫 자유주의자를 자처했다가는 '스스로를 좌파라고 믿는 자유주의자들'로부터 '재벌 앞잡이와 한 패거리'라는 욕을 먹을지도 모른다. 하지만 나는 내가 자유주의자임을 의심하지 않는다.

첫째, 나는 시장경제가 고도 분업사회와 조화될 수 있는 유일한 경제적 기본 질서라고 확신한다. 우리가 과거 사회주의 국가에서 목격했던 중앙통제식 계획경제는 자체의 비효율과 낭비 때문에 이미 무너졌으며 다시는 출현할 수 없을 것이다. 북한 경제 역시 예외가 될 수 없다.

둘째, 나는 시장경제와 조화될 수 있는 유일한 정치시스템은 다당제와 보통선거를 기본 요소로 하는 의회민주주의밖에 없다고 믿는다. 시장경제는 소비자와 생산자 등 개별 경제주체들이 시장을 통해서 서로 경쟁하고, 견제하고, 조정하는 분권적 시스템이다. 시장경제를 경제적 기본 질서로 채택하는 한 분권적 시스템인 의회민주주의 말고 다른 친화적 정치체제는 존재하지 않는다.

셋째, 나는 자유는 분할할 수 없다고 믿는다. 진짜 자유주의자는 정치와 경제, 사회, 문화의 모든 영역에서 전면적인 자유의 실현을 위해 싸운다. 경제적 자유를 허용하면서 정치적, 문화적 자유를 억압하는 체제는 존재할 수 없으며 그 역도 마찬가지로 성립한다.

앞으로 할 이야기는 모두 이런 관점에서 쓴 것이다. 자유주의자는 부당한 권위에 복종하지 않으며 집단의 위세 앞에 주눅들지 않는다. 술자리의 안주감으로 씹히고 괘씸죄에 걸려도 어쩔 수가 없다. 어느 시대든 신조를 지키는 데는 언제나 비용이 따르는 법 아니겠는가.

나는 국론통일이 싫다

대학에 들어간 1978년 이후 십 년이 넘는 세월 동안 나는 언제나 '발본색원(拔本塞源)'의 대상이었다. 신입생 시절에 벌써 불법 서클에 가입하여 "호시탐탐 정부 전복을 노리는 불온세력"의 일원이 되었고, 그 다음에는 반체제 지하조직의 구성원으로서 "일정한 직업과 주거 없이 이곳저곳을 배회하면서 반사회적 유언비어를 유포"하고 다녔으며, 마르크스-레닌주의 서적을 탐독하고 북괴의 주장에 동조함으로써 "국론 분열을 획책하고 국가안보를 위태롭게 하는 암적인 존재"였기 때문이다. 나는 붙잡아다 고문을 하고 징역을 살려도 전혀 반성할 줄 모르는 구제할 수 없는 "민주위장 좌익세력"이었다.

나의 유일한 "죄"는 권력자들이 좋아하지 않는, 그들과는 "다른 생각"을 가졌을 뿐만 아니라 그것을 표현하려고까지 했다는 것이었다. 1987년 6월 민주항쟁 이후 더디게나마 민주주의가 진전되면서 나는 누군가 나의 행동을 감시하고 전화를 도청하고 있을 거라는 불신과 공포감에서 조금씩 벗어날 수 있었다. 하지만 대한민국은 아직도 민주주의로 가는 '돌아올 수 없는 다리(point of no return)'를 건너지 못했다. 한번 건너면 다시는 독재로 회귀할 수 없도록 만드는 지점까지는 아직 갈 길이 많이 남았다는 말이다. 우리가 아직 그 다리를 건너지 못했다는 것은 권력자들이 다양한 가치판단이 부딪칠 수밖에 없는 사회적, 정치적, 윤리적 쟁점에 대해서 독선적 태도를 보이고 또 국민들이 그것을 용납한다는 사실에서 드러난다.

한참 꽃게를 잡을 시기에 벌어진 1999년 초여름의 서해안 교전사태를 돌이켜보자. 이때 한나라당은 김대중 정부가 국내의 정치위기를 벗어나기 위해서 북한 정부와 미리 짜고 의도적으로 교전사태를 조장했다는 이른바 '신북풍(新北風) 의혹'을 제기했다. 한나라당은 수십 년의 집권 경력이 있는 '어제의 여당'이다. 국내의 정적(政敵)을 제압하기 위해서 '북풍'을 일으켜본 경험이 풍부한 만큼 나름대로 무슨 근거가 있을 것이라고 기대했지만, 안타깝게도 그 실체가 불확실한 '일부 국민의 여론' 말고는 아무것도 제시한 바가 없었다.

그런데 이 문제를 다루는 텔레비전 토론에서 어떤 '친여 지식인'은 이렇게 말했다. "북한은 위험한 집단이다. 우리가 국론을 통일해서 일사불란(一絲不亂)하게 대응해도 북한을 이기기가 쉽지 않다. 하물며 국군 장병들이 목숨을 걸고 바다를 지킨 일을 두고 아무 근거도 없이 신북풍 의혹을 제기해서야 되겠는가?" 근거도 없이 그래서는 물론 안 될 일이다. 그렇지만 '북한을 이기기 위해서 국론을 통일하고 일사불란하게 대응'해야 한다는 주장 역시 옳은 건 아니다.

나는 국가안보를 내세워 국론통일과 일사불란을 강요하는 사람과 집단을 혐오한다. 국론 분열을 조장하는 행위를 '발본색원(拔本塞源)'하고 온 국민의 '총화단결(總和團結)'을 이루는 데도 결단코 반대한다. 그렇게 해서 망하지 않은 나라가 없기 때문이다.

20세기 현대사에서 가장 철저하게 국론통일과 총화단결을 추진하고 모든 형태의 국론분열 행위를 발본색원하는 데 성공했던 나라는 히틀러의 독일제국과 무솔리니 총통의 이탈리아, 프랑코의 스페인, 그리고 스탈린의 소비에트연방이었다. 국민을 먹여 살리는 데조차 실패한 북한도 그 못지않게 성공적으로 국론통일을 이룬 사회다. 소련이 만들었던 동유럽 위성국가도 모두 같은 부류에 속한다. 사라센 제국의 후예 터키 정부도 쿠르드족의 국가분열 행위를 발본색원하기 위해서 제 국민을 상대로 십여 년이 넘게 전쟁을 벌이고 있다. 이 부류에 속한 나라들은 모두 이미 망했거나 망해가거나 망할 위험에 처해 있다. 박정희와 전두환도 불면불휴(不眠不休) 불철주야(不撤晝夜) 국론통일을 위해 노력했지만 결국 실패했고, 우리가 이만큼이나마 민주화를 이룰 수 있었던 것은 그들이 추구했던 국론통일 시도를 국민의 힘으로 좌절시켰기 때문이다.

'후3김시대'라는 표현에 대해서조차 불쾌감을 감추지 않는 김대중 정부의 실세들은 우리 사회의 문제를 설명하는 데 그런 독재체제의 사례를 끌어들인다고 분개할지도 모르겠지만 반면교사(反面敎師)는 언제나 소중하다. 정치인들을 포함하여 우리 국민들의 머릿속에는 수십 년 간 지배적인 이데올로기로 작용해온 '국론통일주의'와 '일사불란주의', '발본색원주의'가 지금까지도 멀쩡하게 살아 있기 때문에 더욱 그렇다. 우리 마음속에 이 괴물들이 살아 있는 한 독재로의 회귀는 언제나 가능하다.

김대중 대통령도 비슷한 논리를 구사했다. 라스포사라는 고상한 이름을 가진 의상실이 새로운 관광명소로 등장했던 1999년 6월 김 대통령은 노구(老軀)를 이끌고 러시아와 몽골 등을 돌면서 정상외교를 펼치고 돌아왔다. 그는 언론이 이른바 옷로비 사건 보도로 지면을 채우면서 '많은 성과를 거둔 대통령의 정상외교'를 소홀히 다룬 데 대한 서운함을 토로하면서, 언론이 상업주의적 선정주의를 자제하고 '국익(國益)'을 중시하는 태도를 가져야 할 것이라고 충고했다. 지당하신 말씀인지라 일부 언론은 자성(自省)의 목소리로 화답하기까지 했다. 나도 언론이 국익을 존중하는 보도 태도를 가져야 한다고 본다.

사익(私益)을 국익으로 포장

그런데 도대체 국익이란 무엇인가. 누가 그 판단을 내리는가. 처지와 이해관계와 가치관에 따라서 대통령의 정상외교와 옷사건 보도 가운데 어느쪽을 크게 보도하는 것이 국익에 좋은지 서로 다른 판단을 내릴 수 있지 않은가. 이 문제에 대한 대통령의 판단이 장삼이사(張三李四)의 판단보다 옳다는 증거는 없지 않은가.

예컨대 박정희 씨는 개펄을 메워 농지를 만드는 것이 국익을 위해서 좋다고 판단했겠지만 그게 아니라고 생각하는 이는 그때도 있었고 지금도 있다. 또 전두환 씨는 '양아버지' 박정희의 유지(有志)를 받들어 군사정권을 재건하는 것이 나라를 건지는 영웅적 행동이라고 생각했겠지만 그렇게 생각하지 않는 국민은 얼마든지 있었다. 내각제 개헌을 담보로 지역연합을 해서라도 수평적 정권교체를 하는 것이 국익을 위하는 길이라는 게 김대중 후보의 판단이었지만 모든 사람이 동의한 것은 아니다. 지금 김 대통령은 내각제 개헌을 유보한 것이 국익을 위해서였다고 생각하겠지만 모든 국민이 다 같은 생각인 건 아니다.

나는 정치인과 지식인들이 '국익을 위하여'를 외치지 않는 사회에서 살고 싶다. 이승만과 박정희 씨는 '북진통일' '멸공통일' '국가안보'라는 국익을 내세워 국민들의 자유를 박탈하고 시민의 권리를 빼앗았다. 경제성장이라는 국익을 앞세워 노동자의 파업권을 말살하고 사상의 자유와 표현의 자유를 봉쇄했다. 전두환 씨와 노태우 씨는 국익을 위하여 수천 명을 살상했고 천문학적인 액수의 '통치자금'을 조성했다. 김영삼 씨는 '구국'의 일념으로 3당합당을 감행했고 그 아들은, 적어도 주관적으로는 국익을 위해 일한 죄로 감옥에 갔다. 김대중 대통령도 나름대로 언제나 국익을 위해 멸사봉공의 정신으로 일해왔겠지만 무엇이 국익을 위하는 길인지에 대해서 국민들이 같은 판단을 내려주기를 기대해서는 안 될 것이다.

나는 국민 개개인의 이익을 다 합친 것이 국익이라고 생각한다. 우리 사회를 구성하는 모든 개인의 개별적 이익과는 구별되는 다른 차원의 국익이라는 것이 있다고는 믿지 않는다. 정치인과 지식인들이 '국익을 위하여'를 외칠 때, 그 국익이란 그들의 사익(私益)을 감추는 포장이거나 특정한 집단의 이익을 가리키는 표현이라고 보면 된다.

지난날 권력자들이 "국익을 위하여"라는 명분 아래 저질렀던 숱한 독선과 오만을 나는 아직 잊지 않았다. 그래서 개인의 신념과 정파의 이익이 아니라 국가와 민족의 이익을 들먹이는 힘센 정치인들의 말을 들으면 권력자의 독선에 대한 경계의 끈을 다잡는다. 힘의 집중을 추구하는 것은 권력의 본질적 속성이다. 독선이 권력과 결합하면 '국익을 해치는 세력을 발본색원하여 국론을 통일하고 일사불란하게 내외의 도전에 총화단결 응전' 하기 위해 국민의 입과 귀를 틀어막는 만행을 저지르게 된다.

그래서 나는 생각의 차이와 다양성을 존중하지 않고 합의에 이르기 위한 분열의 절차를 생략한 채 일사불란을 강요하는 '국론통일주의'를 민주주의의 적으로 간주한다.

'한국적 자유주의'의 비극

사상의 자유시장은 민주주의의 기본 전제이며, 상이한 사상과 견해간의 경쟁을 통해서 인간은 진리에 접근할 수 있다. 이는 원래 자유주의자의 신념이다. 제대로 된 자유주의자는 자신의 사상 그 자체보다도 그 사상을 표현할 수 있는 자유를 더 소중히 여긴다. 나는 보수적인 사상을 가진 사람을 좋아하지 않지만 그가 그 사상 때문에 탄압을 받는다면 그와 연대해 싸울 각오가 되어 있다. 그런 면에서 나는 분명 자유주의자이며, 내가 자유주의자임을 떳떳하게 생각한다.

그런데도 명색이 자유민주주의를 국시로 한다는 대한민국에서 어떤 사람들은 나를 가리켜 사회주의자, 마르크스–레닌주의자, 진보주의자 또는 좌파라고 했으며 지금도 그렇게 말한다. 그러면서 그 사람들은 스스로를 가리켜 자유주의자라고 한다. 다음은 『전통과 현대』 1998년 가을호에 실린 '한국 자유주의 지식인의 대부'이자 작가, 칼럼니스트인 복거일 씨의 「저는 스스로를 자유주의자라 부릅니다」에서 인용한 것이다.

저는 스스로를 자유주의자로 부릅니다. 그래서 누가 저를 '진정한 자유주의자'라고 부른다면, 저는 그것을 칭찬으로 여기겠습니다. 그가 칭찬하는 뜻으로 그 말을 쓰지 않았을 경우에도 그렇습니다. (……) 우리 사회에선 자유주의를 보다 뚜렷이 정의할 필요성이 마르크스주의가 우리 지식인들 사이에서 주류를 이루었던 1980년대에 절실해졌습니다. 당시 '자유'니 '자유주의'는 실질적으로 '더러운 말'들이었습니다. 반정부와 반체제의 변별이 쉽지 않았던 그때, 자유주의는 마르크스주의에 반대하고 우리 사회의 이념과 체제를 옹호하는 이념을 가리키게 되었습니다. (……) 아직 마르크스주의의 위세가 대단한 우리 사회에서 전체주의의 대표적 이념인 마르크스주의와 자유주의를 대비시키는 것은 현실적 관행입니다.

역시 작가이며 칼럼니스트인 '자유주의자' 고종석 씨는 복거일을 가리켜 "반공이 더러운 일이 아니라는 것을 가르쳐준 스승"이라고 했다. 하지만 고종석이 "1980년대에 우리 사회의 이념과 체제를 옹호하는 이념"을 가진 적이 없다는 사실을 나는 안다. "마르크스주의가 우리 지식인 사회에서 주류를 이루었던 1980년대"는 양민을 학살하고 유혈의 강을 건너 체육관 선거로 집권한 전두환 일파가 자유민주주의의 기본 질서를 무자비하게 유린했던 파쇼적 깡패통치의 시대였고, 고종석은 그 시대의 체제와 이념을 반대하는 쪽에 선 지식인이다. 그러니 아마도 복거일은 고종석을 자유주의자로 인정하지 않을 것이라고 나는 추정한다.

복거일을 스승으로 추앙하는 또 다른 자칭 자유주의자 공병호 씨의 목소리를 들어보면 "자유와 자유주의를 더러운 말"로 취급받게 만든 한국 자유주의자의 비극은 더욱 분명하게 드러난다. 공병호 씨는 전경련이 돈을 대서 만든 자유기업센터의 소장으로서 '자유주의 세일즈맨'을 자처하는 한국의 '대표적 자유주의자'다. 그는 '퓨처 코리아(www.futurekorea.co.kr)'라는 인터넷 경제전문 채널에 〈공병호의 시장경제〉 코너를 만들어 칼럼을 게재하고 있는데, 첫 칼럼에서 청와대 경제수석을 지낸 대통령 자문 정책기획위원장 김태동 교수를 '위장 시장론자'라고 매도하면서 이렇게 말했다.

21세기를 얼마 남기지 않은 현시점에서 유독 이 땅에는 좌파들이 화려하게 부활하고 있다. 일부는 요직에 앉아서 정부 정책에 많은 영향력을 미치고 있으며, 일부는 신문과 방송 매체에 등장하여 연일 허황된 논리를 전파하고 있으며, 일부는 마치 그 옛날의 홍위병처럼 무리를 지어서 분위기를 고양시키고 있다.

여기서 '이 땅의 좌파'와 '그 옛날의 홍위병'은 재벌 해체 또는 재벌 개혁을 주장하는 지식인들을 가리킨다. 김태동 교수가 도마에 오른 것은 그가 재벌과 관료집단의 '인적 청산론'을 개진했기 때문이다. 세계 각지에서 열리는 자유주의자 국제 학술대회에서 한국 자유주의자를 '대표'해서 논문도 발표하고 토론도 하는 국제적 인물인 공병호 씨는 자유주의자 중에 급진적 또는 진보적 자유주의자가 있을 수 있다는 것을 인정하지 않는다. 기존 체제나 질서의 급격한 개조를 추구하는 모든 사람에게 그는 '좌파'라는 딱지를 붙인다. 그러니 외로울 수밖에 없다. 그래 놓고 공병호 씨는 대중의 무지를 탓하면서 좌파와의 '전쟁'을 선포한다. 정말 비극적이다. 어째서 지난 시대에 자유주의가 '더러운 말'로 푸대접을 받았는지 돌아볼 생각은 않고 남들만 욕하고 있으니 말이다. 다음은 그가 『2000년, 이 땅에 사는 나는 누구인가』(푸른숲)라는 책에 기고한 「자유와 진보, 무엇이 우리의 대안인가」에서 비장하게 밝힌 결심이다.

오랜 기간 독재와의 힘겨운 싸움을 벌이는 동안 한국의 지식인 사회는 지적으로 절름발이 상태가 되었다. 진보진영이라고 자칭하는 사람들 가운데 독재와의 싸움에서 그 성과를 더할 사람은 많다. 하지만 자유진영은 제대로 된 철학적 기반이 미약할 뿐만 아니라 저술활동을 통해서 젊은 세대에게 지적 영향력을 행사할 수 있는 큰 지식인을 만들어내는 데 실패하였다.

한 사회의 시대정신을 잡는 데 지식인들의 영향력은 결정적이다. 하지만 문단, 대학, 언론계 등 어느 분야를 보든지 간에 자유진영의 색깔을 분명히 하는 사람들은 아주 소수에 불과하다. (……) 정부 개입의 필연성, 사회정의와 경제정의, 분배정의, 참여민주주의 등 숱한 구호들이 지금도 언론매체를 통하여 국민들을 현혹시키고 있다. 특별한 경제지식을 갖지 못한 대다수 사람들에게 이런 주의, 주장들이 호감을 얻는 경우가 많다. 왜냐하면 본능에 부합하는 주장들이기 때문이다. (……) 누가 시대정신을 차지하는가에 따라 한국인들의 앞날이 결정될 것이다. 필자는 시대정신을 건 전쟁에서 한국인들이 올바른 선택을 내릴 수 있도록 무지를 깨우치고 오해와 편견을 불식하는 데 조그만 공헌을 하기를 원한다.

이런 말을 하는 사람들이 '자유주의자'를 자칭하기 때문에 '자유'와 '자유주의'가 도매금으로 욕을 먹는 것이다. 복거일과 공병호 씨는 '자유주의자'들이라는 말을 타락시킴으로써 신짜 자유주의자들의 등장을 가로막고 있다. 어떤 '주의자'든 제대로 된 '주의자'라면 그 주의를 실현하기 위해서 노력한다. 예컨대 제대로 된 마르크스주의자라면 마르크스주의를 실천해야 한다. 아무 일도 하지 않고 귀부인의 살롱에서 캐비어나 먹으면서 마르크스주의를 논하기만 하는 사람은 '살롱사회주의자', 대학 강단에서 온갖 과격한 이론을 늘어놓으면서 집에서는 고급 포도주나 즐기는 사람은 '강단사회주의자'라는 이름이 어울린다. 자유주의자도 마찬가지다. 자유주의자를 자처하면서도 자유주의의 이념을 짓밟는 현실에

순응하는 사람은 '무늬만 자유주의자' 또는 '보수적 자유주의자'에 불과
하다.

극우의 횡포 묵인하는 '무늬만 자유주의자들'

그러면 "반정부와 반체제의 변별이 쉽지 않았던 그때 자유주의를 선
택"한 분들이 자유주의자 이름값을 제대로 했는지 한번 따져보자. 그들
이 말로만 자유와 자유주의를 내세우면서 자유와 자유주의의 실현을 위
해 아무것도 하지 않았거나 자유와 자유주의를 짓밟는 자들과 협력했다
면, 자유와 자유주의가 "더러운 말" 취급을 받고 "철학적 기반이 미약"하
며 "큰 지식인을 만드는 데 실패"한 건 그야말로 사필귀정(事必歸正) 아니
겠는가.

자유주의자는 원래 어떤 사람을 말하는가. 자유주의자는 자유주의 이
념을 가진 사람이다. 그럼, 자유주의는 뭔가. 철학적인 문제에 관해서는
어느 나라에도 뒤지지 않는 독일의 권위 있는 『브록하우스』 백과사전에
따르면 다음과 같은 내용이 자유주의다.

자유주의는 개인의 자유를 인간 생활의 기본규범으로 간주하며 문화와
법률, 도덕규범과 경제, 사회질서의 진보를 위해 애쓰고 개인의 해방을
추구하는 세계관이다.
자유주의의 정신사적 근원은 르네상스 시대의 개인주의와 계몽사상,
휴머니즘과 이상주의에서 찾을 수 있다. 자유주의 발전에 기여한 사상가
로는 영국의 로크, 허치슨, 퍼거슨, 벤담, J. S. 밀, 프랑스의 몽테스키외,
디드로, 달랑베르, 루소, 콩도르세, 독일의 칸트 등이 있다.
자유주의 정치사상은 미국의 독립선언과 연방헌법, 프랑스의 인권선언
과 1791년 헌법에서 표출되었으며, 그 이후에는 법치국가와 영업의 자유

를 옹호하는 데 집중했다. 유럽의 지배체제를 뒤흔들었던 1830년과 1848년 혁명의 내용을 규정한 것도 자유주의였다.

자유주의 경제정책의 근원은 프랑스 중농주의와 영국의 고전파 경제학이다. 국가가 시민의 자유로운 경제활동을 보장하고 시민의 안전과 재산권을 보호하는 일만을 담당하라고 요구한 고전파 경제학은 당시 유럽의 거의 모든 정부를 추종자로 만들었고 영국이 자유무역 정책을 채택하도록 했으며, 독일에서는 민족주의와 결합되면서 관세동맹과 통일제국을 탄생시켰다.

후일 자유주의는 한편으로는 법치와 입헌정치를 강조하는 온건한 경향으로 흘렀고 다른 한편으로는 민주적 평등권과 인민주권을 강조하는 급진적 경향으로 분열되었다. 분열의 뇌관은 사회적 불평등 문제였다. 처음에 민주적 자유주의적 사상에 의지했던 노동계급은 결국 사회주의에서 새로운 목표를 찾게 된다.

이게 자유주의자 가족의 역사다. 관습과 신분제도와 절대주의 국가의 억압에서 개인을 해방한 다음, 함께 자유주의 진영을 형성했던 자산계급과 무산계급은 법치와 입헌정치를 강조하는 온건한 자유주의와 평등을 중시하는 급진적 사회주의로 분열되었다. 원래 좌파였던 자유주의 진영의 자산계급은 입헌적 법치국가, 영업의 자유를 지키려는 우파로 변했고 이것을 부르주아 독재로 규정한 사회주의자들이 좌파 진영을 차지한 것이다. 그러면 오늘날 우리 나라에서 법치와 입헌정치, 그리고 영업의 자유를 옹호하는 사람을 자유주의자라고 할 수 있을까? 그렇지 않다. 자유와 자유주의가 "더러운 말"이 된 비극은 우리의 자칭 자유주의자들이 이걸 오해한 데서 빚어졌다.

"반정부와 반체제의 변별이 쉽지 않았던 1980년대에 자유주의는 마르크스주의에 반대하고 우리 사회의 이념과 체제를 옹호하는 이념을 가리키게 되었다"는 복거일의 말은 진실이 아니다. 지식인 사회, 특히 대학생과 젊은 좌파 지식인들이 마르크스–레닌주의에 쏠린 것은 1980년 전두환 일파가 광주에서 수천 명의 양민을 살상하고 권좌에 오른 직후부터다. 그 당시 '우리 사회의 이념'은 광신적 반공주의와 극우 파시즘이었고 '우리 사회의 체제'는 전두환을 정점으로 한 군사깡패들의 독재체제였다. 통치자금이라는 명목으로 기업인들에게 천문학적 규모의 돈을 갈취하고 언론을 검열하여 국민의 눈과 입을 틀어막은 파쇼권력이었다. 총수가 대통령 만찬에 늦게 왔다고 해서 재벌그룹을 공중분해시키는 만행을 거리낌없이 저지른 그런 체제였다.

그런 상황에서 지키긴 뭘 지킨단 말인가. 전두환 정권은 국가보안법을 동원하여 사회주의자뿐만 아니라 제대로 된 입헌국가와 시민의 권리를 찾으려는 자유주의자들까지 무차별 박해하고 탄압했다. 1980년대 대한민국은 입헌정치와 법의 지배, 영업의 자유와 개인의 권리를 온전히 보장하는 서유럽 민주국가와 전혀 다른 나라였다. 달리 표현하면 보수적 자유주의자와 사회주의자가 좌우로 분열하기 이전의 서유럽과 비슷한, 또는 히틀러나 무솔리니가 권력을 장악했던 극우 파시즘과 유사한 정치상황이었다는 이야기다. 진짜 자유주의자라면 반정부 투쟁, 반체제 투쟁을 하는 게 당연하지, 그런 마당에 한가하게 반정부와 반체제를 구별하는 데 시간과 정력을 허비하는 게 자유주의자가 할 일이란 말인가?

복거일 씨는 마르크스주의자들이 '자유'와 '자유주의'를 '더러운 말'로 취급한 것이 불만이지만 그건 우리 나라만 그런 게 아니다. 마르크스는 자유주의 가문의 '끝내 돌아오지 않은 탕아'다. 그 '탕아의 자식'인 마르크스주의자들이 자기 아버지를 탕아 취급하는 자유주의 가문에 원한을 품는 건 당연하지 않겠는가? 하지만 만약 '자유'와 '자유주의'가 마르크스주의자 아닌 사람들에게까지 그런 박대를 받았다면, 그건 전혀 다른 문제다. 그리고 복거일 씨를 비롯하여 우리 나라의 '자칭 자유주의자'

들은 이렇게 가슴을 쳐야 한다. '내 탓이요, 내 탓이요, 내 큰 탓이로소이다!' '자승자박(自繩自縛)이니 수원수구(誰怨誰咎)하리요!'도 괜찮겠다. 왜?

공병호 씨의 말마따나 "우리 사회에는 자유주의 이념과 지식을 전파하는데 뚜렷한 족적을 남긴 선배 지식인이 별로 없다." 어쩌다 그 지경이 되었을까? 자유주의 이념과 지식을 전파하느라고 특별히 애쓸 필요가 없었기 때문이다. 공병호식으로 말하면 '사상의 자유시장과 상이한 사상 사이의 치열한 경쟁'이 없었기 때문이다.

해방 후 반세기 동안 마르크스주의자와 진보적 자유주의자들이 모진 박해를 당하는 동안, 복거일이나 공병호 씨처럼 '자유주의 노선을 택한 사람들'은 정부에도 들어가고 기업에도 들어가고 대학 교수도 되어 "우리 사회의 이념과 체제를 지키"는 데 봉사했다. 그들이 지식인으로서 할 수 있는 일은 별로 없었다. 진보주의자 또는 마르크스주의자들을 때려잡고, 그들의 "잘못된 사상"을 폭로하고 단죄하는 일은 중앙정보부와 국가안전기획부와 대검 공안부의 '자유주의 권력자'들이 그야말로 화끈하게 해치웠으니 지식인들이 할 일이 무에 있었겠는가. 그래 놓고서 개탄은 왜 하는가. 그렇게 편하게 "우리 사회의 이념과 체제를 지켰"으면 됐지, 거기다 언감생심 "철학적 기반을 갖추"고 지성사에 "뚜렷한 족적을 남긴 큰 지식인"까지 갖고 싶다는 말인가?

이와 같은 대한민국의 '자칭 자유주의자'의 비극을 '파리의 망명객' 홍세화 씨는 『월간 인물과 사상』 10월호에 기고한 「한국 지식인에게―극우 조선일보의 진지전과 한국의 지식인」에서 다음과 같이 명료하게 정리했다.

신학철 화백의 〈모내기〉가 파기 환송심에서 유죄판결을 받았다. 예술 표현의 자유라는 자유민주주의적 가치가 극우 헤게모니에 짓밟힌 것이다. 여기서 나는 자유민주주의를 짓밟는 극우의 헤게모니를 읽는다. 이 판결을 두고 '한국 사회의 보수적 시각의 벽을 느끼게 하는 판결'이라고 말해서는 안 된다. 보수적 시각이 아니라 극우적 시각이다. 보수는 간직 해야 할 가치를 전제한다. (……) 그것은 한국 정치현실에서 보여지는 극 우와는 오히려 상반되는 개념이다. (……) 한국 정치영역에서 진보세력이 없는 상황에서, 극우와 보수를 구분하지 않는다는 것은 보통 심각한 얘기 가 아니다. (……) 이젠 그와 같은 함정, 스스로 팠거나 극우세력이 파놓 은 함정에서 벗어나는 지혜를 가져야 한다. 한마디로 보수를 극우에서 해 방시켜야 한다는 말이다. 또한 자유민주주의를 극우에서 해방시키자는 말이다. (……) 한국에선 반세기 동안 헤게모니를 쥐고 있었던 극우세력 이 스스로 보수라 칭했고 더욱이 자유민주주의를 지킨다고 말해왔다.

극우는 극좌와 마찬가지로 보수와 진보가 공존할 수 있는 사상의 자유 시장과 민주적 기본 질서를 파괴한다. 극좌와 극우는 민주주의의 적이다. 보수와 진보를 막론하고 진짜 자유주의자는 극우와 극좌의 발호를 용납 하지 않는다. 진보를 탄압하는 극우파의 헤게모니를 승인하는 자는 자유 주의자를 칭할 자격이 없다. 보수를 탄압하는 극좌의 헤게모니를 용인하 는 자도 마찬가지다. 우리 나라의 '자칭 자유주의자'들의 비극은 지금까 지도 극우의 횡포를 묵인하면서 '자유주의를 세일즈'하려는 데 있다.

그런 면에서 『교수신문』 1998년 11월 9일자에 실린 성균관대 정치외 교학과 김비환 교수의 글은 깊이 음미할 만한 가치가 있다. 김 교수는 『조선일보』 이한우 기자가 『전통과 현대』 1998년 가을호에 쓴 충무포럼 학술대회 참관기를 비판하면서 거기 모인 '자칭 자유주의자'들을 다음과 같이 점잖게 꾸짖었다.

이들이 제시한 자유주의가 자신들이 주장하듯 '진정한' 자유주의이며,

또 '우파' 자유주의라고 볼 수 있는가. 이에 대한 해명은 자유주의에 대한 왜곡되고 편향된 이해를 교정해줄 뿐만 아니라, 다른 입장을 비난, 단죄하기 위해 좌익-진보 개념을 자의적으로 남용하는 우리 사회의 뿌리 깊은 관행의 '반(反)학문성'과 '비(非)자유주의적' 성격을 드러내준다. (……) 충무포럼의 자유주의는 자본주의 시장에서의 경제행위의 자유에 절대적인 비중을 둘 뿐, 다양한 가치관과 사상을 자유롭게 추구할 수 있는 그런 자유에는 거의 관심이 없다. 순수 시장경제에 대한 인위적 규제의 가능성을 조금이라도 담고 있는 사상과 사회운동에 대한 강력한 거부감은 이 경제적 자유주의의 반(反)자유주의적 성격을 분명히 보여준다.

『고대 대학원신문』 제72호에 실린 「좌파 대 자유주의자라는 '있지도 않은' 대립에 의한 편가르기」라는 글에서 서울대 철학과 박사과정 학생인 김재인 씨는 자신과는 다른 생각을 하는 모든 사람을(물론 자유주의자도 포함해서) 좌파로 매도함으로써 '사이비 자유주의'를 세일즈하는 '자칭 자유주의자'들의 상투적인 수법에 대해 다음과 같이 일침을 놓았다. 이런 쉬운 말씀도 이해할 머리가 없는 사람들이라면 자유주의자건 무슨 다른 주의자건 '주의자'를 칭할 자격이 없다는 점을 못박아두자.

모든 편 가르기는 경찰의 수법이다. (……) 한때 유행했던 좌파와 자유주의자의 대립도 한 예이다. 좌파니 자유주의자니 하는 양자택일식 편 가르기는 기본적으로 도덕적, 정치적 권력행사이다. 그 있지도 않은 대립에 의거한 편가름 때문에 많은 사람들이 숙청을 당했다. (……) 좌파 대 자유주의자의 대립이 '없는 대립'이었고 '잘못된 문제 설정'이었다면 그 개념들은 폐기해야 마땅하다.

조지 오웰, 2000

19‍99년 가을 '고문 기술자' 이근안 씨가 제 발로 검찰을 찾았다. 이 예기치 못한 자수의 이면에 어떤 사연과 속셈이 숨어 있었는지는 아직도 분명치 않다. 하지만 그가 파시즘의 덫에 걸린 우리 사회의 비극적 아이러니를 압축해서 보여주었다는 것만은 분명하다.

이씨의 아내는 자신의 남편이 "국민의 세금을 받으면서 나라를 위해 열심히 일한 죄밖에 없다"고 항변했다. 그렇다. 그는 국민의 세금으로 살아가는 경찰 공무원이었다. 이건 절대로 잘못이 아니다. 이씨가 "열심히 일했다"는 것도 세상이 다 아는 사실이며 열심히 일한 것 자체가 죄가 될 수는 없다. 하지만 이근안이 도망자 신세가 된 것은 공무원으로서 열심히 일한 탓이 아니다.

이씨는 대공수사 요원으로서 남에게 필설로 이루 다할 수 없을 만큼 흉악한 고문을 자행했다. 문제는 여기에 있다. 게다가 과거 정부는 이것을 "국가안보 수호에 기여한 공"으로 인정하여 수많은 표창을 주었다. 하지만 훈장을 받았다고 해서 범죄에 대한 사면을 받은 건 아니다. 그 당시의 법률에 따르더라도 고문은 명백한 범죄행위였다. 얼마나 우스운 꼴인가. '국가보안' 법 위반 '혐의자'에게 고문이라는 불법행위를 자행하여 '간첩'과 '반국가사범'을 제조해냄으로써 '국가안보'를 지킨 나라의 국체가 민주공화국이라니! 이것이 우리가 지난날 숱하게 목격했고 아직도 해소하지 못한 첫번째 아이러니다.

이근안은 '얼굴 없는 고문 기술자'였다. 그런 그가 그만 얼굴을 드러내고 만 것은 전(前) 『한겨레신문』 문학진 기자가 사진을 특종 보도했기 때문이다. 지난 11년 동안 국민에게 공개된 이씨의 사진은 딱 하나, 수배전단의 사진뿐이었다. 내가 들은 바로 문 기자는 이씨의 주거지 동사무소 주민등록표에서 문제의 사진을 '도둑질'했다. 이 사진을 확대해서 최초의 수배전단을 만들고 현상금을 내건 것은 경찰이 아니라 '민주화실천가족운동협의회(민가협)'였다. 특별수사본부를 만들어가면서 열심히 시늉을 낸 경찰과 검찰의 수사는 '가재는 역시 게 편'임을 새삼 증명했을 뿐이다. 반인륜적 범죄자를 응징하기 위해 선량한 시민들이 도둑질이라는 '범죄'와 현상수배라는 '월권행위'를 하지 않을 수 없는 사회. 인권을 보호해야 할 국가기관이 국민의 인권을 유린한 자기네 식구를 감싸고 도는 자유민주주의 사회! 이것이 이근안 씨가 깨우쳐주는 두번째 아이러니다.

"민주화가 되면 너희들이 나를 고문해라." 이씨가 칠성판에 묶인 희생자들에게 내뱉은 말이다. 그런데 그는 지금 고문을 받을까 봐 겁낼 필요가 없다. 민주주의는 그런 잔혹행위를 허용하지 않는다. 하지만 우리의 민주주의는 아직 반쪽짜리에 불과하다. 통혁당과 인혁당, 남민전 등 '고전적 좌익사건'에서는 물론이요, 5.18 당시 구속된 수천 명의 대학생과 재야인사들을 비롯해 반제동맹당 사건과 서노련 등 1980년대의 모든 굵직굵직한 '시국사건' 관련자들이 고문을 당했다는 것은 공지의 사실이다. 신체적, 정신적 불구가 된 사람도 많다. 고문 범죄자를 고문하지 않는다고 민주화가 된 건 아니다. 고문조작의 진상과 책임자를 규명하고 피해자에게 합당한 배상을 해야 제대로 된 민주사회라 할 수 있다. 고문 사실과 범죄자는 있으되 진상 규명과 피해자에 대한 배상은 없는 민주주의! 이것이 이근안이 깨우쳐주는 세번째 아이러니다.

검찰은 이씨의 도피 행적과 고문 배후를 부분적으로나마 밝혀냈다. 박종철 씨 고문치사 사건을 축소 은폐한 죄로 처벌을 받았던 전직 경찰 치안감이 '카지노 대부' 전낙원 씨에게서 10억 원을 받아 관리하면서 이근안과 같은 고문범죄자들의 뒤치다꺼리를 해주었다니 소설도 이런 소설이 없다. 10년이 넘게 자기 집 골방에 숨어 지내는 동안 동료 경찰들이 들락거리면서 '대책을 협의' 했다고 하니, 고문은 개인의 악덕이 아니라 국가권력의 조직적 범죄라는 고전적 명제는 일점일획도 틀리지 않는 진리다.

검찰의 발표에 따르면 이씨와 함께 일했던 전직 경관들은 그가 사람을 잡아오거나 심문할 때는 반드시 상부에 사전, 사후 보고를 했다고 증언했다. 이씨의 자수가 한나라당의 'DJ 저격수' 정형근 의원의 정치적 몰락을 불러올지 모른다는 항간의 관측이 현실이 될 모양이다. 정 의원이 안기부 대공수사 국장이었던 1980년대 중반 경기도경 소속이던 이근안 씨는 경찰 상급자의 승락을 받고 안기부를 비롯한 다른 공안기관으로 '출장고문' 을 하러 다녔으니 말이다.

만약 정형근 의원이 고문의 책임을 일부 떠맡아야 하는 상황이 드러나면 유일 야당 한나라당은 이것을 '정치보복' 이요 '야당 죽이기 음모' 라고 비난하면서 '민주주의 수호 투쟁' 을 벌일지 모른다. 정말이지 한심한 일이다. 그러니 분명하게 못박아두자. 반인륜적 고문범죄에 가담한 자는 누구든 준엄하게 처벌해야 한다. 정형근 의원과 같은 야당의 '반정부 투사' 도 예외가 될 수 없다.

헌법 <국민정서 <지역정서

세상 정말 많이 변했다. 용공 조작은 정부와 집권당의 전유물인 줄 알았는데, 이젠 야당 국회의원이 대통령을 향해서 그 칼을 휘두르니 말이다. "없는 사실을 조작하는 것은 공산당의 전형적인 선전선동 수법이자 지리산 빨치산 수법이다." 이건 한나라당 정형근 의원이 1999년 11월 4일 부산 집회에서 자신을 고문기술자, 정치공작의 명수라고 한 여권의 비난을 거론하면서 김대중 대통령을 향해 날린 독설이다.

정형근 씨는 무언가 단단히 착각하고 있다. "없는 사실을 조작하는 것"은 공산당만이 아니다. 자유민주주의자를 참칭하면서 "공산당의 마수로부터 조국을 지키기 위해 헌신적으로 일했다"고 주장하는 파시스트들도 널리 애용하는 수법이다. 아다시피 스탈린과 김일성은 '어제의 혁명동지'들을 '미제 스파이'와 '파시스트 앞잡이'로 조작해서 잔혹하게 제거했다. 북한에서는 우파 또는 중도 민족주의자뿐만 아니라 연안파와 소련파 공산주의자와 박헌영을 비롯한 남로당 당원들까지도 모조리 숙청을 당했다. 소련에서도 트로츠키를 비롯한 혁명가들과 노동조합 지도자들이 거의 대부분 처형당했다.

그럼 자칭 '자유민주주의 신봉자' 이승만은 어떤가. 북진통일 대신 평화통일을 주장했다는 이유로 야당의 유력한 대통령 후보 조봉암을 공산주의자로 몰아 사형시키지 않았던가? 야당 지도자 김대중을 용공분자로 조작하고 사형선고까지 내린 박정희와 전두환도 빨갱이였나? 박종철 씨 고문살해 사건이나 김근태 씨 사건, 납북 어부 김성학 씨 사건에서 명백히 입증된 것처럼 "없는 사실을 조작"하기 위해 필설로 형언하기 어려울 만큼 참혹한 고문을 자행한 것은 이근안을 비롯한 '열혈 반공주의자'들이 아니었던가? 고문기술자들이 간첩과 반국가 사범을 '제조'하기 위해서 그와 같은 반인륜적 범죄를 저지르던 시절, 자신이 그들을 거느린 수

민주공화국 대한민국의 헌법보다 위에 있는 지역 정서. 고문과 관련된 수사 책임자가 '영웅'이 될 수도 있는 이 나라가 제정신이 있는 나라인가?(『한겨레』, 1999년 11월 5일)

사책임자였다는 사실을 정형근 씨는 벌써 잊어버린 것일까?

온 사회를 하나의 이데올로기에 복속시키려고 하는 개인과 정치세력은 민주주의의 적이다. 법률과 폭력의 힘을 빌어 사상과 견해의 다양성을 말살하기 위해 "없는 사실을 조작"하는 전체주의적 언행은 민주주의와 양립할 수 없다. 좌익이든 우익이든 예외가 있어서는 안 된다. 이런 맥락에서 "정 의원은 나치의 게슈타포와 구 소련의 KGB나 다름없는 공작전문가로 그가 한국 사회를 활보하는 것은 국가적 불행"이라고 한 국민회의 이영일 대변인의 지적은 전적으로 타당하다. 그가 안기부 대공수사 국장으로서 "여자를 남자로 바꾸는 것만 빼고 무슨 일이든 할 수 있는" 무한권력을 휘둘렀던 암흑의 1980년대를 우리는 아직도 청산하지 못했기 때문이다.

그러나 어쩌랴. 대한민국은 헌법이 지배하는 사회가 아니다. 헌법 위에 '국민정서'라는 게 있고, '국민정서' 위에는 그보다 더 무서운 '지역정서'가 있으니 말이다. 부산 출신의 한 여당 의원은 정형근 의원을 사법 처리하는 데 반대한다는 의견을 당 지도부에 전달했다고 한다. 부산 북 강서(갑)를 지역구로 둔 정 의원을 구속하면 전체 부산·경남 주민의 '반 DJ 정서'에 불을 질러 2000년 총선에서 여권이 참패할 것이고 정형근 씨 는 영웅이 될 것이라고 한다.

황당하고 슬픈 일이다. 작년 부산 시민들은 김대중 대통령과 김영삼 전 대통령이 참석한 가운데 1979년의 부산·마산지역 반독재 민주항쟁 20 주년을 기념하는 성대한 행사를 열었다. 10.26 직전 부마항쟁이 터졌을 때 유신정권은 이를 '불순분자들의 선동으로 일어난 난동'으로 규정하고 군대를 투입해서 시위를 진압했다. 그런데 바로 그 도시의 유권자들이 지 난 총선에서 '정보 공작정치의 대가' 정형근 후보를 압도적인 표차로 당 선시켰고, 그가 이근안 고문 사건과 관련해서든 서경원 사건 조작 때문이 든 형사 처벌을 받을 경우 옥중 당선시킬 것이 확실하다고 한다.

정말 믿고 싶지 않은 현실이다. 도대체 '부산정서'의 실체는 무엇인 가? 김대중을 비난하고 공격하는 정치인은 고문범죄 관련자라도 무조건 밀어주는 것이 '부산정서'라면 부마항쟁의 정신을 기리는 민주공원은 어 쩐지 그 도시에 어울리지 않는다. 물론 모든 부산시민이 정형근 씨를 옹 호하는 것도 아니요 김대중 대통령을 미워하는 것은 아니겠지만, 과거에 사람을 고문해서 받은 허위자백으로 공안사건을 조작하는 데 앞장섰던 사람이 활개치고 다닐 수 있도록 허용한다는 것은 분명 부산시민 스스로 자신을 모욕하는 것이다.

장준하 훈장 추서와 박정희 기념관

정부는 1999년 11월 1일 잡지의 날을 맞아 월간 『사상계』의 발행인이 었던 고(故) 장준하(張俊河) 선생에게 금관문화훈장을 추서했다. 행정자치 부가 "상훈기간이 20년에 미치지 못한다"는 이유로 은관문화훈장으로

격을 낮추었다가 유족들의 거부로 훈장 추서가 무산된 지 꼭 1년 만의 일이다. 그런데 선생을 추앙하는 사람들조차도 마냥 기뻐할 수만 없는 것은 어찌 된 일일까. 정부가 양립할 수 없는 두 가지 일을 동시에 벌였기 때문이다.

장준하 선생은 1953년 피난지 부산에서 무일푼으로 창간한 『사상계』를 아시아의 4대 잡지 가운데 하나로 키웠고, 그 업적으로 1962년 한국인으로서는 최초로 언론부문 막사이사이상을 받았다. 그런 선생이 이제서야 국가의 훈장을 추서받은 것은 불행한 우리의 현대사 때문이며, 그 비극의 역사는 아직도 끝나지 않았다.

오늘의 젊은이들은 장준하와 『사상계』를 모를 것이다. 명실상부한 지식인 정론지로서 민주주의, 민족통일, 사회정의 등 민족의 운명을 좌우할 중요한 이슈를 정면으로 다루었던 『사상계』는 박정희 정권과의 끝없는 충돌 끝에 1970년 폐간의 운명을 맞아야 했다. 그리고 『사상계』가 그랬던 것처럼 장준하의 죽음도 평범한 출판인의 것과는 거리가 멀었다. 유신체제 반대투쟁을 주도했던 그는 1975년 8월 경기도 포천의 약사봉 등반길에서 죽음을 맞았다. 외상도, 골절도 없고 안경조차 깨지지 않은 의문의 추락사였다. 10월유신 이후 십수 년 간 계속된 군사독재는 언론을 철저히 통제함으로써 자라나는 세대가 그의 이름을 다시는 듣지 못하게 만들었다.

1915년 평북 선천에서 태어난 장준하는 일제 말기 학도병으로 징집되어 만주에 파병되었다. 6개월 만에 일본 병영을 탈출한 그는 중국 대륙을 반 바퀴 도는 6천리 대장정 끝에 충칭의 임시정부를 찾아갔다. 임시정부 내부의 무의미한 권력투쟁과 파벌싸움에 실망한 장준하는 일본 제국주의에 대한 무장투쟁을 벌일 기회를 갈망했고, 마침내 광복군의 일원으로서 미군의 지원 아래 국내 진공작전을 위한 특수훈련을 받던 중 해방을 맞았다. 30대 청년 지식인으로서 신생 독립국가의 국민이 되어 민주주의와 인권, 민족통일을 위해 온몸을 던진 장준하는 이승만과 박정희 정권 아래서 무려 열 번이 넘게 투옥당하는 고난을 마다하지 않았고 결국은 의문의 죽음을 맞아야 했다.

집권당 국민회의가 추진한 '의문사 진상규명에 관한 특별법'이 발효되면 장준하 선생의 죽음을 둘러싼 의혹이 벗겨질 수 있을지도 모른다. 그러나 그렇다고 해서 그의 삶과 죽음이 드러내는 현대사의 비극이 끝나는 것은 아니다. 광복군의 전사였던 장준하를 박해하고 죽음에 이르게 한 유신체제, 그 체제를 이끈 인물은 일본군 장교 출신 박정희였다. 심복의 총에 최후를 맞았던 독재자 박정희의 '기념관'을 짓는 일에 '국민의 정부'는 1백억 가까운 돈을 지원할 계획이다. 정부의 금관문화훈장 추서는 잘한 일이지만 생전에 "대한민국 국민은 누구나 대통령이 될 자격이 있지만 박정희만은 예외"라고 했던 선생이 국민의 세금으로 짓는 독재자의 기념관을 보면서도 그 훈장을 기꺼워할지는 의문이다.

기념관을 짓든 생가를 복원하든, 아니면 그보다 더한 일을 벌이든 그건 어디까지나 박정희를 추앙하는 사람들의 자유다. 나는 그런 곳에 가지도 않을 것이며 그 사람들을 비판하겠지만 그들이 자기 호주머니를 털어서 기념관을 짓는다면 막을 생각이 없다. 설령 막고 싶은 생각이 있다 해도 나에게는 그럴 권리가 없다. 대한민국 국민은 법률에 어긋나지만 않으면 자기 돈으로 무슨 일이든 다 할 자유와 권리가 있다.

그러나 나는 정부가 그 일에 국고를 지원하는 데는 결단코 반대한다. 박정희를 숭배할 자유가 있다면 당연히 비판할 자유도 있다. 정부가 지원하려는 국고에는 박정희를 민주주의를 파괴한 독재자로 규정하는 사람이 낸 세금도 들어 있다. 이 돈을 기념관 건립자금으로 주는 것은 이런 사람들의 재산권에 대한 침해이고 세계관에 대한 모욕이다. 특별법이 제정되어 군사독재 시절의 숱한 의문사 사건을 조사할 경우, 어떤 추악한 권력의 야만행위가 햇빛 아래 드러날지 모른다. 그 모든 것을 덮어둔 채 박정희 기념관을 지을 수는 없다. 양민 학살의 진상을 묻어둔 채 노근리 쌍굴다리에 미군 참전 기념관을 짓는다고 가정해보라. 아직도 피가 흐르는 파시즘의 상처를 그대로 둔 채 가해자를 기리는 조형물을 만드는 터무니없는 짓에는 단 한푼의 세금도 보태고 싶지 않다.

내가 아직도 악몽을 꾸는 이유

다른 사람도 그렇겠지만 나도 마음이 불안하면 악몽을 꾼다. 깨고 나면 형상을 기억할 수 없지만 어쨌든 아주 무서운 괴물이 쫓아오는데 발이 떨어지지 않는다거나 천 길 절벽에서 떨어지는 꿈이 어릴 적에는 제일 끔찍한 악몽이었다.

그런데 군에 입대한 후로는 달라졌다. 만기 복무를 했는데도 제대 특명이 떨어지지 않는 꿈이 최악이었다. 제대한 후로는 몸이 좋지 않거나 스트레스를 많이 받으면 다시 군대에 가는 꿈을 꾼다. 꿈속의 나는 군번과 입대일자, 전역일자까지 또렷이 기억한다. 그런데도 또 이등병 계급장을 붙이고 졸병 노릇을 해야 하니 미치고 환장할 노릇이다. 이런 악몽은 군복무를 마친 지 무려 17년이 된 지금까지도 가끔씩 나를 괴롭힌다.

이는 내가 군복무 기간에 정치적인 이유로 대학에서 쫓겨난, 이른바 '특수학적변동자'로서 받아야 했던 특별한 감시, 신체와 생명에 대한 위협, 그리고 그 와중에서 내가 저질렀던 '반국가적 범죄행위'와 관계가 있는 것 같다. 나에게 씌워진 정치적 혐의는 언제나 '자생적 공산주의자' 또는 '마르크스–레닌주의자'라는 의심이었다. 그렇다. 나는 마르크스–레닌주의에 흠뻑 매료되었던 적이 있다. 영문판 『공산당 선언』을 밤새워 읽으면서 '태양 아래 영원한 진리'의 세례를 받은 감동에 잠을 이루지 못한 적이 있다.

1980년 5월 17일 밤 학교에서 붙들려 계엄사 합동수사본부에서 두 달 넘게 곤욕을 치르고 안양교도소에 잠시 수감되었다가 졸지에 머리 깎고 군복을 입어야 했던 나는 전두환 정권을 거꾸러뜨릴 수만 있다면 악마하고라도 손잡을 수 있다고 생각했다. 휴전선 너머에 있는 실체적 권력인 북한이 그 '악마'의 1순위 후보라는 건 바보라도 생각할 수 있는 일이었다. 민간인 통제구역 안의 작전지역을 수색하면서 주운 전단에서 나는 경제학과 동기생인 김태훈이 광주의 대학살을 규탄하면서 도서관에서 투신했다는 뉴스를 읽었다. 『미국은 우방인가』 『현대문학선집』 따위의 선전책자를 발견하면 보고하기 전에 며칠씩 꼬불쳐두고서 남몰래 읽어보곤 했다. 이런 것이 최소한 영창감이요 재수 없으면 남한산성으로 가야 할 '범죄행위'라는 건 두말할 나위도 없는 일이었다.

내가 저지른 가장 중대한 '범죄행위'는 북한 텔레비전을 본 일이다. 고참 상병이던 1982년 가을 우리 부대는 철책선 공사에 투입되었다. 지금도 그런지 모르겠지만 그 당시만 해도 전방의 보병부대는 늦여름에서 초겨울 사이 두어 달을 공사장에서 보냈다. 비무장지대 안 GP의 수도관 매설공사나 진지 보수공사 같은 것들인데 대개 시멘트 두 포를 옮기면 오전 작업이 끝나는 식의 노가다 일이 전부였다. 해가 저물면 텐트에서 뒹구는 것밖에 할 일이 없다는 사실을 뻔히 아는 중대장이 심심풀이용으로 흑백텔레비전을 한 대 가지고 갔다. 그런데 이 놈의 텔레비전이 북한쪽 방송이 시작되면 우리쪽 방송은 제대로 잡지를 못하는 것이었다.

짜증난 중대장이 "야, 내 텐트 좁으니까 이거 늬네 텐트에 갖다놓아"

이러는 바람에 텔레비전은 내 차지가 되었다. 저녁마다 북한 방송을 보는데 〈안중근 이등박문을 쏘다〉 같은 사극은 물론이요 〈사돈댁 사정〉 비슷한 제목의 홈드라마도 재미가 제법 쏠쏠했다. 동독 축구팀과의 친선경기도 나오고 더러는 벗은 여자의 뒷모습 정도는 보여주는 동유럽제 첩보극도 있었다. 그런데 무엇보다 흥미로운 것은 김일성 주석의 중국 방문 특집방송과 김정일이 『주체사상에 대하여』(이하 『대하여』로 줄임)라는 '영생불멸의 위대한 저작'을 발표한 날의 뉴스였다.

김 주석의 북경방문 특집은 북한 방송을 본 두 주일 동안 거의 매일 똑같은 황금시간대에 두 시간씩 나왔는데 똑같은 내용이 날마다 반복되는 게 정말 신기하고도 황당했다. 그런데 더 신기하고 황당한 건 거기에 쓸 만한 정보가 하나도 담겨 있지 않다는 사실이었다. "장군님께서는 중화인민공화국 어린이들의 렬렬한 환영을 받았습니다." "장군님께서는 중화인민공화국 아무개와 아무개 동지를 위해 만찬을 베푸셨습니다." 이런 아무 의미 없는 나레이션이 계속되는 가운데 포옹하고 밥 먹고 사진 찍는 장면만 줄줄이 이어질 뿐 현안문제가 무엇인지, 어떤 합의가 이루어졌고 어떤 문제에 이견이 있는지, 도대체 김 주석이 북경에 무얼 하러 갔는지 짐작하게 해주는 정보는 귀를 씻고 들었지만 전혀 없었다.

『대하여』가 발표된 날의 뉴스는 한술 더 떴다. 10분짜리 뉴스 가운데 8분을 그 소식으로 채웠는데 의미 있는 정보라고는 김정일이 논문을 발표했다는 사실 딱 하나뿐이었다. "영명하신 지도자 동지께서 내려주신 불후의 로작을 받아든 우리 근로일꾼들은 벅차오르는 가슴을 안고 감격의 눈물을 흘립니다." 각계각층 인민을 돌아가며 등장시키고도 모자라 리비아인지 어딘지 외국 건설공사 현장에 나가 있는 노동자들까지 등장시킨 이날 뉴스에서 나는 그 논문이 무슨 내용을 담고 있는지 귀동냥해보려고 용을 썼지만 결과는 완전히 꽝이었다.

무엇이든 하지 말라면 더 하고 싶은 게 사람의 마음이다. 아담과 이브도 먹지 말라던 선악과를 따먹지 않았는가. 사랑도 금지된 사랑이 더 짜릿한 법이다. 내가 부지런히 북한의 선전책자를 읽고 북한의 텔레비전 방송을 본 것도 마찬가지다. 게다가 나는 북한이 '좋은 나라'일지도 모른다고 생각했는데, 그 논리는 실로 간단명료한 것이었다. 전두환은 '나쁜 나라'다. 그런데 '나쁜 나라' 전두환은 입만 열었다 하면 김일성이 '나쁜 나라'라고 욕한다. 그러므로 김일성은 '좋은 나라'다. 그런데 북한이 정말로 '좋은 나라'라는 증거가 아직 없기 때문에 나는 북한이 '좋은 나라'일지도 모른다는 잠정적 결론을 내렸다.

확실한 '나쁜 나라' 전두환과 '좋은 나라'일지도 모르는 김일성, 순수하게 논리적으로만 따지면 나는 '김일성 추종자'가 되어야 마땅했다. 그런데 그러기에는 입맛이 어딘가 개운치가 않았다. 북한 텔레비전 방송이 던져준 의문 때문이었다. 나라의 주인이요, 역사의 주체라고 주장하면서 그 인민대중에게 사회와 국가의 중대한 문제에 대한 정보를 제대로 주지 않는 나라가 '좋은 나라'일 수 있는 것일까? 당 조직과 직장에서 실시하는 집단학습을 통해서 그런 문제를 해결하기 때문에 남한 당국도 보는 텔레비전에는 굳이 정보를 내보낼 필요가 없기 때문은 아닐까? 아무리 그래도 그렇지, 방송이라는 문명의 이기를 내버려두고서 집단학습이라는 원시적 방법을 쓸 정도로 멍청한 지도부를 가진 나라가 과연 '좋은 나라'라고 할 수 있을까?

대한민국을 지키는 독수리 5형제에게 주는 충고

뒤에서 다시 이야기하겠지만 그로부터 몇 년 뒤 나는 주체사상에 훨씬 가까이 접근했고 공안검사들이 알았더라면 당장 '주사파(主思派)'라는 올가미를 씌워 집어넣을 수 있을 만큼 주체사상과 북한에 대해 호의적인 태도를 가지게 되었다. 하지만 나는 '정통 주사파'가 될 만큼 깊이 빠져들지는 않았는데, 그건 역설적이지만 군복무 중 내가 저질렀던 '범죄행위' 덕분이었다. 전두환 정권은 분명 민주주의와 사회정의를 원하는 사람들의 적(敵)이었다. 하지만 적의 적은 아군이라는 단순논리를 받아들일 수는 없었다. 북한 텔레비전 방송이 던져준 북한 사회에 대한 의문이 그 논리의 힘을 반감시켰기 때문이다.

나는 우리 정부와 여야 정치인들에게 권고한다. 우리 국민들이 북한 방송을 시청할 수 있게 하는 일방적 통신개방 조처를 취하라고. 특히 틈만 나면 국민의 안보의식 부족을 개탄하고 자나깨나 '주사파의 발호'를 걱정하는 이 땅의 자칭 '호국세력'에게 말하고 싶다. 내가 북한 체제에 우호적으로 접근하지 못하도록 막은 것은 보안사의 대공수사관도 아니었고 국가보안법도 아니었다. 고문과 감옥도 아니었고 '대한민국을 지키는 독수리 5형제' 흉내로 먹고 사는 당신네들의 우국충정은 더 더욱 아니었다. 당신들이 그토록 갈망하는 확고한 안보태세는 국민 개개인이 북한 사회를 정확하게 이해하고, 많은 모순과 부조리가 있음에도 불구하고 우리 체제를 고치고 다듬는 쪽이 훨씬 낫다는 확신을 가지면 저절로 이루어진다. 전문적으로 국가안보를 팔아먹고 사는 장사꾼들이 없어져도 국가안보에는 아무 이상도 없다.

나의 '반국가적 범죄행위'는 군에서 제대한 다음에도 계속되었다. 그 '범죄'를 저지르기 위해서 유독 아침잠이 많은 내가 비록 며칠 동안이지만 새벽 산책을 한 적도 있다. 운동권에서 주사파가 맹렬하게 세력을 확장해나가던 1986년 무렵이었다.

우리 나라 사람들 성질 급한 건 정말 알아줘야 한다. 1983년에 군에서 제대한 다음 마르크스-레닌주의 원전 진도 따라가느라고 진땀을 뺐는데, 딱 1년 감옥을 살고 1985년 말에 나와보니 마르크스-레닌주의는 벌써 한물 가고 주체사상이 유행의 첨단을 걷고 있었으니 말이다. 내 새벽 산책은 학습교재를 구하기 위한 일종의 '보급투쟁'이었다.

구닥다리 운동가라는 말을 듣기 싫어서 이런저런 반공단체나 반공지식인이 쓴 책과 자료집을 구해서 글쓴 사람들이 비판의 목적으로 인용해놓은 원전 문구를 열심히 짜깁기해보았지만 감질만 났지 그 놈의 주체사상이라는 것이 어떻게 생겨 먹었는지 제대로 감을 잡을 수가 없었다. 그래서 나는 군대에서 쓰던 수법을 '재활용'하기로 했다. 북한 선전책자가 떨어져 있을 만한 지역을 환경미화원 아저씨들보다 한 발 앞서 '수색'하기로 한 것이다. 구로동, 가리봉동 일대에서 전개한 이 새벽 산책 작전의 '표적'은 1982년 북한 텔레비전 뉴스에서 처음 그 제목을 들었던 논문, 북한이 김정일의 '불후의 로작(勞作)'이라고 선전한 『대하여』였다.

'보급투쟁'은 수포로 끝났다. 고정간첩들이 게으른 탓인지, 아니면 내가 '작전지역'을 잘못 선택한 탓인지는 모르겠지만 『대하여』를 구하는 데 실패한 것이다. 이야기를 더 하기 전에 한마디 짚고 넘어가자. 국정원장님, 검찰총장님, 공안검사 여러분, 그리고 한나라당과 자민련, 자유총연맹, 『한국논단』의 우국지사 여러분, 흥분하지 마세요. 『대하여』를 구하려고 돌아다니는 젊은이들이 있다고 해서 국가안보 흔들리는 것 아니랍니다. 난 '북한을 이롭게 하려는 의도와 생각'을 가지고 그런 게 아니에요. 혹시 거기 '대한민국을 이롭게 하는 데 써먹을 수 있는' 그 무슨 심오한 철학이 있나 싶어서 찾아본 거랍니다. 여러분만 아니었다면 누군가 저작권 계약해서 그걸 출판했을 것이고, 그랬다면 쓸데없이 정력을 허비하는 일 없이 사다 읽었을 것 아닙니까? 그리고요 고정간첩들 참 무능해요. 그걸 원하는 젊은이가 있는데 그 수요를 충족시켜줄 정도의 실력도 없는 사람들인가 봐요. 근데 국가보안법 공소시효가 얼마나 되나? 나 이런 말 하다가 잡혀가는 것 아닌가?

어쨌든 나는 『대하여』를 읽었다. 원본은 아니고 몇 번이나 복사를 했는지 글씨가 잘 보이지도 않는 걸 하나 구하긴 했으니까. 물론 누구한테 얻었는지는 말 못한다. 그땐 너나 없이 가명을 몇 개씩이나 쓰던 시절이라서 그걸 준 사람의 진짜 이름이 뭔지도 모르니까. 몇십 쪽밖에 안 되는 이 논문은 우리가 흔히 보는 그런 논문이 아니다. 각주도 참고문헌 목록도 없는 데다 너무나 지당하신 이야기라서 비판할 여지도 별로 없는 그런 '공자님 말씀' 같은 것이다. 인민이 역사의 주인이라든가 사람을 주인으로 세우는 사업방침을 만들어야 한다든가 하는 말씀을 도대체 무슨 수로 반박한다는 말인가. 이런 걸 읽고서 '벅찬 가슴을 안고 감격의 눈물을 흘려야 하는' 북한 동포들 정말 안됐다.

워낙에 좋은 말씀이 많아서 나도 문건을 쓸 때 인용부호도 각주도 붙이지 않고 몇 대목 끌어다 쓰기도 했다. 학문의 세계에서라면 있을 수 없겠으나 '유언비어를 유포하는 불법 유인물'이니까 상관없는 일이었다. 근데 이런 것도 '이적 행위'가 되나 모르겠다. 김정일의 글을 비판할 목적 없이 인용했으니 국가보안법상 '고무 찬양'에 해당될 수도 있는 일 아닌가. 틀렸더라면 틀림없이 나도 국가보안법 위반 전과자가 되었을 게다.

주사파가 생긴 두 가지 이유

자, 이제 나의 '범죄사실' 고백은 끝났으니 원래 하고 싶었던 이야기를 하자. 대한민국의 수도 서울 한복판에서 주사파가 탄생한 데는 두 가지 중요한 원인이 있다.

첫째는 체제 정통성에 대한 열등감이다. 아다시피 북한은 친일파를 철저하게 숙청한 반면 남한에서는 친일파가 권력을 장악했다. 엄청나게 과장하긴 했지만 김일성이 항일 무장투쟁을 벌인 것만은 분명한 사실이다. 그러나 이승만은 반공정권을 세우면서 친일파를 광범위하게 등용했고 반민특위를 폭력적으로 해체함으로써 친일파 청산에 사실상 종지부를 찍었다. 군대와 경찰조직에서도 일제 경찰과 일본군에 복무한 사람들이 중추를 장악했다. 행정기관과 교육계도 마찬가지였다. 게다가 일본군 장교 출신 박정희가 18년씩이나 권좌에 있었고 전두환은 박정희의 정치적 양자나 다름없는 인물이었다. 생존을 위해 끊임없이 분투해온 민족사와 일제 36년의 쓰라린 경험 때문에 민족주의 성향이 매우 강한 나라인 만큼 감수성 예민한 젊은이들이 북한에 대해 열등감을 가지는 것은 매우 자연스러운 일이었다. 아무리 싫어도 이건 인정하지 않을 도리가 없다. 그리고 이 열등감을 뒤집으면 북한 체제의 민족사적 정통성과 지배 이데올로기에 대한 승인이 된다.

그런데 이러한 민족주의적 친북성향이 도가 지나치면 곤란한 상황이 발생한다. 국가권력에 정통성을 부여하는 다른 요소들을 무시하게 되기 때문이다. 권력의 절차적 정통성과 경제적 능력이 그것이다. 김일성이 항일 무장투쟁을 했다고 해서 모든 권력을 독점하고 인민의 자유를 박탈할 권리가 있는 건 아니다. 사상과 표현의 자유를 봉쇄하고 정치적 반대파의 존재를 말살한 북한 체제는 절차적 정통성을 갖추고 있지 않다.

그렇다고 유신체제와 전두환 정권이 절차적 정통성을 갖추었다는 말은 절대 아니다. 박정희는 긴급조치라는 걸 만들었는데 인류 역사상 이렇게 법도 아닌 법이 달리 또 있었나 싶다. 유신헌법과 긴급조치를 비판하면 긴급조치 위반이 되고, 긴급조치 위반 사건을 허가 없이 전파하면 그것도 긴급조치 위반이 되는, 완벽하게 폐쇄적인 시스템이었기 때문이다. 전두환은 수천 명을 살상하고 박정희의 유지를 이어받아 제 똘마니들을 체육관에 모아 99.99% 찬성표를 찍게 만듦으로써 대통령으로 '선출'된 인물이니 이게 북한과 다를 것이 무에 있겠는가. 정도의 차이는 있을지언정 본질적으로는 똑같은 체제라 해야 할 것이다.

그러나 우리 국민은 권력자들의 시혜가 아니라 자신들의 힘으로 피투성이가 되도록 싸워서 군사독재를 굴복시키고 구절양장 우여곡절을 거치면서 반쪽짜리 민주주의나마 이루어냈다. 민족사적 정통성이 결여된 체제로 출발했지만 반세기 투쟁을 통해 절차적 정통성을 가진 국가를 만든 것이다. 하지만 이건 어디까지나 오늘날의 상황이다. 전두환이 대통령으로 있으면서 온갖 부정부패와 인권유린을 자행했던 1980년대 대한민국은 절차적 정통성 면에서 북한보다 크게 나을 것이 없는 나라였다.

그 다음은 체제의 경제적 능력이다. 아무리 민족사적, 절차적 정통성이 있는 권력이라도 국민을 잘 살게 하지 못하면 몰락의 운명을 피할 수 없다. 그런 면에서 북한은 러시아와 동유럽 사회주의와 똑같은 길을 걸어왔다. 자연재해를 극복할 역량조차 없이 속수무책 제 국민을 굶겨 죽이는 북한 정권의 지도부는 범죄자라는 비난을 받아 마땅하다.

그러나 15년 전에는 그렇게 말할 수 없었다. 남·북한의 경제력 우열이 뒤집힌 것은 1970년대 중반의 일이다. 1980년대 중반만 해도 남한이 더 잘 살기는 했지만 북한이 오늘과 같은 빈곤의 나락으로 떨어질 것이라고는 예측하기 어려웠다. 일본군 출신 박정희가 쿠데타로 집권한 다음 종신집권 체제를 만들기는 했지만 박정희의 집권기간에 남한이 급속한 경제성장을 이룬 것만은 분명한 사실이다. 노동자들의 피땀으로 이룩한 이러한 경제성장은 그것이 누구의 공적이든, 체제 정통성의 한 축을 세웠다. 그러나 박정희와 전두환을 미워하는 사람의 눈에는 노동자의 권리에 대한 가혹한 탄압과 극심한 빈부격차, 기업과 권력이 벌인 대규모 부정부패와 같은 경제성장의 어두운 면이 더 두드러져 보이게 마련이다.

주체사상을 말할 자유도 허하라

이렇게 보면 계산은 무척 간단하다. 절차적 정통성과 경제적 능력 면에서는 별로 큰 차이가 없는 반면 민족사적 정통성에서는 하늘과 땅만큼 차이가 나는 두 체제를 놓고 젊은이들 가운데 북에 대해 더 큰 애정을 느끼는 사람이 생기는 건 이해할 수 있는 일이 아니겠는가. 머리에 뿔 달린 괴물이라서 그런 것도 아니요, 고정간첩한테 포섭당해서 그런 것도 아니며,

정신이 나간 아이들이라 그런 것도 아니다. 우리 세대는 아주 정상적인 가치관과 사고방식을 지닌 사람도 얼마든지 주사파가 될 수 있는 정치·사회적 환경 속에서 청년기를 보냈다.

주사파를 만들어낸 직접적인 책임자는 전두환 씨다. 제 국민을 대량학살하고 갖가지 인권유린과 야만행위를 저지른 전두환은 많은 젊은이들에게 극도의 혐오감과 절망감을 안겨주었다. 그 정권을 타도할 수만 있다면 악마하고라도 손을 잡겠다고 생각하는 사람이 생기는 건 당연한 일이다. 그리고 그 악마가 흉칙한 괴물이 아니라 항일투사 출신들이 주도해서 만든 북한정권이라고 생각한다면 북한의 정치적 지도력을 승인하고 따르는 젊은이가 생기는 것 역시 있을 수 있는 일이다. 나 역시 '정통 주사파'까지 가지는 않았지만 그 근처에서 기웃거리기는 했다.

오해 마시라. 나는 지금 변명을 하고 있는 것이 아니다. "정통성 없는 권력의 지배 이데올로기인 주체사상에 호의를 품고 귀를 기울인 것은 모두 이승만과 박정희와 전두환의 책임이다. 나는 잘못이 없다." 이런 말을 하려는 것이 결코 아니다. 내가 하고 싶은 말은, 설령 어떤 청년이 '골수 주사파'가 되어서 주체사상을 찬양한다 하더라도 그것이 범죄는 아니라는 것이다.

대한민국은 민주공화국이고 대한민국의 헌법은 사상의 자유를 보장한다. 인간이 하는 일 가운데 절대적으로 옳거나 틀린 것은 없다. 한 점의 오류도 없는 사상이나 단 한 톨의 진실도 담지 않은 사상은 없다. 사상의 자유가 필요한 건 바로 그 때문이다. 새로운 사상치고 처음에 '불온'하지 않았던 것은 없다. 세상을 보는 눈 가운데 어느것이 옳은지는 상이한 여러 사상 사이의 대립과 경쟁을 거쳐야 알 수 있다. 어떤 사상이 잘못된 것인지 아닌지를 선험적으로 판단할 수 있는 사람은 아무도 없다.

따라서 사상의 자유는 당연히 잘못된 사상을 가지고 그것을 표현할 수 있는 자유를 포함한다. 폭력을 써서 자신의 사상을 남에게 강요하지 않는

한 어떤 사상이라도 마음대로 표현할 수 있는 것이 사상의 자유다. 사람을 감옥에 잡아 가두고 고문을 해서 사상을 고쳐줄 수는 없다. 전혀 다른 생각을 가진 사람들과의 토론과 상호비판, 그리고 자신의 이론과 경험에 대한 성찰을 거치지 않은 사상의 변화는 모두 '강제된 전향'일 뿐, 사상의 변화라 할 수 없다.

주체사상의 추종자를 '발본색원' 하고 싶어하는 모든 분들에게 권고한다. 당신들이 해마다 수천억 원의 돈과 수만 명의 수사관을 투입한다고 해도 당신들은 주사파가 '발본색원' 되었는지 확인할 수 없다. 정말로 주사파의 소멸을 확인하고 싶다면 그들에게 자유롭게 주체사상을 찬양할 자유를 허용하라. 대한민국 지식인 사회가 그런 낡은 교조의 영향력을 차단할 역량이 없다고 생각하는가? 관변 지식인들만으로 역량이 부족하다면 '나 같은 '흘러간 반체제 지식인'도 부르라. 극우적 '발본색원주의'에 대해서 그런 것처럼 주체사상이라는 봉건적 전체주의적 지배 이데올로기에 대해서도 혼신의 힘을 다해 비판의 칼을 휘두를 용의가 얼마든지 있다. 주사파에게 발언의 자유를 무제한적으로 허용하는데도 주사파를 자처하는 사람이 없을 때, 그때서야 당신들은 주사파의 소멸을 확인할 수 있을 것이다.

국가안보를 위한 위험천만한 초능력

19^{99년} 8월 민주노총은 평양에 가서 북한 노동자팀과 축구시합을 했다. 전반에만 다섯 골을 먹은 남한 노동자팀은 후반전에 북한 선수들이 봐준 덕분에 네 골을 만회하기는 했지만, 오랜만의 '남북대결'에서 완패를 당함으로써 축구사에 길이 남을 '오점(汚點)'을 남겼다. 아니, 우째 이런 일이! 그래서인지 모르겠지만 검찰은 '이적행위'를 했는지 알아보기 위해서 민주노총 간부들을 소환했다. 이 사건을 담당한 한 공안검사님께서 기소 여부를 묻는 기자들에게 고귀한 말씀을 하셨다. "국가보안법은 행위 당사자의 생각과 의도가 중요하다."

그 어렵다는 사법고시씩이나 합격하신 분이라 그런지 역시 훌륭하시다. 국가보안법의 본질을 이렇게 똑 부러지게 한마디로 정리해주시다니 말이다. 생각과 의도가 중요하다? 북한을 이롭게 할 목적이 있었으면 처벌하고 그렇지 않으면 별 문제가 없다는 이야기다.

근데 『딴지일보』 김어준 회장님의 말투로 하면 정말이지 '졸라' 궁금하다. 이 공안검사님, 무슨 텔레파시 투시카메라라도 갖고 있는가 보다. 아니면 아기공룡 둘리처럼 외계인이 와서 초능력이라도 심어준 모양이다. 그렇지 않고서야 남의 머릿속에 든 그 '생각과 의도'를 무슨 수로 꿰뚫어본다는 말인가. "너 북한을 이롭게 하려고 했지, 응?" 이갑용 민주노총 위원장한테 이렇게 물어보면 뭐라고 할까? "아니. 없었어." 그럴 것이다. 이건 진실일 수도 있고 '빨갱이들의 판에 박은 거짓말'일 수도 있다. 이갑용은 김정일과 내통했든 아니든 간에 일단 아니라고 할 것이기 때문이다. 옛날 같으면 전기로 지지고 볶아서라도 자백을 받았겠지만, 이젠 그렇게도 못하는데 뭘 어쩌려나 모르겠다.

하지만 공안검사들은 별로 걱정하는 기색이 없다. 왜? 국가보안법은 '행위 당사자의 생각과 의도'가 중요하니까. 오해 마시라. 여기서 '행위 당사자'란 민주노총 간부들처럼 처벌을 받을지도 모르는 국가보안법 위반 피의자가 아니고 칼자루를 쥔 쪽인 공안검사를 가리키는 말이다. 공안검사가 집어넣지 않는 것이 좋겠다는 '생각과 의도'를 가지고 있는 경우 이갑용 위원장의 '아뇨'는 진실이 된다.

그래서 결국 이 '사건'은 유야무야 끝났고 민주노총 간부들은 감옥에 가지 않았다. 공안검사들의 '생각과 의도'는 아무래도 잡아넣지 않는 쪽으로 기울어져 있었기 때문이다. 정치적 풍향을 탐지하는 능력이 '상당한 수준'에 이른 검찰이 김대중 대통령의 대북 포용정책 또는 햇볕정책에 정면으로 대드는 정치적 만용을 부릴 리는 만무했던 것이다.

하지만 정반대 상황이라면 공안검사의 '생각과 의도' 역시 정반대 쪽으로 기울어질 것이다. 그러면 '아뇨'는 '이적행위를 저지르고서도 회개하지 않는 죄질이 나쁜 범죄자'의 거짓말이 된다. 다른 예를 들어보자. 우리가 평균적 국민보다 더 무식한 사람의 통치를 받고 있던 1986년 5월 검찰은 서울노동운동연합이 발간하던 『노동자신문』에 전두환 씨가 봐서는 절대 안 될 인신공격성의 '고약한 시사만화'를 연재했던 화가 이은

유화 〈모내기〉 : 이 그림에서 '이적행위'를 읽어내는 그 초능력, 정말 대단하다.

홍 씨를 구속했다. 물론 이씨를 잡아다가 몽둥이찜질을 해서 초주검을 만든 건 보안사였지만 구속은 공안검사가 했다. 6월 민주항쟁 이후에도 공안검사들의 활약은 계속되었다. 1987년 9월에는 〈백두산 자락에서〉라는 대형 걸개그림을 그렸다는 이유로 전정호, 이상호 씨를 구속했고 1989년에도 홍성담 화백을 구속했다. 1990년에도 『미술운동』 편집장 최열 씨를 비롯해서 무려 12명의 민족민중미술운동연합 회원들을 굴비두름 엮듯 집어넣었다.

  1999년 여름에는 민족예술인총연합 지도위원 신학철 화백이 1987년에 그린 유화 〈모내기〉 때문에 국가보안법상 찬양 고무죄로 유죄판결을 받았다. 멀리 백두산 천지가 보이는 들판에서 농부들이 모내기를 하고 아이들이 뛰노는데 그림 아래쪽은 농부들이 포탄과 할리우드 영화, 콜라병과

양담배 따위를 쟁기로 밀어내는 그림이다. 지도를 펴면 위가 북한이고 아래는 남한이다. 그러니 농부들이 즐겁게 일하는 위쪽은 '지상낙원 북한'을 의미하고 아래쪽인 남한은 치워야 할 제국주의와 독재의 찌꺼기가 널린 '미제 식민지'로 묘사한 것으로 볼 수밖에 없다. 이것이 공안검사와 법원의 예술품 감상법이다. 이 그림에서 "북한의 주장과 궤를 같이하는 이적행위"를 읽어내다니, 참 눈, 귀도 밝고 머리도 좋지.

이런 종류의 사건에서 결정적인 것은 역시 기소행위 '당사자의 생각과 의도'다. 신학철 화백이 자신의 세계관과 미적 감각을 표현했을 뿐 북한을 이롭게 할 '생각과 의도'가 전혀 없었노라고 아무리 주장을 해도 아무 소용없다. 검사와 판사가 '이 놈은 고생 좀 해야겠어', 이런 생각과 의도를 가지면 화가는 감옥에 가야 한다. 내가 판사였다면 이렇게 해석했을 것이다. "이 그림은 한반도가 평화로운 통일 민족국가가 되려면 독재와 전쟁무기를 없애고 문화적 주체성을 세워야 한다는 것을 주장할 생각과 의도를 가진 작품이군." 이거야말로 철학과 취향과 미적 감각의 차이 아니겠는가.

법률적 넌센스, 국가보안법

철학과 취향과 미적 감각의 차이를 법률적 단죄의 문제로 만드는 국가보안법은 '철학적 비극'이요 '법률적 넌센스'다. 민주주의와 시장경제의 동시 발전을 모토로 삼은 자칭 '국민의 정부' 출범 1년 동안 무려 490여 명의 지식인과 노동자들이 이 '법률적 넌센스'의 덫에 걸려들었고 그 중 95%가 7조 1항 찬양고무죄 위반 혐의였다. '아시아의 만델라'가 대통령이 된 나라에서 벌어진 이 웃지 못할 사태는 가히 '정치적 참극'이라 할 만하다.

다음 문제는 불고지죄. 국회의원 서경원 씨가 몰래 북한에 가서 김일성을 만나고 왔다가 감옥에 갔을 때 그 비서관 방양균 씨는 '간첩'을 신고하지 않은 죄 때문에 징역을 살았다. 그를 감옥으로 보낸 공안검사들 머릿속엔 무엇이 들었을까? 정말 '그것이 알고 싶다.' 자기네는 남의 '생각과 의도'를 간파하는 초능력을 가졌는지 모르겠지만 그런 게 없다는 죄로 사람을 감옥에 보낸다니, 소가 웃을 일 아닌가. 방씨는 남이 북한을 이롭게 할 '생각과 의도'를 가졌는지 여부를 꿰뚫어볼 초능력이 없는 보통 사람이다. '옆집에 오신 손님 간첩인가 다시 보자'는 구호를 아무리 외쳐도 초능력을 가진 사람이 아니고서야 그 사람이 간첩인지 아닌지 어떻게 알겠는가.

애국심 있는 국민이라면 누가 시키지 않아도 간첩 신고를 잘하게 되어 있다. 그런데 불고지죄는 그걸 법률적 의무로 만든다. 혹시 간첩일지도 모른다는 의심이 가면 무조건 신고를 해야 한다. 그 사람이 간첩이 아닌 경우 혐의를 벗기 위해 모진 고초를 치러야 하겠지만, 만에 하나 간첩일 경우 내가 덮어쓸지도 모르는 불고지죄 위반 혐의가 겁나기 때문에 나는 무조건 신고를 해야 한다. 나중에 간첩인 줄 몰랐다고 해도 아무 소용이 없다. 자기 아들이 간첩인지 모르겠다는 의심이 들면 어머니도 예외가 될 수 없다. 황인욱·황인오 형제의 어머니는 아들이 간첩죄에 걸리는 통에 불고지죄로 함께 구속된 적이 있다. 옆집에 오신 손님이나 내 아들, 딸이 간첩이 아닐까 항상 의심해야 하는 사회는 죽는 한이 있어도 국가보안법을 수호하려는 우리 나라 극우 파시스트들이 오매불망 꿈꾸는 '멋진 신세계'다.

김대중 대통령은 국가보안법을 폐지하는 데 따르는 정치적 부담 때문에 이 두 조항을 포함해 몇몇 조항을 없애고 손질하는 개정작업을 추진하고 있다. 인권대통령으로서 당연한 처사라 하겠다. 그런데 공동여당 자민련은 이게 당의 사활이 걸린 문제라고 난리를 친다. 웬 사활? 자민련은 충청도 당인데 충청도 사람이 모두 극우 파시스트? 그럴 리야 없겠지. 우리의 '자유민주연합', 제대로 민주주의 하는 나라에서 이런 이름 가진 당은 대부분 몹시 과격한 자유주의 정당인데, 쯧쯧 우리의 자민련은 언제쯤이면 이름값을 할까?

3김정치 청산을 부르짖는 한나라당도 그 못지않다. 뭐? 위험한 발상이라고? 대법원 판사까지 지내신 이회창 총재님, 법률가로서의 상식과 양심을 걸고 말씀해보세요. '법률적 넌센스'를 없애자는데 어째서 그걸 반대하냐고요? 북한 형법이 그냥 있는데 우리만 국가보안법 고치는 건 안된다고? 그럼 북한이 일당독재하니까 우리도 집권당이 일당독재 해야겠네? 북한이 선군정치(先軍政治)하니까 우리도 문민정부 없애고 계엄령 선포해야겠네? 북한이 언론을 선전기관으로 쓰니까 우리도 다시 보도지침 같은 거 만들어서 제 마음대로 써대는 기자들 모조리 잡아다 수용소에 집어넣어야겠네? 남북대결에서는 전면적으로 이겨야 하니까 북한 못지않게 인권탄압 해야겠네?

말 나온 김에 이른바 재야와 민중당 출신 의원님들도 짚어야겠다. 이부영 원내총무님, 뭐 원내총무라서 말 못한다고요? 세금 도둑질한 동료의원을 위해서는 삿대질과 욕설도 마다 않는 분이 도대체 왜 그러세요? 국가보안법 문제는 너무 사소한 건가요? 민중당 출신 이우재 의원님, 뭐 위험한 발상이라고요? 김문수 의원님, 노 코멘트라고요? 당신들이 그러니까 옛날에 라면 먹어가면서 민중당 선거운동 했던 순진한 젊은이들 인생이 허망하대요. 민중당은 반DJ당이었다는 비난에 대해 무슨 할 말 있나요? 당신들 그러면 못써! 무식해서, 파시스트라서 그러는 사람들은 이해라도 하지만, 다 알면서 그러는 거 더 나빠요. 반성 기대해볼게요.

사족1: 마침 한나라당 정형근 의원이 부산 집회에서 "김대중 대통령이 간첩 서경원한테서 북한 공작금 1만 달러를 알고도 받았는데 노태우 대통령한테 싹싹 빌어서 겨우 용서를 받았다"고 한 방 터뜨렸다. 그런데 알고보니 이 혐의가 당시 안기부와 검찰이 만들어낸 작품이란다. 정형근 의원은 그 사건의 안기부 수사 책임자였는데, 서경원 씨는 정 의원한테 얻어맞아 피를 몇 그릇이나 받아냈고 안기부 직원들은 쇠고기를 얼굴에 붙여 멍을 뺀 다음 검찰에 넘겼다고 한다.

그런데도 한나라당은 이 사건에 대한 검찰의 재수사를 두고 정치보복이라고 비난하고 국가보안법은 죽어도 개정 못하겠다고 고집을 부린다. 장하다, 정형근! 그때 일만 생각하면 "자다가도 벌떡 일어날" 정도로 분통이 터지는 김 대통령이 정치보복이라는 욕을 먹을까 봐 말도 못하고 속으로만 앓았는데, 제 입으로 그 사건을 다시 들추어냈으니 말이다. 제 손으로 덫을 놓은 꼴이니 동정할 여지도 없는 일이 아닌가.

사족2: 한국과 미국 사이에 범인인도협정이 체결되었는데, 미국 정부 말씀이 국가보안법 위반 혐의자는 제외하겠단다. 국가보안법이 범죄로 규정하는 사항이 미국에서는 죄가 안 된다는 것이 그 이유다. 장하다, 국가보안법! '민족적 민주주의' '한국적 민주주의'를 드디어 이 땅에 구현했으니 말이다.

그런데 우리의 자민련과 한나라당은 이런 국제적 망신을 당하고서도 부끄러운 줄을 도무지 모른다. '남북 분단이라는 특수상황' 때문에 국가보안법은 있어야 한단다. 그럼 우리도 이북식으로 주체적으로 하자. 야당 한나라당은 물론이요 자민련도 해산시켜버리고 국민회의 일당독재하자. 왜 안 된다고? 그건 헌법 위반이라고? 그럼 국가보안법은 헌법 위반 아닌가? 여보세요, 국가안보를 지키는 것도 좀 앞뒤가 맞게 하시라구요.

보는 만큼 알게 된다

1999년 10월 국가안전보장회의는 북한의 위성 텔레비전 방송 청취 허용 여부에 대한 결정을 보류했다. 북측이 시험운영을 끝내고 본격적인 방송을 시작할 때까지 일단 지켜보자는 것이 공식적인 이유였다.

언론은 가볍게 단신으로 처리했지만 이건 매우 중대한 문제였다. 우선 법률관계를 보면 현행 국가보안법으로는 북한 방송을 듣고 보는 행위를 처벌할 수 없다. 이 법 7조는 북한을 찬양할 목적으로 거기서 보고 들은 내용을 남에게 전파하는 것만을 금지하고 있기 때문이다. 혼자서 보고 남에게 전하지만 않는다면 죄가 되지 않는다는 이야기다.

기술적으로도 막을 방법이 없다. 위성 안테나만 달면 누구나 안방에서 볼 수 있기 때문이다. 그걸 보고 북한의 선전선동에 넘어갈 사람이 생길 가능성을 '원천봉쇄'하기 위해서 시민들의 안방과 술자리를 들여다보고 가족과 이웃이 서로를 고발하게 하는 감시체제를 만들어야 한다. '민주공화국'에서 이게 가능한 일일까? 가능하다고 해도 거기에 들어가는 천문학적 비용은 과연 누가 부담할 것인가?

그렇다고 국가보안법을 강화할 수도 없다. 그렇지 않아도 유엔을 비롯한 국내외 인권단체가 국가보안법 폐지를 권고하거나 요구하고 있는 판국에 그렇게 했다가는 대한민국은 국제사회의 '왕따'가 되고 말 것이다. 감시체제를 만드는 것도 불가능하다. 집집마다 안방마다 도청장치를 설치할 수도 없고 북한처럼 5호담당제를 만들 수도 없는 일이기 때문이다. 법률과 기술 두 가지 면에서 막을 수 없다면 해답은 하나밖에 없다. 허용하는 것이다. 그런데 국가안전보장회의는 망설이고 있다. 두 가지 고민이 있기 때문이다.

첫번째 고민은 일상적 부정부패와 사회적 불평등을 비롯한 우리 사회의 약점과 그늘을 북측이 비난하고 공격한다는 데 있다. 약점을 찌르는데 아프지 않을 사람은 없다. 하지만 누가 후벼파지 않는다고 해서 있는 약점이 없어지는 건 아니다. 북한이 찌르지 않아도 우리는 스스로 그 문제들을 고쳐나가려고 한다. 또 우리 사회의 약점은 우리 국민들이 북한의 선전선동 전문가들보다 더 잘 안다. 게다가 북한의 소위 '우리식 사회주의 혁명'으로 그것을 고칠 수 있다고 생각하는 사람도 거의 없다. 그러니 그 고민은 국민들을 믿고 접어두는 게 좋겠다.

두번째 고민은 지금까지 우리 정부도 북한에 대해서 진실만을 말한 건 아니라는 데 있다. 아무리 흉악한 질서를 가진 사회에도 한두 가지 비교우위는 있게 마련이다. 예컨대 북한의 금강산 관리요원들은 우리의 국립공원관리공단 직원들보다 훨씬 엄격하게 자연보호 규정을 집행한다. 금강산은 분명 한라산이나 설악산보다 깨끗하다. 북한 방송을 보다 보면 그와 비슷한 장점을 여러 가지 발견하게 될 것이다.

따라서 우리 국민들이 북한 사회가 반세기 동안 우리 정부와 공안기관이 말한 것만큼 고약한 사회는 아니라고 생각하게 될지도 모른다. 하지만 이 고민 역시 잊어버려도 된다. 이데올로기적 군사적 대치상태에 살다보니 부득이 과장을 좀 했다고, 우리도 정보가 부족했다고, 본의는 아니었다고 해명하는데 배신감 토로하고 화를 낼 사람은 별로 없을 것이다.

냉전이라는 정신적 감옥

국가안전보장회의 관계자들에게 간곡히 권한다. 우리 국민들의 양식을 믿으시라고. 일당독재와 중앙통제식 계획경제를 신봉하는 사람들의 광신으로 가득 찬 육성과 그들이 만든 끔찍한 방송 프로그램을 가감 없이 그대로 보고 듣는 것이야말로 다양성을 인정하는 민주주의와 분권적 시장경제에 대한 믿음을 키우는 최상의 방법이다. 검찰이 공소보류로 석방한 '주사파 간첩' 김영환과 조유식의 '반성문'을 보라. 한때 주체사상을 추종했던 그들을 '북한혁명가'로 전향시킨 것은 통제와 금지가 아니었다. 자기 눈으로 본 북한 사회의 참상과 얼굴을 맞대고 이야기를 나누었던 북한의 최고권력자 김일성이 그들의 생각을 바꾸어놓았다. 북한 위성방송도 같은 효과를 낼 것이다.

국가안전보장회의는 결국 북한 위성방송 청취를 허용했다. 그런데 그게 영 어정쩡했다. 허용은 하되 공공장소에서 방영하면 안 된다는 것이다. 그 동안 국가정보원의 검열을 거친 필름을 받아 북한 방송을 부분적으로 방영했던 방송사들은 자체 판단에 따라 편집한 북한 텔레비전 화면을 시청자에게 보여줄 수 있게 되었다. 그러나 국가보안법 7조가 그대로 살아 있기 때문에 국민들의 눈과 귀는 열렸지만 입은 열 수 없는 기괴한 상황이 조성되었다.

이 글을 쓰는 지금은 정부가 북한 텔레비전 시청을 허용한 지 몇 달이 지났다. 국민의식의 혼란을 걱정한 반대론자들의 예상과는 달리 그 때문에 어떤 문제가 발생한 것 같지는 않다. 처음에는 반짝 호기심을 보였던 국민들은 벌써 관심의 끈을 놓아버린 듯하다. 그렇다. 문제는 원래부터 북한 텔레비전 방송 그 자체가 아니라 그에 대처하는 우리의 의식과 태도에 있다. 우리 국민들은 민주주의의 기본 질서를 소중하게 여긴다. 그런데 '안보 담당자'들은 여전히 '냉전의식이라는 정신적 감옥'에 들어앉아 쓸데없는 사회적 긴장을 조성하고 있는 것이다. 슬픈 일이다.

'음험한 평화'에 도전하는
전투적 자유주의자들

시인이며 상지대 인문대학 교수인 김정란은 도서출판 개마고원이 펴낸 단행본 『조선일보를 아십니까』에 「조선일보를 위한 문학」이라는 글을 기고했다. 다음은 김정란이 소설가 은희경을 평한 대목이다.

최근 들어 『조선일보』가 집중적으로 띄워주고 있는 작가는 은희경인데, 이 작가의 행태를 잘 분석해보면 그녀가 어째서 『조선일보』의 총애를 받고 있는가를 이해할 수 있다. 이 여성작가는 줄곧 여성에 대한 소설을 써서 그것으로 이름을 얻었으면서도 자기는 페미니스트가 아니라고 강한 어조로 완강하게 부정한다. (……) 이 영악한 작가는 이러한 말이 스스로 '페미니스트'라고 공표하는 의식 있는 여성들을 얼마나 자극할지 너무나 잘 알고 있다. 그것은 의도된 도발이다. 즉 이 작가는 여성들의 미움을 삼으로써 남성 권력자들을 안심시키고 있는 것이다. 걱정 마세요. 난 당신들의 권력을 위협하지 않아요. 아시다시피 난 문제의식도 없고 여자들이 싫어요. 난 글 써서 유명해지면 그걸로 만족해요. 문학. 순수? 난 그런 환상 없어요.

김정란은 여기서 소설가 은희경의 작품이 아니라 은희경이라는 작가 그 자체를 비판하고 있는데, 논조와 내용이 모두 거침없고 신랄하며 솔직하고 공격적이다. 나는 문학동네에서 나온 『새의 선물』을 비롯한 은희경의 소설들을 무척 재미나게 읽었다. 여성다운 섬세함과 신세대 감각이 풍부하게 묻어나는 '깜찍한 소설'이라고 느꼈다. 앞으로도 좋은 작품을 많이 쓸 수 있을 것이라고 믿는다. 그런데 김정란이 문제삼은 것은 은희경의 '작품 외적 언행'이다. 『조선일보』와의 인터뷰, 세미나에서 한 발언, 페미니즘에 대해 취하는 입장, 이런 것들이 비판의 대상이 된 것이다.

김정란은 '문인'이다. 이른바 '문단'이라는, 서로가 서로를 알고 지내는 한국형 '길드' 사회에서, '문인'이 다른 '문인'의 '작품 외적 언행'을 이렇게 '난도질'하는 것은 '업계의 평화'를 깨뜨리는 행동이다. 아웃사이더가 되기로 작심하지 않고서는 할 수 없는 일이다. 김정란은 행동하는 아웃사이더다. 그리고 같은 글에서 고백한 바에 따르면 누군가 김정란을 아웃사이더로 '개종' 시켰다. 누굴까? 그리고 김정란은 왜 은희경이라는 작가를 씹는 것일까? 그 자신의 목소리를 들어보자.

이 점에 관해서 나는 강준만 교수와 손석춘 씨를 위시한 언론학자들, 그리고 젊은 지식게릴라 진중권 씨의 명쾌한 작업에 크게 빚지고 있다. 현장을 꼼꼼하게 분석하면서 텍스트의 허위성을 밝혀내는 그들의 텍스트 읽기는 고답적인 문학적 읽기에 매달려 있었던 내 어두운 눈을 뜨게 해주었고, 텍스트 해체를 통해서 이루어지는 그들의 매체비판은 그것이 우리 사회에서 얼마나 중요한 의미를 가지고 있는가를 알게 해주었으며, 어디를 어떻게 때려야 우리 사회가 진정으로 변할 것인가를 알게 해주었다.

(……) 나는 이들에게 환호했고, 이들과 함께 작업하지 않으면 안 된다고 생각했다. 그 결과 내가 문단에서 '왕따'를 당하더라도 할 수 없다는 생각이 들었다.

김정란은 은희경이 언론매체에 대해서, 작가들의 명성과 밥줄에 막대한 영향력을 행사하는 매체권력에 대해서, 특히 『조선일보』와 같은 남성적, 극우적 권력에 대해서 "아무 생각이 없다"고 해서 화를 내는 것이다. 여성을 주인공으로 한 작품으로 '뜬' 작가가 "멍청한 애첩 같은 문학"을 요구하는 『조선일보』에 너무 "나긋나긋 몸을 맡기는" 데 격분한 것이다.

김정란의 '격분'을 이해하기 위해 그를 '개종' 시킨 진중권과 강준만의 글쓰기를 살펴볼 필요가 있다. 다음은 진중권이 '문학적 풍자'로 읽어달라고 주문한 '세기말의 명저' 『네 무덤에 침을 뱉으마』의 한 장면이다.

이문열, 이인화, 조갑제. 그래도 대한국민학교 우익 똘반에서 이 정도 수준을 갖춘 수재도 많지 않다. 다[諸] 꼽아야 미처[未] 열[十]이나 될까? 이 반은 특히 역사수업에 상당한 지장이 있는데, 이는 이 학급 아동들의 '역사 아끼기'라는 괴벽 때문이다. 가령 이문열 학동의 경우는 졸업도 못하고 여태 "조선왕조 선조 연간"의 이야기를 배우고 있고, 청출어람이 청어람. 이인화는 그래도 "정조대왕"까지는 나갔다. 문제는 조갑제 학동인데, 이 학동은 이제야 원나라 지배 하의 고려시대에 와 있다. 우(右)익의 낮은[下] 지능을 자랑이라도 하듯이 그는 걸핏하면 '右!' '下!' '右!' '下!' 기합을 지르면서 급우들의 스터디하드[勉學] 분위기를 깨고 징타령을 한다. '징, 징, 징기스칸 …….' 이 학동의 학습 성취도는 정말 '右下下下'다. 대한국민학교 어린이 여러분. 제발 역사도 진도 좀 나가기로 해요. 걱정 마세요. 역사, 안 닳아요.

여기서 "조선왕조 선조연간"은 이문열의 『선택』을, "정조대왕"은 이인화의 『영원한 제국』을, 그리고 "원나라 지배 하의 고려시대"는 조갑제가 『월간조선』에 실은 「한국인, 누구인가」에서 전개한 '몽골인종론'을 가리킨다. 한때 "대중매체가 주는 막강한 혜택을 누리지 못해 안달했던 시절도 있었"던 김정란과 달리 진중권은 초지일관, 철두철미 아웃사이더이고, 또 의식적으로 아웃사이더를 자임한다. 이것은 『네 무덤에 침을 뱉으마』의 책 날개에 써놓은 필자 소개에서 확연하게 드러난다.

1963년 세포분열로 태어난 빨간 바이러스 진중권은 서울대 미학과를 마치고 군 적화사업의 일환으로 입대해 병영에서 노태우 후보 낙선을 위한 선동사업을 벌이고 귀환한 뒤 … 좌익현대화를 위한 컴퓨터 미학 입문서 『예술기호정보』(새길)를 번역하고, 청소년을 위한 대중교양서 『미학 오딧세이』(새길)를 집필, 전교조 세포활동을 측면지원하고, 『춤추는 죽음』(세종서적)으로 "죽음의 굿판"을 일으키는 등 좌익문화단체('노문연')의 간부로 이 사회에 "문화사회주의자의 헤게모니"를 구축하다가, 무너진 동구사회주의를 재건하라는 지하당의 명으로 베를린 자유대학에 유학온 이후, 베를린 한국 영사관 앞에서 열린 1997년 노동자 총파업 지지시위에 참가하고, 혁명기지 강화를 위해서 공화국 북반부에 군량미를 보내고, 교회 주일학교에 침투, 유아들 사이에서 적색 소조활동을 펴는 등, 일생을 세계 적화의 외길로 걸어왔다. 왜, 꼬와?

'파시스트 지킴이' 진중권은 극우적 지식인들의 텍스트를 공격한다. 그가 집중타를 가한 텍스트는 조갑제의 『내 무덤에 침을 뱉어라』, 이인화의 『인간의 길』, 이문열의 『선택』, 박홍 등의 『레드 바이러스』, 김진명의 『무궁화꽃이 피었습니다』 등 그야말로 '쟁쟁한 작품'들이다. 나중에는 황장엽과 김용옥, 1980년대 반체제운동을 주도했던 헌법제정민중회의파와 1990년대까지 길게 꼬리를 끈 주사파 논객들의 텍스트에도 '해체'의 메스를 댔다.

진중권이 텍스트 해체를 통해서 공격하려는 대상은 극우 파시즘 권력이다. 그런데 우리 국민은 수십 년의 싸움을 통해서 이것을 일단 극복했다. 하지만 극우파의 사상적 헤게모니는 아직 해체되지 않았다. 이것이 살아 있는 한 다시 파시즘의 덫에 걸릴 가능성은 사라지지 않는다. 그래서 진중권은 권력이 아니라 극우 파시즘을 찬양하거나 파시즘에 자양분을 제공하는 이런저런 이데올로기를 퍼뜨리는 지식인들의 텍스트를 공격한다. 의술에 견주자면 그는 '예방의술'을 펼치고 있는 셈이다.

진중권은 '빨간 바이러스'와 '좌파'를 자처하지만 이것도 '문학적 풍자'에 불과하다. 내가 보기에 그는 급진적 자유주의자 또는 진보 리버럴이다. 그가 쓴 텍스트가 좌우 극단주의에 대한 비판으로 일관하고 있기 때문이다. 진보와 극좌, 보수와 극우를 제대로 구분하지 않는 우리 사회에서는 잘 보이지 않지만, 사실 진보는 극좌보다 보수와 잘 어울리고 보수는 극우보다 진보와 사이좋게 지내는 것이 맞다. 왜냐고? 고전적 자유주의자 밀이 그 해답을 준다.

'한 사람의 양치기와 같은 날, 같은 모양으로 털을 깎이는 수천 마리의 양으로 이루어진 사회.' 19세기 영국의 철학자 존 스튜어트 밀은 사회주의의 이상에 공감하면서도, '과격함을 미덕으로 삼는 사회주의자들'이 권력을 잡을 경우 그와 같은 전체주의 질서가 출현할지도 모른다는 걱정 때문에 사회주의 운동에는 동조하지 않았다. 극좌의 헤게모니에 대한 불안감을 느낀 것이다.

정치적 독재와 경제적 비효율로 인해 스스로 무너져버린 '위대한 사회주의 실험'의 슬픈 종말을 보면 유럽의 역사를 깊이 연구한 이 '팔방미인 철학자'는 확실히 남다른 혜안을 지니고 있었다. 하지만 그가 열렬히 옹호한 개인의 절대적 자유와 인격적 평등을 유린한 전체주의 질서는 사회주의 혁명운동뿐만 아니라 그 정반대쪽에서도 나타났으니, 다름아닌 극우 파시즘이다.

극단주의 정치세력은 언제나 '적'의 단점과 오류에 대한 비판과 비난을 자신의 사상을 정당화하는 '유일한' 근거로 삼는다. 극좌는 '자본주의 악덕과 제국주의 침략 분쇄'를 명분으로 삼아 자신들이 저지른 모든 형태의 범죄를 정당화했다. 극우가 '공산주의 혁명과 프롤레타리아 독재의 저지'라는 명분 아래 합리화하지 못한 범죄는 없다. 그들은 '우리 편이 아니면 모두 적'이라고 믿는 점에서 배짱이 맞는 호적수다. 그들이 주도권을 잡는 사회에서는 다양성을 인정하는 민주적 정치과정이 발붙일 수 없다.

왜 『조선일보』가 문제냐고?

진짜 자유주의자는 자기가 사는 사회의 극단주의 정치세력과 싸운다. 극좌가 지배하는 사회에서 극우를 비판하는 것은 극좌의 이데올로기에 날개를 달아주는 행위에 불과하다. 극우가 지배하는 사회에서 극좌를 비판하는 것도 똑같은 결과를 낳는다. 해방 이후 50년 동안 대한민국의 진짜 자유주의자들은 소련과 동유럽 사회주의와 북한 체제에 대해 별로 매서운 비판의 칼을 대지 않았다. 한편으로는 우리 사회를 지배하는 극우에 대한 염증 때문이었고, 다른 한편으로는 극우를 비판할 자유가 허용되어 있지 않았기 때문이기도 하다.

파시스트의 이상향도 '한 사람의 양치기와 수천 마리의 양떼로 이루어진 전체주의 사회'다. 이런 사회를 조직하고 유지하기 위해서는 여러 가지 이데올로기가 필요하다. 우선 양치기는 '지도자의 천분을 타고난 영웅'이어야 하고(영웅주의), 양은 개체로서가 아니라 양떼 전체의 일원으로서만 생존의 근거를 가질 수 있으며(국가주의와 집단주의, 개인의 권리와 개성에 대한 억압의 합리화), 양치기의 '지도방침'에 대해 시비를 가리려는 양은 가차없이 축출해야 하고(지식인 박해와 표현의 자유 박탈 정당화), 암양은 군말 없이 숫양의 꽁무니를 따라야 하며(가부장주의와 반여성주의), 양들의 불복종을 예방하기 위해서는 감시와 폭력적 처벌 시스템을 항속적으로 유지해야 하고(사상검증과 감시의 일상화, 국가 폭력의 옹호), 양들이 '자랑과 기쁨'을 가지고 양치기의 '지도'에 순응하도록 집단적 과대망상을 주입해야 한다(우월적 인종주의).

진중권은 노골적으로 전체주의 질서의 수립을 주창하는 지식인을 '거시(macro) 파시스트'로, 전체주의를 보완하는 이데올로기를 생산하고 퍼뜨리거나 자신이 몸담은 영역에서 그와 같은 질서를 복제하려는 지식인을 '미시(micro) 파시스트'로 규정한다. 이들은 활동 영역이 달라도 서로를 잘 알아보고 높은 친화성을 가지며, 합법적 폭력을 보유한 권력자들과 결합함으로써 '극우 파시스트 진영'을 형성한다.

이 '리버럴한 철학도'는 냄새를 잘 맡는다. '국가주의'와 '영웅주의', '우월적 인종주의'와 '반(反)지식인주의'를 선동하는 조갑제와 이인화가 '거시 파시스트'로 '풍자와 야유'의 대상이 된 건 너무나 당연하다. 류근일과 이한우, 우종창 등 『조선일보』의 '일류 기자'들을 한 묶음으로 처리한 것도 그렇다. 또 '하느님의 안기부'를 자칭하면서 '공안정국의 항구화'를 주장한 박홍 신부, '가문중심주의와 가부장주의의 전도사' 이문열이 '진중권 리스트'에 오른 것도 전혀 놀라운 일이 아니다. 하지만 황장엽과 조갑제, 황장엽과 박홍을 '거시 파시스트'의 반열에 함께 세워두고 남쪽의 거시 파시즘과 북의 주체사상 사이의 친화성을 논증한 것은 진짜 '리버럴한 철학도'가 아니고는 해내기 어려운 일이다.

그런데 이렇게 잘난 철학도가 '문학적 풍자'의 무대에 '화려하게 등단'한 것은 스스로 잘나기도 했지만 강준만이라는 또 다른 자유주의자가 있었기 때문이다. 『네 무덤에 침을 뱉으마』는 이인화와 조갑제의 박정희 숭배를 비판한 「죽은 독재자의 사회」라는 글이 원래 원고를 청탁했던 출판사의 거부로 허공을 떠돌다가 강준만 교수가 혼자 만들다시피하던 저널룩(Journalook) 『인물과 사상』에 "안착"한 것을 계기로 탄생한 책이다.

'강준만식 글쓰기'는 독자 여러분이 이미 익히 아시는 터라 구구절절 설명할 필요가 없을 것이다. 김정란은 『조선일보』라는 극우적 매체권력에 '나긋나긋 몸을 맡기는 멍청한 애첩 같은 문학'과 '아무 생각 없이' 또는 뻔히 알면서도 말없이 그 혜택을 누리는 문인 개개인과 '패거리'들에게 직격탄을 날린다. 진중권의 가시 돋힌 '문학적 풍자'는 극우 파시스트를 찬양하거나 파시즘에 친화적인 이데올로기를 전파하는 극우적 지식인들을 겨냥한다.

반면 언론학자 강준만의 공격대상은 표리부동(表裏不同)한 '위선적 문화권력'이다. 그는 좌파와 우파를 가리지 않으며, 논리와 감정의 엄격한 분리를 요구하는 기존의 '글쓰기 규범'을 인정하지 않는다. 『조선일보』가 '주타격 대상'이 된 건 위선이 가장 심한 신문이기 때문이며, 『조선일보』에 글을 쓰고 인터뷰를 하는 지식인들이 비판을 받는 건 동기야 어떻든 '결과적으로' 『조선일보』의 위선을 감추는 들러리를 서준 잘못 때문이다. 다음은 강준만이 『인물과 사상』 제4권에 쓴 「처세의 달인인가, 직필의 달인인가」라는 글에서 '위선적 문화권력' 『조선일보』의 간판 논객 김대중 주필을 평한 대목이다.

　김대중 주필은 직필을 휘두른 것이 아니라 직필의 냄새를 제법 풍기는 글을 써왔다. 직필을 희롱한 것이다. 직필이 아니면서도 직필의 냄새를 풍기는 것은 일종의 곡예와 다를 바 없다. 김 주필의 경우 그 재주가 특별히 뛰어나다는 것일 뿐, 그런 곡예술은 곧 한국 언론의 처세술이기도 했다. 이는 꼭 김 주필이나 한국 언론을 탓할 일은 아니다. 그건 언론 자유가 보장되지 않는 상황에서 언론이 이윤을 추구하는 기업으로서 택할 수밖에 없는 길이 아니었을까? 그러나 언론이 스스로 정론 직필을 행사해왔다고 주장한다면 그건 이야기가 달라진다. 그건 명백한 위선이요 기만이기 때문이다.

문제는 언제나 위선과 기만이다. 강준만은 정력적으로 벌였던 '조선일보 제몫 찾아주기 운동'이 너무나 힘겨웠던 나머지 '운동'은 포기하고 '비판'만 더 치열하게 계속하겠다는 입장을 밝힌 바 있는데, 『조선일보』 입장에서는 그야말로 지독한 '스토커'라고 할 만하다. 이는 강준만이 『조선일보』가 겉으로는 지역주의 망국병론을 외치면서 실제로는 지역주의와 반DJ 정서를 교묘하게 부추기는 등 가장 심각한 위선과 기만을 저지르는 '극우 언론'이라고 보기 때문이다. 위선과 기만을 저지르면 극우적 문화권력뿐만 아니라 진보적 지식인도 '강준만 리스트'에서 빠져나갈 수 없다. 다음은 강준만이 같은 책에 쓴 「『창작과 비평』이라는 정부를 세운 백낙청」의 한 대목이다.

창비사가 낸 책은 모든 언론매체가 다 크게 다뤄준다. 보수, 아니 극우 언론까지 『창비』에 대해서 대단히 호의적인 것이다. 나는 특히 창비사와 『조선일보』와의 이상한 밀월관계에 대해 고개가 갸웃거려진다. 그래도 되는 건가? 그러고 보니 창비엔 언론을 비판하는 글이 전혀 실리지 않고 출판사 창비 역시 언론을 비판하는 책을 전혀 내지 않는다는 데에 생각이 미친다. 즉, 지극히 현실적인 문제에 이르러선 『창비』는 『조선일보』와 별 차별성이 없는 것이다. 『창비』의 차별성은 오로지 거대한 추상적 이론의 세계에서만 드러날 뿐인데, 그건 『조선일보』조차도 기꺼이 상품화하고자 할 만큼 현실에 아무런 영향을 미치지 못하는 것이다.

이렇게 포문을 연 강준만은 이후 『창비』와 『조선일보』의 '이상한 공생관계'가 '상업적 상리공생'이라며 맹렬한 비판을 가했다. 『창비』와 '창비진영'의 지식인들이 이 문제에 대해 묵묵부답으로 일관하는 것은 '진보 진영의 권위주의'라는 비판도 뒤따랐다. 요컨대 강준만의 독설과 비판에는 '성역'이 없는 것으로 보인다. 감정과 논리의 기계적인 분리를 요구하는 기존의 글쓰기를 거부하는 커뮤니케이션 전문가 강준만의 견해는 같은 책 「지식인의 생명은 자기 성찰」에서 이렇게 요약되어 있다.

> 글은 말에 비해 더 진지하고 근엄한 것으로 간주돼왔다. 그러나 그간 글에 주어져 왔던 그런 우월한 지위는 이제 박탈되어 마땅하다. 글은 이제 더이상 지식인의 전유물이 아니며, 활자화된 글도 이젠 모든 대중이 주체로서 스스로 생산해낼 수 있는 시대가 되었다. 글과 말은 좀더 상호 근접할 필요가 있으며, 말로는 할 수 있었지만 글로는 그대로 쓸 수 없었던 이야기도 글로 쓰자는 게 내 생각이다. 표현의 자유에 불가피하게 가해질 수밖에 없는 최소한의 법적 규제를 준수하는 선에서 글은 좀더 자유롭게 말, 아니 생각까지 그대로 표현해낼 수 있어야 한다. 커뮤니케이션의 진정한 민주화를 이룩하고 삶과 커뮤니케이션의 상호 소외를 막기 위해서다.

진짜 자유주의자들의 글쓰기

흔히들 '전투적'이라고 하는 김정란, 진중권, 강준만의 글쓰기는 분명 새로운 문화 현상이다. 각기 다른 문화 영역에서 '튀는 글쓰기'로 세인의 눈길을 모으는 이 세 사람은 몇 가지 면에서 우리 지식인 사회에 진짜 자유주의자가 등장했음을 알린다.

첫째, 세 사람은 '나'를 앞세워 글을 쓰면서 다른 지식인을 구체적으로 지목해서 비판한다. 이른바 '실명비판'이다. 집단과 조직과 간판 뒤에 몸을 숨긴 채 목소리만 들려주거나 누구를 가리키는지 특정하지 않은 채 추상적으로 특정한 사상이나 이론, 조직과 집단을 비판하는 것이 보통인 문화 풍토에서 '개인의 등장'은 새롭고 의미 있는 현상이다. 자유주의는 삶의 모든 영역에서 사회와 집단의 선택과 책임을 줄이고 개인의 선택과 책임을 확장할 것을 요구한다. 개성과 신념을 뚜렷이 표현함으로써 자기가 쓴 글에 대해 책임 있는 자세를 보이는 것은 자유주의자의 가장 큰 특징이며 미덕이다.

둘째, 세 사람은 극우 파시즘과 사상적 친화성을 보이는 문화권력을 집중적으로 공격하는 동시에 좌파에 대해서도 극좌적 경향성을 비판한다. 이것 역시 진보와 보수를 포용하는 자유주의자의 미덕이다. 강준만과 김정란은 상대적으로 보수적인 입장을, 그리고 진중권은 비교적 진보적인 입장을 보이지만 그 차이가 결정적으로 중요한 것은 아니다. 사상과 문화의 다양성과 차이에 대한 파시즘 권력의 물리적 통제가 횡행했던 10년 전만 해도 이것은 불가능해보였던 일이다. 이들의 작업은 파쇼적 법률과 제도의 수정과 함께 사상과 문화에 있어서 '극우 헤게모니'의 해체를 촉진한다는 점에서 '민주공화국 대한민국' 사회의 발전에서 중대한 의미를 가진다. '파리의 망명객' 홍세화 씨는 『월간 인물과 사상』 1999년 10월호에 기고한 「한국의 지식인에게-극우 『조선일보』의 진지전과 한국의 지식인」에서 그 의미를 다음과 같이 적절하게 요약했다.

어떤 지식인은 이렇게 말한다. 한국의 정치 발전을 위해 보수-진보 양당체제로 가야 된다고. 극우 헤게모니를 깨지 않는 한 그런 얘기는 공염불에 지나지 않는다. 진보세력이 극복해야 할 대상은 보수가 아니라 극우임을 명심해야 할 것이다. 또 어떤 지식인은 이렇게 말한다. 다양성의 시민사회가 활성화돼야 한다고. 그러나 극우 헤게모니가 있는 곳에서 그런 얘기는 우스운 소리에 지나지 않는다. 어떤 문인은 이렇게 말한다. 통일의 길목에서 이제 냉전적 사고는 버려야 한다고. 극우 헤게모니가 있는 곳에 그런 얘기는 소 귀에 경 읽는 소리에 지나지 않는다. (……) 아무튼 극우 헤게모니가 있는 곳에서는 올바른 정치도 없고 문화도 꽃을 피우지 못하는 것이다. 대화와 토론을 인정하지 않는 곳에 무엇이 가능하겠는가.

진보와 보수의 대결이 아니라 극우를 보수와 구별하는 것이 우선 중요하고, 진보와 보수가 서로를 인정하고 경쟁하는 열린 사회를 만들기 위해서는 우선 사상과 문화의 영역에서 극우의 헤게모니를 걷어내야 한다는 말이다. 세 사람의 비판을 받는 지식인들은 대부분 자유민주주의의 신봉자임을 명시적, 묵시적으로 자처한다. 그러나 극우 헤게모니를 승인하는 보수는 자기 발로 선 보수가 아니다. 극우가 진보적 자유주의자를 좌익으로 몰아 짓밟는 것을 수수방관하는 지식인은 자유주의자가 될 수 없다. 강준만, 진중권, 김정란은 극우 헤게모니를 거부하고 공격하는 진짜 자유주의자들이다.

세 사람과 비슷한 자유주의자들은, 스스로 자유주의자를 자임하지는 않지만 도처에 있다. 세번째로 흥미로운 것은 이들이 나름의 개성과 신념을 기반으로 '좌·우파 자유주의자들의 자유로운 연대'를 추진하고 있다는 사실이다. 진중권과 김정란은 홍세화와 김규항 등 다른 '전투적 글꾼'들과 함께 『아웃사이더』라는 잡지를 창간할 계획이라고 한다. 무크지와 『월간 인물과 사상』에 뒤이어 또 하나의 전투적 지식인 매체를 만날 것을 생각하니 벌써부터 가벼운 설렘이 인다.

우리가 '미련한 인간들'에게 진 빚

우리 나라에는 일제 강점기 민족의 독립을 위해 일생을 바친 분들과 그 후손, 그리고 한국전쟁에서 생명과 건강을 잃은 분들의 명예를 높이고 재정적 지원을 하는 국가기관이 있다. 1999년 말 국회는 민주주의의 발전을 위해 희생을 감수한 사람들에게 그와 유사한 대우를 해주기 위한 법률을 제정했다. '민주화 유공자 보상법'이다. 광주 민주화 운동 관련자들은 이미 '광주보상법'(약칭)에 따라 금전적 보상을 받은 바 있다.

도대체 국가가 이런 일을 하는 이유가 무엇일까? 당연한 걸 묻는다고 힐난할지도 모르겠지만, 이건 그리 단순한 문제가 아니다. '민족정기를 세우기 위해서', '국가의 불법행위로 인한 피해를 배상하기 위해서', 또는 '공동체 전체의 이익을 위해서 바친 희생에 보답하기 위해서' 등 여러 가지 대답이 나올 수 있을 것이다. 다 옳은 말이다. 하지만 빠뜨리지 말아야 할 다른 측면이 있다. '경제정의의 실현을 위해서' 그렇게 해야 한다.

왜 그런지 따져보자.

유혈의 강을 건너 집권한 전두환 정권 초기에 실제로 있었던 일이다. 어느 '대학'에서 광주 양민학살을 규탄하고 파쇼정권 타도를 위한 민중 봉기를 선동하는 반정부 유인물이 나돌았다. 무소불위의 권력을 휘두르던 보안사 요원들은 용의자 두 사람을 체포해서 보안사 '빙고 호텔'로 데려갔다. 수사관들은 두 학생을 반쯤 넋이 나갈 만큼 두들겨팬 다음에 각각 다른 지하 조사실에 가두었다. 다음날 새벽 조사 요원들이 한 학생에게 말했다. "이봐, 네 친구가 이미 다 불었으니까 너도 이제 자백해. 너 마르크스-레닌주의자 맞지?" 그들은 다른 방의 학생에게도 똑같은 말을 했다.

죄 없는 두 학생은 이렇게 해서 '죄수의 딜레마(prisoner's dilemma)'라는 진퇴양난의 상황에 빠졌다. 둘 다 굳세게 고문을 견디면서 허위자백을 거부하면 둘 모두 유언비어 유포와 집회 및 시위에 관한 법률 위반 혐의로 징역 3년을 살게 된다. 한 사람이 자백을 거부하고 다른 사람이 자백할 경우, 자백을 한 쪽은 정상참작이 되어 징역 1년, 자백을 거부한 쪽은 반국가단체 결성 혐의에다 괘씸죄까지 추가되어 징역 20년을 받는다. 둘 모두 자백하면 둘 다 국가보안법 위반 혐의로 징역 10년을 받는다.

두 사람은 만약 붙잡힐 경우 절대로 허위자백을 하지 말자고 약속한 적이 있다. 하지만 친구가 그 약속을 지키리라고 100% 확신할 수는 없다. 그래서 두 학생의 예상 형량은 이렇게 된다. "친구가 의리를 지킨다고 가정할 경우, 내가 자백하면 나는 징역 1년이고 자백하지 않으면 징역 3년이다. 고로 자백하는 편이 유리하다. 친구가 자백하는 경우, 나도 자백하면 징역 10년이고 나만 자백을 거부하면 징역 20년이다. 역시 자백하는 편이 유리하다." 이것을 하나의 '게임'이라고 보면, 두 학생 모두에게 자백은 친구가 어떤 선택을 하는 경우에도 유리한 절대적으로 '우월한 전략(dominant strategy)'이다.

경제학은 돈에 관한 학문이 아니라 인간에 관한 학문이다. 그런데 애덤 스미스 이후 주류경제학이 연구의 대상으로 선택한 인간은 '이기적 개인'이다. 스미스의 '보이지 않는 손'은 모든 개인이 오직 자신의 이기적 욕망만을 충족하기 위해 최선을 다하면 국부의 증진이라는 사회적 공동선이 저절로 이루어지도록 이끌어준다. 그것도 일부러 공동선을 위해 노력할 때보다 훨씬 더 효과적으로.

그런데 보안사 지하실의 가련한 학생들에게는 이 '진리'가 통하지 않는다. 그들이 징역을 하루라도 덜 살려는 이기적 욕망만을 추구할 경우, 친구야 어찌 되든 우월한 전략을 선택하는 편이 '합리적(rational)'이다. 하지만 둘 모두 이 전략을 택할 경우 그들은 각각 징역 10년을 받고 저마다 씁쓸한 배신감과 양심의 가책을 안은 채 10년 징역을 살게 된다.

반면 둘 모두 의리를 지키면서, 내가 고생을 하는 한이 있어도 친구를 위해 허위자백을 거부하겠다는 '비합리적 행동' 또는 '이타적 선택'을 할 경우, 그들은 가슴 뿌듯한 우정과 동지애를 확인하면서 3년만 징역을 살아도 된다. 이기심을 버림으로써 두 사람 모두 이기적으로 행동할 때보다 유리한 결과를 얻는 것이다. 앞에서 실제로 있었던 일이라고 했는데, 이 학생들은 어떻게 되었을까? 아무도 허위자백을 하지 않았기 때문에 징역 3년만 살고 자유의 몸이 되었다.

무기력한 '보이지 않는 손'

경제학의 세계에서 '죄수의 딜레마'는 '보이지 않는 손'의 존재를 의심하게 만드는 중대한 도전이다. 만약 우리가 일상적으로 이런 상황 속에서 살아가고 있다면, '경제학의 아버지' 애덤 스미스 이후 수많은 철학자와 경제학자들이 불변의 진리처럼 떠받들어온 '자유시장의 합리성'은 뿌리째 흔들리게 될 것이다.

그러면 이번에는 이 '게임'의 성격을 조금만 바꾸어보자. 앞의 두 학생이 각자 친구를 배신한 대가로 10년 징역을 산 다음에 서로 진심으로 사죄와 화해를 하고 또다시 반정부운동을 함께하다가 붙들렸다고 하자. 그들이 같은 오류를 반복할 가능성은 10년 전보다 훨씬 적다. 만약 형량이 그렇게 무겁지 않고 구류 사흘과 열흘, 그리고 20일이라고 하고, 군사독재가 계속되는 동안 두 사람은 수없이 이런 상황에 직면한다고 하자. 이른바 '반복되는 게임(repeated game)'이다. 그러면 처음 한두 번은 '우월한 전략'을 택했다가 열흘 구류를 살지도 모르겠지만, 멍청이가 아닌 한 어느 시점부터인가는 서로 믿고 협력함으로써 언제나 구류 사흘만 살고 나오게 될 것이다. 반복되는 '게임'에서는 이처럼 학습효과가 나타나게 마련이고, 그래서 게임의 결과 역시 처음보다 좋아진다.

　　'게임'의 성격을 조금만 더 바꾸어, 두 명이 아니라 열 명이 보안사에 잡혀가서 똑같은 상황에 처했다고 하자. '게임 참가자(player)'의 수가 늘어나면 모두 자백하는 쪽으로 결과가 나올 가능성이 그만큼 커진다. 한 친구가 아니라 아홉 명의 친구가 모두 의리를 지킬 가능성은 훨씬 낮다. 그래서 이런 게임을 반복하더라도 누군가 '배신자'가 나올 가능성이 상존하게 되고, 이런 사실을 의식하면 모두가 자백하는 쪽을 택할 개연성이 커진다. 보안사가 대규모 조직사건을 만들어내기 위해서 백 명쯤 구속하는 경우에는 거의 틀림없이 '배신자'가 생긴다고 보면 될 것이다.

　　'시국사범'을 예로 들었기 때문에 이것이 매우 특수한 상황이라고 생각할지도 모르겠지만, 우리는 여러 가지 형태의 '죄수의 딜레마'에 갇혀서 살고 있다. 그래서 이 모델은 우리가 일상적으로 목격하는 갖가지 '멍청한 사태'의 원인을 이해하는 데 도움을 준다. 대표적인 사례가 환경오염이다. 예컨대 서울의 모든 가정에서 합성세제를 쓰는 바람에 더이상 방치할 수 없을 정도로 한강이 오염되었다고 하자. 이 경우 모든 시민이 원인 제공자인 동시에 피해자가 된다. 기술적으로 가능한 유일한 해결책이 합성세제 사용을 대폭 줄이거나 중단하는 것이라고 하자. 빨래와 설거지를 담당하는 여자(또는 남자) 개개인은 어떤 선택을 하게 될까?

언론에서 아무리 열심히 합성세제 안 쓰기 또는 덜 쓰기 캠페인을 벌인다고 해도 '이기적 개인'의 '합리적 선택'은 하나뿐이다. 서울시민 개개인은 똑같은 '죄수의 딜레마'에 빠진다. 남들이 계속해서 합성세제를 쓴다고 가정하면 나도 쓰는 편이 유리하다. 남들이 합성세제 사용을 중단한다고 가정할 경우에도, 나는 쓰는 것이 유리하다. 혼자만 쓴다면 수질에 별로 영향을 미치지 않을 것이고, 빨래와 설거지가 잘되니까 편리해서 좋다. 남들이 어떤 선택을 하든 나에게는 합성세제를 쓰는 쪽이 절대적으로 '우월한 전략'인 것이다. 따라서 이기적 욕망만을 추구하는 개인으로 이루어진 '자유방임 체제'는 필연적으로 환경을 파괴한다.

이 '게임'의 참가자는 1천만 명이나 된다. 모든 '나'는 '나'를 제외한 9백9십9만 9천9백99명의 '남'과 게임을 한다. 너무나 '남'의 수가 많기 때문에 '남'이 그 약속을 지킬 것이라고 믿을 수는 없는 일이다. 서울시민 전체가 합성세제 사용을 거부하는 결의대회를 연다고 해도, '남'이 배신할 확률이 너무 높기 때문에 '나' 역시 배신할 수밖에 없다. 역대 정권이 5대 강의 수질 개선에 대한 야심 찬 공약을 내세웠지만 별 효과를 보지 못한 것은, 대부분의 오염물질 배출업소와 가정이 '남'의 선택과 무관하게 우월한 전략, 즉 환경을 오염시키는 이기적이고 '합리적'인 선택을 하기 때문이다.

그런데 이상한 것은 스스로 합성세제 사용을 자제하는 사람, 더 나아가서는 폐유로 만든 저공해 비누를 이웃에 돌리는 사람들을 적지 않게 볼수 있다는 사실이다. 이런 사람은 주류경제학이 전제로 삼는 '이기적 개인'과는 다른 속성을 지닌 인간들로서, 경제학적 용어를 빌면 '이타적 선호'를 가진 '괴짜'들이다. 이런 사람들은 남들이 다 '배신'을 해도 개의치 않고 소신대로 행동한다. 한강의 수질 개선이라는 공동선을 이루려면 이런 사람들이 많아져야 한다. 이기적 개인의 '합리적 행동'은 환경 오염이라는 공동선의 파괴로 귀착된다. 정부가 이 문제를 자신의 과제로 삼는다면 '오염시킨다'는 전략을 택한 시민들에게서 세금을 걷어서 환경운동의 비용을 지원해주어야 마땅하다. 합성세제 사용을 자제하는 데 따르는 불편, 환경 보호의 필요성을 이웃에 전파하느라 쓰는 시간과 돈, 이런 것이 모두 그들 스스로 감수하는 환경 보호의 비용이다. 이 비용을 '이타적 선호'를 가진 사람들만 치르게 하면서, 그 덕분에 개선된 환경의 혜택은 모두가 누리게 하는 것은 명백히 '경제정의'에 어긋난다.

무임 승차는 없다

'민주화 운동 유공자 예우에 관한 법률' 문제도 이런 시각에서 볼 필요가 있다. 왜? 해방 이후 50년 동안 우리 정치는 언제나 국민들을 '죄수의 딜레마'에 가두어놓았기 때문이다. 일단 한 가지 가정을 하자. 민주주의는 독재자와 그 앞잡이나 협력자 등 극소수를 제외한 모든 국민들에게 이익이 되고, 그래서 국민 모두가 개인적으로는 독재보다 민주주의를 좋아한다는 가정이다. 우리 국민 가운데도 민주주의를 혐오하고 독재를 칭송하는 정신나간 이들이 더러 있기는 하지만, 대한민국은 민주공화국이라는 헌법 규정과 박정희, 전두환과 같은 독재자도 입으로는 (한국적) 민주주의를 칭송했다는 역사적 사실을 고려할 때 이런 가정을 해도 좋으리라고 본다.

그런데 민주공화국인 대한민국의 대통령과 집권당이 수십 년 동안이나 대를 물려가며 국민의 입과 귀를 막고, 총칼로 양민을 학살하고, 비판적 지식인과 노동자를 잡아 가두고 국민의 선거권을 박탈해 체육관에서 똘마니들을 모아놓고 대통령을 뽑는 따위의 독재를 했다. 그래서 민주주의를 원하는 '이기적 개인'들은 둘 가운데 하나를 택해야 했다. 첫째, 독재와 싸운다. 둘째, 가만히 입다물고 지낸다.

그런데 민주주의를 얻으려면 독재와 싸워야 한다. 모든 국민이 한꺼번에 싸우면 민주주의를 얻을 수 있다. 헌데 독재정권을 상대로 싸우는 이 게임의 참가자는 실제로는 4천만 명이지만 '이기적 개인'의 관점에서 보면 둘뿐이다. '나'와 '남'이다. '나'를 제외한 3천9백9십9만 9천9백9십9명이 모두 '남'이다.

그리고 민주주의는 공짜로는 얻을 수 없다. 민주화 투쟁을 하는 데 비용이 든다는 말이다. 반정부 유인물을 만들고 시위를 벌이고 사람을 조직하는 모든 활동에는 많은 돈과 시간과 육체적, 정신적 노력이 들어간다. 게다가 붙잡히면 고문을 당하고 징역을 살고 학교와 직장에서 쫓겨나고, 징역을 살고 나온 다음에도 밥벌이하는 데 지장이 이만저만 아니다. 친구와 가족에게도 피해가 갈 수 있고, 운이 없으면 죽거나 불구가 되기도 한다. 반면 누군가 그런 비용을 다 떠맡으면서 독재와 싸운 끝에 민주주의를 얻게 되면 그 혜택은 모든 사람이 나누어 가진다. '이기적 개인'은 어떻게 해야 할까?

'남'이 반독재 투쟁을 하지 않는 경우에는, '나'도 하지 않는 것이 유리하다. 혼자 하다가는 맞아죽기 딱 좋다. 그럼 '남'이 하는 경우에는? 그래도 역시 하지 않는 쪽이 유리하다. '남'이 다 하면 '내'가 하지 않아도 민주주의가 올 것이고, 그러면 공짜로 혜택을 볼 수 있기 때문이다. 유명한 '무임 승차(free-rider)' 행위다. 하지만 어쨌든, '남'이야 어찌 하든 '나'는 가만히 있는 것이 절대적으로 '우월한 전략'인 것만은 분명하다. 모두가 이렇게 하면 독재는 영원히 계속된다. 아무도 민주주의를 얻을 수 없다. '이기적 개인의 합리적 행동'은 절대로 민주주의의 실현이라는 공동선으로 귀결되지 않는다.

비합리적 인간들의 미련한 선택

　이건 정말로 심각한 문제다. 1980년 5월 15일 전두환의 집권음모를 폭로하고 국민의 궐기를 촉구하기 위해서 서울역 등 전국 도시에서 대규모 시위를 벌인 전국 주요 대학의 학생회 간부들은 신군부가 휴교령을 내릴 경우 전국에서 일제히 봉기하기로 결의한 바 있다. 그런데 5월 17일 밤 신군부가 비상계엄 확대조치를 발표하고 공수부대가 주요 대학의 교정을 점령했을 때 무슨 일이 벌어졌는가? 오직 광주의 대학생들만 그 약속을 어느 정도 제대로 실천했다. 그리고 신군부는 공수부대를 시켜 광주시민을 대량 학살함으로써 '민주화 투쟁의 비용'이 얼마나 엄청난 것인지를 온 국민에게 더할 나위 없이 명료하게 보여주었다. 이렇게 '남'은 하지 않는데 '나'만 하는 민주화 운동은 '미련한 선택'이다.

　5.18 광주 민주화 운동 관련 피해자들은 1988년 총선에서 여당이 패한 이후 10여 년에 걸쳐 어느 정도 명예를 회복했고 '광주보상법'에 따라서 금전적 보상도 받았다. 그 중에는 아무 행동도 하지 않았는데도 피해를 당한 분이 많이 있다. 그런 사람들에 대한 보상은 사실상 국가의 불법행위에 대한 배상이다. 실제로 민주화 투쟁을 하다가 목숨을 잃거나 불구가 되거나 징역을 산 분들에게 지급된 돈에는 국가의 불법행위에 대한 배상과 아울러 그들이 스스로 지불한 민주화 운동 비용에 대한 '사후 정산'이 불충분하지만 일부 포함되어 있다. 좋은 일이다. 왜냐하면 민주화 투쟁이라는 게임은 '단판 게임'이 아니라 '반복되는 게임'이기 때문이다.

　그런데 이 게임은 '반복되는 게임'이지만, 참가자가 너무 많다. 그래서 모든(또는 대다수의) 국민들이 민주화 투쟁에 참여하면 각자 이기적으로 행동하는 것보다 좋은 결과를 가져온다는 것을 알지만, 실제로 '남'들이 그렇게 행동하리라고 믿을 수 없기 때문에 여러 번 반복해도 결과가 금방 좋아지지 않는다. 게다가 민주주의와 독재의 싸움은 오랜 세월에 걸쳐 판세의 역전이 거듭되는 장기전이다. 어느 나라의 역사를 보나 다 그렇다.

그래서 민주주의가 일시적으로라도 승리를 거두었을 때 '남'보다 앞서 독재와 싸우고 그 '비용'을 혼자서 감당한 사람들에게 그 비용을 '사후 정산' 해줄 필요가 있다. '현재의 비용'을 싸움에서 이긴 다음 정산받을 수 있다고 확실하게 기대할 수 있으면 그렇지 않은 경우보다 그 다음 게임에서는 '이타적 선택'을 하는 사람이 많아질 것이기 때문이다. 비용의 사후 정산이 매우 후하게 이루어지는 경우에는 '이기적 개인'도 '미련한 선택'을 하게 만들 수 있고, 민주주의의 토대는 그만큼 강력해진다.

우리의 지난날을 보자. 1960년 4월혁명 이후만 보더라도 이런 게임은 30년 이상 전면전의 양상으로 전개되었고, '단군 이래 최초의 평화적 정권교체'로 탄생했다는 '국민의 정부' 시대에도 최소한 국지적으로는 계속되고 있다. 그러나 이 기나긴 싸움에 인생의 전부 또는 한 시기를 바쳤던 사람들이 치른 비용을 제대로 정산한 일은 한 번도 없었다. 박정희가 계승하겠노라고 큰소리를 쳤던 4월혁명 희생자와 유가족들조차도 수십 년 간이나 설움과 박해를 받지 않았는가. 부모들이 대학에 들어가는 딸, 아들에게 하는 충고는 오랜 세월 우리 국민들을 가두어놓은 '죄수의 딜레마'를 선명하게 보여준다. "나서지 마라", "앞에도 서지 말고 뒤에도 서지 말고 중간에만 서라", "데모하면 인생 망친다" 등등. 역시 이런 게임에서는 남들이 어찌 하든 구경만 하는 것이 절대적으로 '우월한 전략'이다.

조금만 더 구체적으로 들어가보자. '남'들은 가만히 있는데도 민주화 투쟁을 한 이들은 누구인가? 첫째는 대학생이다. 왜 그랬을까? 혈기왕성한 나이에다 책을 통해서 민주주의가 얼마나 중요한지 알았기 때문이기도 하지만, 누군가 그 일을 해야 한다면 대학생들이 '현재적 비용'을 가장 적게 들이고 할 수 있기 때문이다. 대학생은 우선 자유시간이 많다. 독재자와 싸우는 방법을 연구하고 유인물을 쓰고 화염병을 제작하고 가두

시위 예행연습을 하려면 무엇보다도 시간이 있어야 한다. 또 먹여 살려야 할 처자식도 없고 떨려날 직장도 없으니까, 역시 아버지보다는 아들이 하는 편이 당장 들어가는 비용 면에서 유리하다.

둘째는 비판적 지식인들이 했다. 그들은 비슷한 학력과 능력을 가진 수많은 지식인들이 독재정권과 붙어먹거나 침묵을 지킬 때 돈이 벌리는 것도 아닌 '말과 글을 함부로 한 죄'로 무수한 고초를 겪었고, 그래서 건강과 생명을 잃은 분들도 적지 않다. 젊은 지식인 가운데는 노동자들을 조직하기 위해 주민등록증을 위조해가면서까지 공장에 들어간 이들도 많았다. 이런 이들이 치른 비용은 금액으로 환산하기 어렵다.

집단적으로 묶어서 말할 수는 없지만 샐러리맨들도 기여한 바가 있다. 평소에 학생운동이나 노동운동을 하는 후배들이 찾아오면 밥도 사고 '군자금'도 주었다. 그리고 비판적 지식인들이 쓴 책을 구입함으로써 그들이 먹고 사는 데 적지 않은 도움을 주었다. 1987년 6월항쟁 때 '남'들이 다들 하기 때문에 기꺼이 '남'들만큼 비용을 부담하겠다는 각오를 하고 명동 거리로 몰려나온 '넥타이 부대'의 주력도 그들이다. 그 밖에 이런저런 물질적, 정신적 성원을 보낸 '시장 아줌마'나 평범한 시민들도 저마다 조금씩은 비용을 분담했다. 천주교회를 비롯한 여러 종교단체들도 '정의가 강물처럼 흐르는 사회'를 만들기 위해서 여러 가지 지원을 아끼지 않았지만, 그건 공동선을 추구하는 종교단체 본연의 역할을 한 것으로 존중해줄 수 있을 것이다.

만시지탄은 있으나 여야가 '민주화 운동 유공자 예우에 관한 법률'을 제정한 것은 반가운 일임에 틀림없다. 하지만 여기에 그리 큰 애정과 관심을 쏟는 것 같지는 않다는 사실 때문에 무척 걱정스러운 것도 사실이다. 1998년의 일이다. 1991년 시위 도중 전투경찰에 맞아 숨진 명지대생 고(故) 강경대 군의 부친 강민조 씨는 15억 원의 전재산을 털어 사회복지법인을 세웠다.

그런데 이 법인의 설립 목적에 "과거 독재정권 하에서 민주화 운동에 참여하느라 생활이 어려운 가족들을 위해 장학사업을 벌인다"는 내용이 들어 있다. 비슷한 일화는 그 외에도 많다. 유신과 5공 시대의 재야 민주 인사 가운데 한 사람인 계훈제 선생이 중병으로 1999년 별세하셨는데, 마지막까지 병간호를 맡았던 이는 1980년 숭전대학교(현 숭실대) 총학생 회장이었던 윤여연 씨였다. 윤씨 자신도 고문과 감옥생활의 후유증 때문에 건강이 말이 아니었는데도 말이다.

　아름다운 일처럼 보이지만 입맛이 이만저만 쓰지 않았다. 민주화를 위해서 수십 년 동안 형언할 수 없는 고초를 겪은 사람과 그 가족들이 병고와 생활고에 허덕이고, 그 중에서 그나마 능력 있는 분들이 재산을 털어서 서로를 돕는, 이 '눈물겹도록 아름다운 풍경'을 만들어낸 나라가 정말로 '민주공화국'인가?

　다시 한 번 강조하건대, 나는 '역사 바로 세우기'나 '민족 정기의 수립'을 위해서 민주화 운동 유공자에 대한 예우를 주장하는 것이 아니다. 또 '돈 버는 능력을 기르지 못한 운동권 사람들'에 대한 연민과 동정을 구하는 것도 아니다. 나는 '경제정의의 실현'을 요구한다. 비록 아직은 반쪽짜리라고는 하지만, '국민의 정부'라는 이름을 탄생시킨 우리의 민주주의는, '남'들은 가만히 있는데도 '나'는 싸워야 한다는 '미련한 선택'을 한 '비합리적 인간'들의 피눈물(이것이 '비용'이라는 '천박한 용어'에 담긴 내용이다)을 먹고 자란 나무다. '민주공화국 대한민국'은 이 '미련한 인간들'에게 엄청난 빚을 지고 있다. 이 빚을 확실하게 갚아야만 우리 사회가 또다시 파시즘의 덫에 걸릴 경우 옛날보다는 더 많은 사람들이 처자식의 앞날을 걱정하지 않고 기꺼이 민주주의를 수호하는 투쟁에 나설 수 있을 것이다. '민주화보상법'은 이런 면에서 민주주의를 지키는 든든한 보루가 될 것이다.

'시장'의 미덕과 악덕

시장과 국가는 서로 대립하면서 의존한다.
시장은 국가가 만든 제도의 틀을 벗어나
존재할 수 없으며, 자의적 규제와 개입으로
시장의 원리를 왜곡하는
국가는 몰락의 화를 피할 수 없다.

시장경제는 들꽃이 아니다

수많은 시민들이 피눈물을 흘리게 만든 1999년 9월의 이른바 '파이낸스 사태'와 시민단체의 고발과 항의를 초래한 신용카드 수수료와 휴대전화 요금 인하 논란은 시장(市場)과 국가의 관계에 대한 해묵은 논쟁을 되돌아보게 만든다.

'자생적(自生的) 질서'인 시장은 자의적인 규제와 정당화할 수 없는 특권을 남발하는 국가를 상대로 수백 년의 기나긴 싸움에서 빛나는 승리를 거두었다. 중앙집권적 계획경제로 유토피아를 건설하려 했던 사회주의 체제의 몰락은 시장의 승리에 대한 최종적인 확인이었다.

우리는 수만 가지의 세분화된 직업이 있는 고도 분업사회에서 살고 있다. 수십 명의 대가족이 곡식을 재배하고 가축을 기르는 등 자급자족적인 생산활동을 하는 데는 가부장의 중앙통제식 계획이 통용될 수 있지만 어떤 개인이나 조직도 국민경제에서 이루어지는 모든 생산과 소비활동을 전면적으로 파악할 수 없는 고도 분업사회는 중앙통제식 계획과 양립할 수 없다. 시장 시스템은 고도 분업사회와 조화될 수 있는 유일한 경제적 기본 질서이며 이것을 부정하는 사람은 이젠 거의 없다.

중앙통제식 계획경제는 개인의 경제적 선택권을 부정한다. 경제 영역에서 개인의 자유를 부정하는 체제는 필연적으로 정치와 사상, 문화, 예술 등 사회생활의 다른 모든 영역에서도 자유를 억압하게 되어 있다. 일당독재는 중앙통제식 계획경제의 정치적 전제조건인 것이다. '질서자유주의(Ordo-Liberalismus)'를 주창함으로써 독일식 사회적 시장경제의 이론적 토대를 제공한 독일의 자유주의자 발터 오이켄(Walter Eucken)은 『경제정책의 기초(Grundlagen der Wirtschaftspolitik)』에서 그 이유를 이렇게 설명했다.

중앙통제식 계획경제가 사상과 교육의 영역에 개입하는 데는 심각한 이유가 있다. 계획한 목표를 달성하기 위해서는 사람들의 힘을 집중시켜야 한다. 개인이 자주성을 지키면서 자기가 지향하는 것을 밀고나가려 할 경우 이 체제는 무너지고 만다. 이 체제가 성공하려면 사람들이 집단적 목표를 달성하기 위해서 개인적 목표를 포기하는 것이 옳다는 확신을 가지게 만들어야 한다. 중앙통제 기구는 물건뿐만 아니라 사람도 관리한다. 사람은 교육을 받아야 하고, 그 교육의 목표는 '하나의 의지로 국론을 통일하고 사회 전체의 목표를 달성하기 위해 국력을 집결'하는 것이다. 이를 위해서는 평생 교육이 필요하며 예술과 종교도 여기에 봉사해야 한다.

이런 맥락에서 보면 시장경제는 정치적 민주주의와 조화될 수 있는 유일한 경제적 기본 질서이기도 하다. 소련과 동유럽 사회주의는 '미제국주의'와의 싸움에서 패배한 것이 아니라 그 자체의 비효율성과 중앙통제식 계획경제가 필연적으로 요구하는 일당독재와 정치적 억압에 대한 인민의 저항 때문에 스스로 무너진 것이다. 개인의 자주성과 선택권을 인정하는 정치적 민주주의와 고도 산업사회의 사회적, 기술적 분업을 인정하는 한 시장원리를 대체할 수 있는 다른 경제적 기본 질서는 있을 수 없다. 나는 이것을 확실히 믿는다는 점에서 자유주의자임에 분명하다.

하지만 자유주의자라고 해서 '시장은 선이요 국가는 악'이라는 극단적 자유주의자 또는 '광신적 시장론자'들의 추상적인 흑백논리를 그대로 인정할 이유는 전혀 없다. 시장의 효율성을 믿는다고 해서 반드시 국가의 '무장해제'를 요구해야 하는 것도 아니다. 인위적 질서인 국가가 그런 것처럼 자생적 질서인 시장 역시 완전무결한 존재는 아니기 때문이다.

국가 없는 순수한 시장경제는 환상

'광신적 시장론자'들의 가치규범을 지배하는 이상(理想)은 완전한 경쟁시장이며, 경제학 교과서는 충족될 수 없는 여러 가지 가정(假定)을 토대로 이것을 묘사한다. 가장 대표적인 것이 '누구도 가격에 영향을 미치지 못할 정도로 많은 경쟁자의 존재'와 '완전한 정보'라는 가정이다. 공급자와 수요자는 스스로 상품의 가격을 정하는 것이 아니라 시장에서 형성된 가격을 주어진 조건으로 받아들인다. 각자의 경제적 선택에 필요한 정보가 모두 공개되어 있고 공급자와 수요자, 투자가와 기업경영자 등 개별 경제주체들은 그 정보를 모두 획득하고 분석할 수 있다는 가정이다.

그러나 휴대전화 요금과 신용카드 수수료 인하 논란에서 보듯 제조업과 서비스업 분야의 주요 시장은 거의 모두 독과점 상태에 놓여 있다. 공급자들은 시장가격을 주어진 조건으로 받아들이는 것이 아니라 스스로 가격을 결정한다. 국가가 감시를 하지 않거나 소비자단체 등 시민단체의 조직적인 저항이 없다면 이들 과점업체는 경쟁을 제한하는 담합을 통해 언제까지나 시장을 지배할 것이다. 시장의 효율성은 경쟁에서 나온다. 더 좋은 상품과 서비스를 더 저렴한 가격으로 공급해서 소비자의 마음을 사려는 공급자들 사이의 경쟁 때문에 새로운 상품과 생산방법의 혁신이 일어난다. 경쟁이 없는 시장은 죽은 시장이다.

그러나 경쟁은 개별 공급자에게는 일종의 외적 강제이다. 이것을 좋아하는 기업은 없다. 그래서 모든 기업은 경쟁이라는 외적 강제에서 벗어나려고 하며 가능한 모든 수단을 써서 시장을 지배하려고 한다. 이런 면에서 보면 시장은 스스로를 파괴하는 내적 경향성을 지니고 있는 것이다. 국가가 공정한 경쟁질서를 수립하고 이것을 해치는 행위를 규제하지 않는다면 시장은 소수의 손에 장악되고 만다. '국가 없는 순수한 시장경제'란 환상에 불과하다.

'파이낸스 사태' 역시 시장은 국가를 필요로 한다는 것을 보여주었다. 피해를 본 투자자들은 투자회사의 경영 상태에 대한 정보가 전혀 없는 상태에서 피땀 흘려 모은 돈을 맡겼다. 두 자리 수의 월 수익률을 내세운 터무니없는 광고의 진실성과 합리성 여부를 판단할 능력조차 없었다. 금융당국은 감독권한 밖의 시장이기 때문에 현황조차 제대로 파악하지 못했고, 경제 저널리스트와 경제전문가들도 위계(僞計)와 사술(詐術)이 판치는 불투명한 지역 금융시장의 위험성에 대해 충분한 경고를 하지 않았다.

시장을 움직이는 힘은 이기적 욕망의 충족을 추구하는 개인이다. 충족하고자 하는 욕망에 한계가 없는 것처럼 이윤 추구에 눈먼 개인이 사용하는 수단 방법에도 한계가 없다. 금융시장의 투자 결정에는 높은 전문적 식견이 필요한데, 소액투자자들이 정보를 획득하고 분석하고 판단하는 능력은 기관투자가나 기업에 견줄 수 없을 만큼 빈약하다. 이러한 '정보 불균형'을 어느 정도라도 완화시키는 것은 국가의 임무이며, 이를 위해서는 강력한 감독권과 법률적 제재수단을 가져야 한다. 현대증권 주가조작과 같은 행위를 감시하고 규제할 국가기관이 없다고 생각해보라. 시장의 힘을 예찬하는 것이 무슨 의미가 있겠는가.

이른바 '시장의 실패' 또는 불완전성이 문제를 일으키는 영역은 그 밖에도 많다. 이른바 '외부효과' 때문에 일어나는 환경오염, 수백 년째 자본주의 사회를 주기적으로 괴롭혀 온 경제공황이라는 고질병에 대처하는 데 국가의 개입은 필연적으로 요구된다. 사회 구성원의 대다수가 시장이 만들어내는 빈부격차의 수용을 거부할 때는 시장경제 자체를 파괴하는 과격한 반란과 혁명이 일어나기 때문에 국가가 시장원리에 따른 소득의 분배를 완화하는 정책을 실시해야 사회의 통합성과 평화를 유지할 수 있다. 시장은 선이요, 국가는 악이라는 주장은 하나의 도그마에 불과하다.

시장과 국가는 서로 대립하면서 의존한다. 시장은 국가가 만든 제도의 틀을 벗어나 존재할 수 없으며, 자의적 규제와 개입으로 시장의 원리를 왜곡하는 국가는 몰락의 화를 피할 수 없다. 이런 맥락에서 시장의 불완전성이나 기능 부전을 명분 삼아 규제의 그물을 던짐으로써 관료적 권력의 극대화를 꾀하는 행태를 맹렬하게 규탄하는 '신자유주의자'들의 목소리는 경청할 만한 가치가 있다.

하지만 '시장에 맡겨라'는 추상적 구호를 내세워, 불완전한 시장을 보완하고 불공정한 경쟁과 독과점의 폐해를 시정하려는 국가의 모든 시도를 비난하는 '광신적 시장론자'들의 주장에 대해서도 경계심을 늦추지 말아야 할 것이다. 시장경제는 내버려두어도 잘 번창하는 들꽃이 아니다.

그 많던 경제전문가들은 다 어디로 갔나?

폴 크루그먼은 『경제학의 향연』이라는 책에서 이렇게 말했다.

경제학은 원시적인 과학이다. 19세기 말 20세기 초 의사들은 인체의 작동방식에 관한 수많은 정보를 토대로 질병을 예방하는 데 매우 유용한 충고를 해줄 수 있었다. 그러나 막상 병에 걸린 환자를 치료하는 데는 별로 솜씨가 없었다. 의사이자 수필가였던 루이스 토머스는 당시의 의학 연구에서 얻은 가장 의미 있는 교훈은 환자를 더 괴롭게 만드는 전통적인 '치료법'을 때려치우고 질병을 그냥 내버려두는 것이 더 낫다는 것이었다. 경제학도 똑같지는 않지만 이와 크게 다르지 않다. 경제학자들은 경제가 어떻게 돌아가는지에 대해서 많이 알고 있지만 … 가난한 나라를 부자로 만드는 방법을 알지는 못하며, 경제성장의 마법이 사라져버렸을 때 그것을 다시 불러들이는 비법도 모른다.

'거짓 예언자를 조심하라.' 이 경구를 명심해야 하는 것은 종교인들만이 아니다. 창업 계획을 세우거나, 주식 투자를 하거나, 땅을 사거나, 직업 선택을 하거나, 어떤 종류든 '경제 행위'를 하려는 모든 사람들은 텔레비전을 보고 신문, 잡지를 읽을 때 항상 이 말을 가슴에 새기고 있어야한다. 단정적인 어투로 모든 것을 확실하게 알고 있는 것처럼, 앞으로 다가올 또는 이미 그 모습을 드러낸 경제적 부흥이나 파멸적 위기의 원인을진단하고 처방을 제시하는 사람일수록 더욱 조심해야 한다. '거짓 예언자'거나 '돌팔이 의사'일 가능성이 그만큼 더 높기 때문이다.

미국 MIT대 교수인 젊은 경제학자 폴 크루그먼은 '노벨 경제학상 후보 1순위'로 손꼽힐 만큼 걸출한 인물이다. 그는 서른도 안 된 젊은 나이에, 산업 선진국들이 왜 자동차와 텔레비전처럼 기능상 별 차이가 없는동종상품을 제 나라 것만 가지고도 충분히 쓰고 남는데도 서로 사고 파는지를 해명하는 논문을 발표해 세계 경제학계를 떠들썩하게 했으며, 국제경제학뿐만 아니라 산업조직론과 경제성장론, 경제지리학 등 광범위한분야에서 걸출한 논문과 저서를 발표한 천재적인 학자다.

전세계의 경제전문가들이 한국을 비롯한 동아시아 신흥공업국의 고속성장에 대해서 경탄과 예찬을 늘어놓았던 1980년대 말, 크루그먼은 『포린 어페어스(Foreign Affairs)』라는 잡지에 동아시아의 성장은 기술 혁신보다는 노동과 자본 등 물질적 생산요소의 투입을 극대화함으로써 이룬것이기 때문에 오래 지속되기 어렵다는 견해를 피력했다.

그리고 1997년 봄 이후 동남아와 한국 등 신흥공업국 경제를 나락에빠뜨린 외환위기가 터지자 많은 미국과 유럽의 경제전문가들 사이에는이제 동아시아는 끝났다는 분위기가 급속하게 확산되었다. 하지만 크루그먼은 1997년 말, 이 위기가 그리 오래 지속되지는 않을 것이라면서, 자신의 견해에 대해서 책임지는 자세를 보이기 위해 월스트리트에 투자한자산을 빼서 동남아에 투자했다고 밝히기도 했다. 서양에는 "벼는 익을 수록 고개를 숙인다"는 속담이 없는 만큼, 그런 인물이 '경제학은 원시적인 과학'이라고 하면, 정말로 그렇다고 믿어도 좋을 것이다.

크루그먼은 경제학자를 '대학교수'와 '정책기획가'로 분류한다. '대학교수'는 텔레비전에 잘 나오지 않는다. 그들은 자기네들끼리만 이해하는 난해한 방정식과 수수께끼 같은 전문용어로 가득 찬 논문을 발표하며, 대중이 그걸 읽거나 말거나 별로 신경쓰지 않는다. 그들은 자신이 무엇을 어디까지 알고 있는지 잘 알고 있기 때문에, 중요한 경제문제에 대해서 정치가나 대중이 시원한 대답을 듣고 싶어 해도 손쉬운 모범답안이나 명쾌한 해답을 내놓지 않는다.

반면 '정책기획가'는 대중 앞에 나서기를 좋아하며, 누구나 알아들을 수 있는 말로, '대학교수'들이 대답을 망설이는 문제에 대해서까지 시원시원한 해법과 예측과 대안을 제시한다. 그들은 경제가 침체되었을 때는 성장의 마법을 알고 있다고 큰소리를 치며, '대학교수'들이 그에 대해 뭐라고 하는지에 대해서는 관심이 없다. 가끔 '대학교수'가 '정책기획가' 역할을 하는 수도 있지만, '정책기획가' 가운데 진지한 경제학자라고 할 수 있을 만큼 해박한 경제학 지식을 가진 이는 매우 드물다.

크루그먼이 말하는 '정책기획가'를 여기서는 독자들에게 더 익숙한 용어를 써서 '경제전문가'라고 하자. '경제전문가'의 직업은 매우 다양하다. 대학교수 신분을 가진 사람 가운데 연구와 강의보다는 매스컴에 얼굴을 내미는 일에 더 열심히 매달리는 사람, 신문사와 방송사 경제부의 고위직 언론인, 정부 경제부처의 고위 공무원, 국책연구소와 민간 경제연구소의 소장과 책임연구원, 국회와 정당에서 경제정책 분야를 맡은 정치인들, 세계은행과 국제통화기금 등 국제금융기관의 책임자들, 이런 사람들이 모두 대중 앞에 나와서 말하고, 대중이 이해할 수 있는 언어로 글을 써서 경제문제에 대한 대중의 선입견 또는 판단을 형성하는 '경제전문가'들이다.

외환위기가 코앞에 다가와 있던 1997년 가을은 우리 나라 경제계와 언론계를 주름잡고 있던 '돌팔이 선무당 경제전문가'들의 전성시대였다. 그들은 대개 한국의 이른바 명문대학을 나왔고, 주로 미국의 유명한 대학에서 석사와 박사학위를 취득했으며, 다년 간 기업과 연구소, 국제기구, 정부조직, 언론기관 등에서 실물경제에 대한 경험을 쌓고 이론을 다듬은, 경제문제에 관해서는 대한민국 최고 수준임을 자랑하는 엘리트들이다. 이제 그 엘리트들이 이번 외환위기와 경제위기에 대해서 무슨 말을 했는지 잠깐 살펴보자.

거짓예언자들의 빗나간 예언

한국 경제가 위기라는 주장이 나오기 시작한 것은 1997년 벽두부터였다. 1996년 경상수지 적자가 무려 230억 달러를 넘어서고, 한보와 삼미 등 대기업 부도사태가 일어나면서 학계와 언론계 일각에서 위기론이 일기 시작한 것이다. 외국의 경제전문가를 존경해 마지 않는 우리 언론은 앞을 다투어 그들의 인터뷰를 실었는데, 그 중에서도 단연 압권은 『조선일보』 1997년 3월 8일자에 실린 캉드쉬 IMF 총재의 인터뷰 기사였다. 캉드쉬는 '아시아의 금융 통합과 홍콩의 역할'이라는 주제로 홍콩에서 열린 15개국 재무장관과 중앙은행 총재들의 세미나에 참석한 뒤 가진 인터뷰에서 이렇게 말했다.

한국은 견실하고 지속적인 성장 추세를 유지할 것으로 본다. 한국은 불행한 일을 많이 겪었고, 세계화를 하다보니 외국으로부터 많은 부정적 견해를 들은 것은 사실이다. 그러나 우리가 판단하는 경제지표들을 종합해보면 한국 경제는 상당히 양호하다. 멕시코와 같은 외환위기가 온다는 말이 있지만 IMF가 멕시코 위기 때 지원해준 적이 있어서 누구보다도 잘

안다. 한마디로 한국은 멕시코와는 비교할 수 없을 정도로 경제가 균형되어 있고 안정적이다. 한국 정부가 추진하고 있는 물가억제 정책과 최근 신설된 금융개선위원회를 통한 금융제도의 경쟁력 강화가 이루어진다면 한국 경제는 과거 성장기와 같은 탄력을 가질 것이다.

캉드쉬는 '대학교수'가 아닌 국제적 '정책기획가'이니 만큼 이런 호언장담을 하는 것을 탓할 일은 아니다. 문제는 우리 나라 경제전문가들의 발언이다. 내로라하는 일간신문과 경제신문들은 이 무렵 일제히 「한국경제 무엇이 문제인가」, 「이제는 경제다」 따위의 '경제살리기 시리즈'를 실었는데, 나중에 일어난 사태와 관련해서 가장 흥미로운 것은 해외 차입의 문을 더욱 넓게 열어주라고 주장한 사실이다. 사업 확장에 혈안이 된 재벌기업들이 호랑이를 집 안으로 불러들이자고 아우성을 친 셈인데, 문제는 대부분의 언론기관이 이런 주장에 맞장구를 쳤다는 데 있다. 『한국

경제신문』 1997년 3월 1일자에서 안 아무개 기자가 사뭇 비장감이 넘치는 어조로 「이제는 경제다」 시리즈 6번의 요지는 이렇다.

'값싼 해외자금을 못 쓰게 정부가 나서서 막는 나라는 한국밖에 없다.' 기업인들이 입만 열면 하는 소리다. 우리 기업의 경쟁력이 떨어진다며 지적되는 것 중의 하나가 과중한 금융비용 부담이다. 매출액에서 금융비용이 차지하는 비중은 한국이 5.6%로 미국, 일본, 대만 등에 비해 3배 이상 높다. 그 이유를 보면 첫째는 높은 금리다. 우리 나라의 명목금리는 13.8%로서, 실질금리는 일본과 말레이시아에 비해 서너 배나 높다. 이렇게 높은 금리를 주고서도 돈을 빌려 쓰기가 하늘의 별 따기다. 이러저러한 규제가 많아서다. 더군다나 해외에서 값싼 돈을 쓰려 해도 뜻대로 안 된다. 상업차관은 말할 나위도 없고, 해외 증권 발행도 한도와 용도 등을 까다롭게 규제하고 있다.

물론 이런 기사를 쓴 사람이 『한국경제신문』의 안 기자만은 아니다. 다른 신문의 다른 기자들도 다들 그랬다. 이 사람들은 우선, 1년 미만짜리 단기외채를 도입할 때 도입액의 30%를 무이자로 중앙은행에 예치하도록 하는 칠레의 사례를 모르고 있었다. 칠레 기업은 이렇게 높은 금융비용을 부담하고도 이윤이 나는 확실한 프로젝트가 없는 한, 단기외채를 들여올 수가 없다. 세계적으로 유명한 국제경제학자 가운데, 신흥공업국 정부가 칠레와 비슷한 규제를 하지 않을 경우 예외 없이 국제 금융투기의 먹잇감으로 전락할 것이라고 경고하는 이가 한둘이 아니라는 사실도 모르고 있었다.

외자 도입을 무조건 막는 정책이 잘못이라는 것은 더 말할 필요도 없지만, 외자의 성격을 구분하지 않고 이자가 싸다고 해서 마구잡이로 들여오게 했더라면, 우리 나라 기업이 갚아야 할 외채의 규모는 1997년과는 비교할 수 없을 정도로 커졌을 것이다. 적어도 단기외채에 관한 한 '규제 철폐가 곧 선'이라는 주장은 성립하지 않는다.

1997년 4월 들어 한국개발연구원(KDI)과 산업연구원(KIET) 등 주요 국책 연구기관들은 연초 발표한 1997년도 경제전망을 수정했다. 경제성 장률을 원래보다 1% 정도 낮은 5%대로 수정한 이들 연구소는 경기가 하 강할 대로 하강해 바닥에 이르렀다고 추정했으며, 강경식 당시 재경원 장 관은 "경제성장이 5%대에 그치더라도 이를 감수하겠다"고 말했다. 감수 하지 않으면 어떻게 하겠다는 말인지는 모르겠지만, 돌이켜보면 짚어도 한참 잘못 짚은 '선무당의 비장감'에 지나지 않았던 셈이다.

그런데 KDI는 7월 9일 「하반기 경제전망」이라는 것을 발표하면서, 6 월의 수출 회복세를 근거로 성장률을 다시 6.2%로 상향조정하고 "경기 가 이미 바닥을 치고 상승국면에 들어섰다"고 주장하는 등 호기를 부렸 다. 그보다 조금 앞서 삼성, 현대, 대우, LG 등 주요 민간 경제연구소들도 하반기 경제전망을 일제히 발표했는데, 경상수지 적자는 대체로 160억 달러에서 200억 달러, 물가인상률은 4.3%에서 5.0%, 성장률은 5.5%에서 6.0% 사이였다. 전경련도 1997년 성장률을 5.9%로 상향조정하고 물가인 상률은 4.4%로 하향조정했다. 국책연구소와 민간연구소를 불문하고 환 율이 급격하게 인상될 가능성을 언급한 곳은 하나도 없었다.

이경식 한은 총재는 재경원과 청와대 수석실에 비해 조금 일찍 외환위 기를 경고했다고 해서 직무유기로 고발당하는 사태를 모면했지만, 헛다 리를 짚은 1997년도 하반기 경기전망에 관한 한 한국은행도 예외는 아니 었다. 한국은행은 1997년 7월 7일 발표한 경제전망에서 하반기를 전환점 으로 불황을 탈출할 조짐이 확실하게 보인다고 분석하면서, 성장률을 민 간연구소보다 더 높은 6%대로 예상했다.

이처럼 '민관일체'의 낙관적 경제전망이 나온 뒤부터 '환란'이 터진 1997년 10월까지 모든 일이 순조롭게 진행되는 듯 보였다. 동남아 외환위기가 끝간 데 없이 이어졌고 기아그룹의 부도 처리 문제로 정치권과 재계가 시끌시끌하기는 했지만, 누구도 환란의 가능성을 설득력 있게 제시하지는 못했다. 8월 21일 IMF가 발표한 「세계경제 전망」의 한국편은 한결 더 진한 장밋빛이었다.

IMF는 대기업 부도사태가 생산과 수출에 별로 큰 영향을 주지 않았고, 수출과 투자가 회복세를 보이고 있으며, 금융부문의 혼란도 한국 정부가 수습할 수 있을 것으로 보고, 한국이 1997년도에 6.5%의 성장률을 기록할 것이라고 전망했다. 그래서 한동안은 경제위기에 대한 불안과 두려움의 먹구름이 자취를 감추는 것처럼 보였다. 하지만 돌팔이 의사들이 '이 사람은 병에 걸리지 않았다'는 진단을 늘어놓고 있는 동안 '환란'이라는 열병은 점점 더 무서운 폭발력을 축적해나가고 있었다.

경제연구소와 경제관료들의 허황된 '희망사항'

서울 외환시장의 달러 환율, 다시 말해서 '원화로 표시한 1달러의 값'이 여러 경제연구소와 한국은행의 낙관적인 예상과 달리 달러당 900원선을 이미 무너뜨린 1997년 10월 초, 찰스 애덤스 IMF 아시아태평양 국장보가 IMF 연차합의단을 이끌고 서울에 왔다. 열흘 가까이 한국 경제에 대한 실사작업을 벌인 애덤스는 10월 15일 기자회견을 가졌는데, 관심의 초점은 1997년 여름 태국과 인도네시아 경제를 덮친 외환위기가 한국에서도 일어날 가능성이 있느냐는 것이었다.

그는 한보와 기아 등 재벌기업의 연쇄부도가 경제위기로 번질 가능성과 그로 인해 한국 경제의 대외신인도가 하락해서 해외 차입이 막힐 위험성이 없느냐는 기자들의 질문에 이렇게 대답했다.

한국 경제는 절대 위기가 아니다. 일부 기업이 위기에 빠지기는 했지만 전체적으로는 시장경제가 잘 작동하고 있다. 국제적 자본이동은 전적으로 거시경제 여건에 따른다. 현재 한국 경제는 밑바닥을 통과해서 상승세를 타고 있기 때문에 문제가 없을 것이다. 더욱이 한국의 자본시장 개방이 진전되고 있어서 해외자본이 많이 유입될 전망이다.

서울 외환시장의 이날 달러 환율은 914원 50전, 종합주가지수는 하루 전보다 15.94포인트 떨어진 604.74였다. 경제신문들은 부동산 투자면에 분당과 일산, 서울 시내 대형 오피스텔이 성공적으로 분양되고 있다는 기사를 실었다. 또 1997년 상반기 '증여수지'가 처음 적자를 낸 1996년에 이어, 또다시 큰 적자를 냈다는 정부 발표도 나왔다. 국내에서 이주비와 유학비 등의 명목으로 해외 체류자에게 송금된 돈이 16억 5천만 달러로, 재외 국민이 벌어서 국내의 가족과 친지에게 송금한 액수보다 4억 달러 이상 많았다는 것이다. 심각한 위기의 징후는 아직 찾아볼 수 없었다.

그런데 다음날 종합주가지수는 5년 만의 최저치인 579.25로 폭락했다. 주가의 하락세는 다음 며칠 간 계속되었고 달러 환율도 야금야금 920원 대로 올라섰다. 그러자 당시 김인호 청와대 경제수석은 기자들에게 이렇게 큰소리를 쳤다. "우리 경제의 기초적 여건은 객관적으로 뚜렷한 개선 추세다. 현재의 주가는 이 같은 우리의 경제 현황을 제대로 반영하지 못하고 있다. 앞으로 상승할 수밖에 없을 것이다." 이름을 밝히지 않은 재경원 관계자는, 기업이 외국산 시설재를 구입하기 위해 상업차관을 도입하는 데 장애가 되는 규제를 철폐하기로 한 방침에 대해서, "금융기관과 기업들은 신용만 있으면 외화 차입에 어려움이 없을 것"이라고 주장했다.

한편 8월 하순 '환율 마지노선'이라던 달러당 900원이 무너지자 910원을 새로운 방어선으로 설정했던 한국은행은 그마저도 유지하지 못해 920원대로 방어선을 후퇴시켰다. 환율 불안심리가 확산되기 시작하자 이

경식 한은 총재는, "기업들이 불안심리 때문에 보유 달러를 내놓지 않고 있는데, 금융 경색이 일어나면 기업도 죽고 은행도 망한다"면서 환율을 최대한 안정시키겠다고 말했다. 이강남 한국은행 이사는 외환 수급상황을 볼 때 결코 나쁠 것이 없다면서, "다음달 3일 외국인 주식투자 한도가 확대되면 환율은 진정세를 찾을 것"이라고 주장했다.

하지만 이날 홍콩과 싱가포르의 역외 선물환시장(NDF)에서는 3개월짜리가 달러당 1,015원, 6개월짜리가 1,025원에 거래되었다. 선물환시장은 한 달, 석 달, 여섯 달, 1년 후 등 특정한 미래 시점에서 외환을 사고 파는 계약을 현재 시점에서 체결하는 곳이다. 석 달과 여섯 달 후의 환율이 서울 환시장의 시세보다 100원 가까이 높은 것은 국제 환투기 전문가들이 그 시점에서, 원화의 가치가 앞으로 더 떨어지리라는, 다시 말해서 달러 환율이 더 오르리라는 기대 심리 또는 전망을 가지고 있다는 증거였다.

10월 24일은 1929년 미국 월가의 주식시장을 대폭락의 구렁텅이에 빠뜨림으로써 세계 경제공황의 개막을 알린 이른바 '암흑의 목요일(black thursday)'이다. 그로부터 68년이 지난 1997년 10월 24일, 우리 나라 종합주가지수는 무려 33.15포인트가 빠졌고, 홍콩, 도쿄, 뉴욕, 런던, 프랑크푸르트 등 전세계의 증권거래소에서 3%에서 10%에 이르는 주가 대폭락 사태가 벌어졌다.

이날 정부는 9월 말 현재 외환보유고가 IMF 권고치인 3개월치 수입액에 60억 달러 모자라는 304억 달러라고 밝혔고, 미국에 있는 국제 신용평가 기관인 '에스앤피(S&P)사'는 한국의 국가 신용등급과 한국전력, 한국통신, 산업은행, 수출입은행 등 주요 기업의 신용등급을 하향조정하면서, 향후 전망에도 '부정적'이라는 딱지를 붙였다. 그리고 종합주가지수는 다음날도 22.44포인트 하락했다. 그러나 우리 앞에 무엇이 와 있는지 정확하게 아는 이는 아직 아무도 없었다.

10월 27일자 『매일경제신문』은 30대 재벌그룹의 기조실장들을 상대로 실시한 설문조사 결과를 보도했는데, 기조실장들은 대체로 920원대의 '고환율'이 당분간 지속될 것이라고 전망하면서, 다음해 설비투자와 임금 동결을 추진하겠다는 의사를 밝혔다. 돌이켜보면 황당한 일이지만 당시에는 누구나 달러당 920원이면 환율이 너무 높다고 믿었다.

같은 신문 「분석과 전망」을 보면 한국은행 허고광 금융경제연구소장은 기업을 향해 "경제의 어려움을 함께 이겨 나간다는 차원에서 달러화에 대한 가수요를 자제해달라고 요청할 계획"임을 밝혔다. 익명의 한은 관계자는 "달러 환율이 930원을 넘지 않도록 강력히 개입할 것이라면서, 싱가포르 등 역외 선물환시장에서 불법 환투기를 하는 기업과 금융기관은 외환관리 규정 위반이 드러나면 명단을 공개하고 강력한 제재조치를 취하는 등 이번에는 절대로 그냥 넘어가지 않겠다"고 엄포를 놓았다. 산업은행과 조흥은행 등 7개 은행장들이 돈을 꾸러 직접 외국으로 떠났다는 보도가 나온 것도 이 날이었다.

한편 외국인 투자가들은 10월 20일 이후 하루 10억에서 50억 원어치의 채권을 팔아치우고 달러를 챙겨 한국 시장을 빠져나가고 있었다. 이날 서울의 달러 시세는 940원에 육박했고, 역외 선물환 시장의 달러값은 6개월짜리가 1,115원, 1년짜리가 1,200원을 기록했다.

10월 28일 세계 증권시장에 또 한 번 대폭락의 파도가 밀어닥쳤고 종합주가지수는 500선이 무너졌다. 서울 외환시장에서 달러값은 단숨에 하루 허용 변동폭인 2.25%가 올라 957원 60전을 기록했고 한국은행은 시장 개입을 포기했다. 무디스와 S&P 등 미국의 신용평가 기관은 우리 나라 금융기관의 신용등급을 또다시 하향조정했다.

그런데 재미있는 것은 달러 환율이 또다시 가격제한폭까지 올라 금융기관의 외환업무가 사실상 마비된 10월 29일을 기점으로, 며칠 전까지만 해도 '위기는 없다'고 호언장담했던 경제관료와 경제전문가들이 갑자기 태도를 바꾸어 '나는 잘 몰라요'를 연발하기 시작했다는 사실이다. 이경

102

식 한은 총재는 적정 환율 수준이 어느 정도이며, 외환보유고가 3백억 달러에 불과한 것은 문제가 아니냐는 기자들에게 다음과 같이 매우 '겸손'하고 '민족주의적'인 대답을 했다.

내가 현재 환율 수준이 적정한지 말할 처지는 못 된다. 나는 시장신봉론자다. 한국은행은 외환시장의 큰손이긴 하지만 환율을 마음대로 결정할 수는 없다. 시장이 결정하도록 할 뿐이다. 외환보유고에 대한 IMF의 견해는 근거 없는 것이다. 영국은 1개월분도 채 못 되는데도 별 문제가 없다. 적정 외환보유고는 그 나라 경제사정에 따라 결정되는 게 맞다. 너무 부족해도 문제가 있지만 지나친 과잉보유고를 유지하는 것은 자원 낭비다.

거짓 예언자는 대한민국의 경제전문가들만이 아니었다. 『매일경제신문』 10월 30일자에는 연세대 경제학과 이두원 교수와 미국 샌디에이고 캘리포니아 주립대학 국제관계대학원 로렌스 클라우스 교수의 대담이 큼지막하게 실렸다. 클라우스 교수는 하바드에서 공부한 경제학 박사로 미국 국무부의 자문위원직을 맡고 있으며 아시아 전문가로 행세하는 인물이다. 그는 한국이 동남아와 비슷한 외환위기에 휘말릴 가능성을 물은 이두원 교수에게 확신에 찬 어조로 말했다.

한국 경제는 동남아보다 훨씬 튼튼하고 건전한 체질을 유지하고 있어서 동남아와 같은 위기를 맞지는 않을 것이다. 한국은 역동적인 수출산업을 가지고 있으며, 미국과 중국 시장을 가까운 거리에 두고 있어서 동남아와는 다르다. 대기업들의 수출잠재력은 여전하며, 현재의 환율과 금융시장의 불안 현상이 진정되고 나면 경쟁력을 회복할 수 있으리라 본다.

11월 들어 환율은 날마다 2.25%의 변동제한폭만큼 올라갔다. 종합주가지수는 500을 넘나들며 큰 폭의 등락을 거듭했다. 그러나 유수한 경제신문과 기업연구소에서는 원화의 평가절하(달러환율 인상)로 인한 수출호조를 근거로 1998년 성장률을 6% 내외로 예상하는 분석 결과를 내놓았다. 11월 12일자 『주간매경』 커버스토리 제목은 「어렵지만 공황까지는 안 간다」였는데, 여기서 내로라하는 기업 경제연구소의 전문가들은 1997년 말과 1998년 상반기의 환율 예상치를 내놓았다. 민병균 장은경제연구소장은 달러당 960원대와 970원대, 박우규 선경경제연구소 부소장은 두 기간 모두 960원대, 이인형 LG경제연구원 금융실장은 958원과 995원, 정기영 삼성금융연구소장은 970원과 920원을 예상했다. 유한수 포스코경영연구소장만이 구체적인 예상치를 제시하지 않은 채 "환율이 1,000원을 넘으면 IMF가 개입할 수밖에 없을 것"이라는 조심스런 태도를 보였다.

며칠 후 마치 점령군의 사령관과 같은 태도로 서울에 '진주'해서 한국의 금융개혁과 경제개혁을 요구한 캉드쉬 IMF 총재도 별로 다르지 않았다. 그는 11월 6일 파리에서 가진 기자회견에서 "한국의 금융상황이 어떻게 전개될지 단정할 수는 없지만 현재로서 동남아와 같은 사태는 없을 것으로 본다"고 말했다. 물론 IMF 총재로서 한국이 외환위기에 휘말릴 것이라고 예측했다손치더라도 그렇게 말할 수는 없는 노릇이었겠지만, 어쨌든 IMF도 문제를 과소평가하거나 지나치게 낙관적이었다는 것만은 분명하다.

부도위기로 숨이 넘어가는 나라에 수백억 달러의 거금을 지원하는 IMF의 총재로서 캉드쉬가 우리 나라 통화정책과 재정정책에 훈수를 두는 것은 이해할 수 있는 일이다. 하지만 마치 무슨 '명의(名醫)'라도 되는 양 행세하는 것은 실로 후안무치한 작태가 아닐 수 없으며, 아무런 이의도 제기하지 않은 채 그에게 정신적, 지적 권위를 헌납하는 일부 언론과 경제관료들의 언행 역시 간도, 쓸개도 없는 짓이라 하지 않을 수 없다.

실제로 사태 전개는 이 모든 '경제전문가'들의 넋을 빼는 방향으로 치달았다. 11월 들면서 금융기관과 기업들은 정부의 규제 때문이 아니라 달러를 빌려주려는 곳이 없어졌기 때문에 해외에서 자금을 들여올 수 없게 되었다. 한국은행은 외환보유고가 바닥으로 내려가 더이상 환율 안정을 위한 시장 개입을 할 수 없었다. 종합금융사 등 금융기관이 해외에서 끌어다 쓴 단기차입금의 상환만기는 어김없이 돌아오는데, 돈을 빌려쓴 기업들이 갚을 능력이 없었기 때문에, 특단의 조치가 없는 한 대외채무 상환능력 부족으로 인한 국가부도 사태는 불가피한 사태로 다가왔다.

11월 17일 프랑스 경제전문지 『제코』가 처음으로 "IMF가 한국에 400억 달러 이상의 구제금융을 지원해야 할 것"이라고 보도했다. 하지만 국내 언론은 이를 작은 단신기사로 처리해버렸다. 이날 달러 환율은 1,000원을 돌파했고 다음날 정부는 하루 환율변동폭의 제한을 2.25%에서 10%로 완화했다. 11월 18일 정부종합청사에서 열린 국무회의에서 강경식 경제부총리가 한 이야기를 보면, 그는 아직도 사태의 본질을 깨닫지 못하고 있었다.

우리 경제의 기초는 아직 튼튼한 편이다. 성장률이나 물가, 국제수지 등 지표가 모범적이다. 한보사태 이후 잘 견뎌내 온 것도 하나의 증거다. 이번 위기는 태국, 홍콩의 환위기가 국내에 유입되는 이른바 '외풍(外風)' 때문에 비롯되었다. 여기에 심리적 불안이 겹쳐 시장이 교란된 것이 또 하나의 원인이다. 그렇다고 우리 나라가 멕시코나 필리핀처럼 되지는 않을 것이다.

외풍 타령을 늘어놓은 강경식 씨는 그 직후 부총리직을 물러났고 임창열 씨가 그 후임자로 임명되었다. 그런데 임 부총리도 상황을 제대로 이

"IMF 도움없이 위기 해결가능"

금융시장 안정대책

국채발행·외국 중앙은행간 협조융자 검토
신뢰할만한 정책 내놓으면 여건 좋아질 것

林부총리 회견

IMF 극복의 해결사를 자처했던 임창렬 부총리는 IMF의 지원을 코앞에 둔 시점에서도 "IMF 도움 없이 위기 해결이 가능하다"고 주장할 정도로 상황 파악을 하지 못하고 있었다. (『조선일보』, 1997년 11월 20일)

해하지 못하기로는 전임자와 다를 바가 없었다. 그는 취임 직후, 적정 환율 수준을 묻는 기자들에게 이렇게 큰소리를 쳤다.

정책당국이 적정 환율을 발표하는 게 아니다. 그러나 현재 환율 수준에서 모든 산업이 충분한 국제경쟁력을 가지고 있다. 그래도 환율이 오를 것으로 기대하고 투기할 사람은 자기 위험부담 아래 투기해보라.

임창렬 씨의 말을 불신해서인지, 투기해보라는 그의 '격려'를 수용한 탓인지는 모르지만, 다음날인 11월 20일 서울 외환시장의 달러 시세는 가볍게 1,100원을 돌파했다. 그러자 정부가 IMF에 지원을 요청할 것을 검토 중이라는 소문이 흘러나왔고 환율은 잠시 안정세를 찾았다. 하지만 종합주가지수는 10년 내 최저수준인 430선으로 곤두박질쳤다. 대한, 삼양 등 8개 종합금융회사의 외환업무를 정지시키는 재경원의 방침이 알려지면서 사태는 더욱 악화되었다. 게다가 무디스 사가 한국의 외환장기 신용등급을 한꺼번에 두 단계 낮추자, 12월 초에는 종합주가지수 400선이 무너지고 달러 환율은 1,200원대로 성큼 올라섰다. 임창열 씨의 경고를 무시하고 달러 투기를 한 사람들은 불과 열흘 동안에 한 재산 장만할 수 있었다.

그런데도 경제전문가들은 여느 때처럼 '희망사항'을 그럴듯한 전문용어로 포장해서 내놓는 일에만 매달렸다. 구제금융 지원을 둘러싼 IMF와 한국 정부의 합의 타결이 임박했음을 강조하면서, '환율 진정, 증시 바닥권 접근'이라는 식의 분석과 상황 호전을 예측하는 보도가 주조를 이루었는데, 대표적인 것으로 한누리투자증권 김석기 사장이 11월 27일 한 언론과의 인터뷰에서 한 발언을 들 수 있다.

IMF 구제금융지원 조건 발표를 계기로 경제의 불확실성이 제거되면 외국인 매수세가 본격 유입될 것이다. 이때부터 증시도 본격적인 오름세에 접어들 수 있을 것으로 낙관한다. IMF 구제금융 조건에 따라 차이는 있겠지만 연말까지는 주가가 현수준에서 20% 정도는 반등할 수 있을 것으로 기대한다.

1997년 12월 3일 정부와 IMF는 구제금융 조건에 합의했다. 하지만 경제전문가들의 '과학적이고 전문적인 예측'이 무색하게도 경제의 불확실성은 더욱 증폭되었고, 국제 신용평가 기관들은 한국의 국가신용도와 기업신용도를 더욱 낮추었으며, 12월 23일 달러 환율은 일시적으로 2,000천 원을 돌파했다. 주가는 큰 폭으로 요동치면서 약간의 상승세를 그렸다. 하지만 1998년에 접어들면서 외환위기는 극심한 자금 부족으로 이어져 기업의 무더기 도산과 대량해고를 불러왔고, 이것은 다시 내수시장의 수요감축으로 이어지면서 한국 경제는 단순한 외환위기가 아닌 실물공황의 어두운 터널에 들어섰다.

뒤에서 다시 따져보게 되겠지만, '강력하고 엄격한 긴축정책과 금융시장의 개혁, 개방'으로 요약되는 IMF의 처방이 사태를 더욱 악화시킬 것이라는 지적은 정부와 IMF가 공식 합의를 도출하기도 전인 11월 하순에 이미 여기저기서 제기되었다. 미국 MIT대학의 앨리스 암스덴 교수와 고려대 어윤대 교수는 11월 27일 『뉴욕타임스』에 공동 기고한 글에서 한국 외환위기의 원인을 1996년 OECD(경제협력개발기구)에 가입하면서 실시한 금융분야 규제 철폐에서 찾았다. 대책 없이 외환시장을 개방함으로써 외국 금융기관의 원환투기를 가능하게 해준 것이 문제였다는 것이다. 원인을 이렇게 진단했기 때문에 두 사람은 위기 해결을 위한 처방으로 금융개방이 아니라 개혁을 제시했다. 『파이낸셜 타임스』도 같은 날 비슷한 취지의 칼럼을 실어 IMF의 처방이 오히려 역효과를 낼 수 있다고 경고했다.

엉터리 경제학자들은 정리해고되었나?

그러면 1997년 내내 엉터리 분석과 헛다리 짚는 예측만 남발했던 '경제전문가'들은 다 어떻게 되었을까? 어느 재벌 경제연구소의 소장은 '대한민국의 경제학자들은 모두 정리해고감'이라고 자성의 목소리를 냈지만, 그 사람을 포함해서 어떤 경제학자도 환란을 예측하지 못했다는 이유로 사표를 내거나 정리해고를 당한 일이 없다.

그리고 그들은 'IMF 시대'에도 여전히 절대적인 권위를 행사하고 있다. 경제위기 극복 방안을 다루는 텔레비전 토론에 나와서 국민들의 '정신나간 과소비'를 질책하고, 개혁을 시원시원하게 해치우지 못하는 김대중 정부를 힐난했으며, 스스로 저지른 '돌팔이 의료행위'에 대해서는 한마디 사과도 하지 않은 채 "우리 국민은 IMF를 극복할 수 있는 저력을 가지고 있다"는 등 '형이상학적인 큰소리'를 쳤다. 이런 '거짓 선지자'와 '돌팔이 전문가'들의 호언장담을 도대체 언제까지 들어야 하나? 아마도 앞으로도 영원히 들어야 할 것 같다.

달러 환율이 1,300원대에서 안정세를 보이기 시작한 1998년 4월 하순에 한국개발연구원(KDI)은 경제위기 극복 방안과 아울러 중장기 경제전망을 발표했다. 우리 역사 최초의 여야간 수평적 정권교체가 이루어진 결과 큰 변화를 맞은 KDI가 '국민의 정부의 국책연구소'로서 내놓은 첫 보고서였다. 진보적 소장 경제학자인 숭실대 이진순 교수가 원장을 맡고, 동시에 원로급에 속하는 서울대 경제학부 안병직 교수가 이사장에 취임한 KDI는 이 보고서에서 금융개혁과 부실기업 처리, 실업문제와 빈곤층 대책을 위한 재원확보 방안 등과 함께 향후 5년 간의 경제전망을 제시했다. '금융과 기업의 구조조정을 순조롭게 한다'는 전제 위에서 내다본 한국 경제의 앞날은 다음과 같았다.

　　1998년 한국경제는 −1% 성장과 6%의 실업률, 250억 달러 정도의 경상수지 흑자와 9% 안팎의 물가인상률을 기록하게 될 것이다. 1999년에는 경제가 약 3% 성장하지만 실업률은 더욱 높아져 7%가 될 것이다. 경상수지 흑자는 1999년 이후 '적정한 수준으로 축소'될 것이며 물가인상률도 3~4%로 내려갈 것이다.
　　2000년 이후에는 성장률이 5%를 넘어가게 되고 실업문제가 다소 완화되어 실업률이 6% 미만으로 유지될 것이다. 달러 환율은 2000년 이후 1,100원에서 1,200원 사이에서 안정될 것이다.

예전에 비하면 매우 조심스러워진 전망이다. 그리고 이것이 원장과 이사장이 바뀐 후 KDI가 달라진 면이라고 할 수는 있겠다. 하지만 불과 반 년 전인 1997년 7월에 엉터리 경제전망을 내놓은 '돌팔이 연구소'가 원장과 이사장이 바뀌었다고 해서 갑자기 '똑똑한 연구소'가 될 수는 없는 노릇이다. 그런 만큼 이 경제전망이 그대로 들어맞을 확률은 매우 빈약했다. 그 이후 진행된 사태를 보면 1998년도 한국 경제는 KDI의 예상보다 훨씬 심각한 위기를 겪었고, 1999년도 예상치인 3%의 두 배가 넘는 '폭발적인' 성장세를 기록했다. 경제전문가들의 예언이 더 나쁜 쪽으로 빗나갈 확률과 더 좋은 쪽으로 빗나갈 확률은 언제나 반반이다.

'진보적 시사종합지' 월간 『말』 1998년 1월호에는 「경제학자 5인이 선정한 경제파탄 주범 10인」이라는 기사가 실렸다. 여기서 대통령 자문 정책기획위원장인 성균관대 김태동 교수를 비롯한 다섯 사람의 경제학자가 낸 의견을 종합하면, 외환대란과 경제파탄의 책임자는 김영삼 전임 대통령, 강경식, 홍재형 등 전임 경제부총리, 김인호, 한이헌, 박재윤, 이석채 등 전임 경제수석, 그리고 이경식 당시 한국은행 총재 등이다.

그런데 김영삼 씨에 대한 여론과 김대중 정부 실세의 태도는 '남의 머리를 빌릴 머리'조차 없었던 옛 '문민황제'에 대해서는 법률적, 행정적 책임을 묻기 어렵다는 견해가 지배적이었다. 그래서 나온 말이 '무지무죄(無知無罪)'다. 김영삼 씨로서야 청문회에 불려나가거나 재판에 회부되는 비극을 피할 수 있어서 개인적으로는 '불행 중 다행'이었다.

대구·경북 지역 등에서는 그래도 책임을 물어야 한다고 핏대를 올리는 사람이 많았는데, 이런 사람들은 과연 이것이 공평한 처사인지 자문해봐야 한다. 대통령의 '무지무죄'는 너무 무식해서 잘못에 대한 책임을 추궁할 수조차 없는 인물을 대통령으로 뽑은 우리 국민의 '무지무죄'가 낳은 비극이며, 그 점에 대해서는 김영삼 씨에게 몰표를 준 영남 유권자들의 잘못이 특별히 크지 않은가?

직무유기 혐의로 구속 기소된 환란 당시의 경제부총리 강경식 씨와 청와대 경제수석 김인호 씨는 정책 오류를 사법적 징벌의 대상으로 삼을 수 없다는 법원의 판단에 따라 무죄 선고를 받았다. 원래 좋은 일에는 공 다

틈이 많은 법이고, 나쁜 일에는 어떻게든 속죄양을 찾는 것이 세상 인심이다. 무능한 전직 관료를 옹호할 생각은 없지만 이 두 사람이 함께 죄를 지은 사람들이 '면피용'으로 골라낸 '속죄양'이었다는 견해는 나 혼자만의 것이 아니다. 지식인의 위선과 이중성을 폭로하는 작업을 업으로 삼는 '성역 파괴자' 강준만 교수는 이미 이들을 경제파탄의 주범으로 지목한 경제학 교수들을 향해 무능과 직무유기에 대해서 국민들에게 집단적으로 사죄하라고 일갈한 바 있다. 국책연구소와 재벌연구소의 경제전문가, 언론기관의 경제전문 기자들 역시 1997년에 낸 경제전망 보고서와 분석기사를 다시 읽어보면서 "내 탓이요", 가슴을 치고 회개해야 마땅할 것이다.

U.S.A 경제학의 한계

동아시아 경제 성장의 지체를 '예언'했던 미국의 경제학자 폴 크루그먼은 경제학을 '원시적인 학문'으로 규정하면서도 극단적인 경기침체에 대해서는 '어느 정도 유용한 충고를 해줄 수 있다'고 했다. 그렇다면 여기서는 그 '유용한 충고'가 과연 무엇이며, 우리 정부가 지난 2년 동안 'IMF 위기'를 이겨내기 위해서 실시한 여러 정책이 이 '유용한 충고'에 비추어 과연 현명한 것이었는지 따져보기로 하자. 복잡한 경제이론을 가지고 독자들을 골치 아프게 만들 생각은 전혀 없다. 하지만 이 문제에서만큼은 이론이라는 것을 완전히 피해갈 수는 없기 때문에 다소 복잡한 점이 있더라도 독자들께서 이해해주시기를 미리 당부드린다.

1970년대 미국 워싱턴에서 젊은 전문직 맞벌이 부부들이 서로 남의 아이를 돌보아주는 탁아조합을 만들었다. 이 탁아조합의 운영원리는 간단했다. 아이를 1시간 맡기면 쿠폰 한 장을 내고, 남의 아이를 1시간 맡으면 쿠폰 한 장을 받는다. 탁아 서비스 1시간의 가격이 쿠폰 한 장이라는 말이다. 처음에 이 탁아조합은 제대로 돌아가지 않았는데, 그것은 유통되는 쿠폰의 양이 너무 적었기 때문이었다.

조합원들은 갑자기 외출을 해야 할지도 모르고, 또 남들이 언제 아이를 맡길지 정확한 예측을 하기 어렵기 때문에, 시간이 날 때 남의 아이를 맡아서 쿠폰을 몇 장 비축해두려고 했다. 그런데 문제는 쿠폰을 구하기가 무척 어려웠다는 사실이다. 누군가 아이를 맡겨야 다른 조합원이 쿠폰을 확보할 수 있다. 조합원들은 모두가 신중한 태도로 외출을 자제하면서 남의 아이를 맡을 기회를 노렸고, 그래서 모두가 쿠폰을 구하는 데 어려움을 겪었다. 조합원 개개인의 합리적이고 신중한 선택은 결국 누구나 영화관이나 오페라에 가고 싶었지만 모두가 우울한 심정으로 밤마다 자기 아이를 돌보아야 하는 '비극'으로 귀결되었다.

문제의 원인을 인식한 탁아조합은 모든 조합원이 한 달에 두 번 이상 아이를 맡겨야 한다는 강제규정을 도입했다. 시간이 흐르면서 조합원들 사이에 오가는 쿠폰의 유통량이 점차 늘어났다. 쿠폰 구하기가 수월해지자 조합원들은 별 걱정 없이 외출을 할 수 있게 되었다. 외출하는 부부가 많아질수록 쿠폰 구하기는 더욱 쉬워졌고, 자유로운 저녁 외출 덕분에 맞벌이 부부들은 더욱 풍요로운 문화생활을 누리게 되었다. 하지만 아무도 쿠폰을 비축하려 하지 않게 되자 자기 아이를 맡기려는 사람에 비해서 남의 아이를 맡으려는 사람이 부족한 정반대의 사태가 벌어졌다.

이 이야기는 스위니라는 경제학자가 미국 『금융회보』에 발표한 논문에 들어 있다. 쿠폰 유통량이 부족한 전반부 상황은 탁아 서비스의 공급이 수요를 현저히 초과함으로써 발생한 '극단적 경기침체'다. 만약 탁아 서비스 1시간의 가격이 쿠폰 반 장이나 그 아래로 내려갔다면 문제가 저절로 해결되었을 수도 있다. 이른바 '실물경제와 화폐경제의 분리'를 주장했던 고전파 경제학자들은 그렇게 될 것으로 믿었다. 하지만 가격이 짧은 기간에 수요와 공급의 균형을 가져올 정도로 신속하게 움직이지 않으면 물가의 하락과 더불어 공급과잉이 계속되는 디플레이션은 피할 수 없다. 이 사태에 대한 가장 간단한 해결책은 탁아조합이 의무외출 규정을 도입한 것처럼 인위적으로 수요를 창출하는 것이다.

후반부 상황은 쿠폰 유통량의 과다로 인해 수요가 공급을 초과하는 호황이다. 공급부족이 해소되려면 탁아 서비스 1시간의 가격이 예컨대 두 배 또는 그 이상으로 올라야 한다. 그렇게 되면 인플레이션 국면에 들어간다. 만약 가격이 충분히 신속하게 오르지 않는다면 공급부족 사태는 인플레이션과 더불어 장기간 지속된다. 탁아조합이 개입해서 문제를 해결하려면 쿠폰 유통량을 인위적으로 감축하는 조처를 취해야 한다. 이것은 어디까지나 조그만 탁아조합에서 탁아 서비스라는 하나의 '상품'을 둘러싸고 생긴 일이지만, 국민경제 전체도 이런 상황에 빠지곤 한다. 그래서 폴 크루그먼은 이 이야기를 두고, "경기 변동에 대한 연구 내용은 복잡하기 짝이 없지만 사태의 핵심을 이해하는 것은 어린아이 장난처럼 쉬울 수 있다"고 논평했다.

그러면 워싱턴의 탁아조합 운영과 우리 나라 경제위기 사이에 도대체 무슨 관계가 있을까? 한쪽은 단순하고 다른 한쪽은 복잡하지만 사태의 본질은 별로 다르지 않다. 한국의 경제위기는 외환위기에서 시작되었다. 하지만 그 위기의 주범으로 헤지펀드 등 국제 금융시장의 투기꾼들을 지목하고 비난하는 것은 의미가 없다. 국제 금융투기는 어제 오늘의 일이 아니다. 그들은 오직 돈벌이만을 목적으로 움직이는 이윤사냥꾼일 뿐이며, 특별히 한국을 찍어서 괴롭힐 이유는 없다. 문제는 한국 경제와 정부에 있었다.

환율결정의 기본 원리

여기서 외환위기를 이해하는 데 필수적인 환율결정 이론을 몇 가지 소개해야 할 것 같다. 이 이론은 매우 복잡한 것 같지만 알고보면 사실 별로 어렵지도 않다.

첫째, 물가인상률이 높은 나라의 화폐는 그렇지 않은 나라의 화폐에 비해 값이 떨어지게 되어 있다. 이건 따로 설명이 필요 없으리라 본다. 둘째, 경상수지 적자를 보는 나라의 화폐는 값이 떨어지게 되어 있다. 자본수출입이 없고, 국제결제는 달러로만 이루어지며, 모든 한국인이 수출로 벌어들인 외화를 원화로 바꾸어 보유한다고 가정할 경우, 서울 외환시장의 달러 공급량은 상품과 서비스의 수출액과 일치한다. 달러 수요량은 상품과 서비스의 수입액과 일치한다.

상품과 서비스의 수입액이 수출액보다 많다는 것, 즉 경상수지 적자는 달러 수요가 공급보다 많다는 것을 의미한다. 한국의 물가인상률은 1990년대 내내 미국과 유럽의 선진국보다 3~5% 정도나 높았고, 1990년대의 경상수지 적자 누계는 500억 달러를 넘었다. 특히 1996년의 경상수지 적자는 무려 230억 달러나 되었다. 이 두 가지 환율결정 이론에 따르면 원화의 평가절하(달러 환율 인상)는 불가피한 일이었다.

하지만 실제 환율 변화를 보면 달러의 연평균 환율은 1991년도에 760원대였고, 1995년에는 774원, 그리고 1996년에는 800원 수준에 머물렀다. 미국도 1천억 달러 이상의 경상수지 적자를 낸 나라인 만큼 비교대상으로서 적절치 않다는 지적을 할지도 모르겠지만, 미국은 어느 정도까지는 경상수지 적자를 내도 달러의 대외가치가 떨어지지 않는 예외적인 나라다. 왜 그런지 설명하려면 이른바 국제 금융시장의 '시뇨리지(seignorage)' 문제를 다루어야 하는데, 너무 복잡한 곁가지를 칠 것 같아서 뒤로 미루고, 여기서는 다른 나라 화폐의 환율 변동을 참고로 살펴보자.

연간 700억 달러 이상의 경상수지 흑자를 내는 독일의 마르크 환율은 1991년도에 500원 수준이었고 1993년에는 460원대로 떨어졌으며, 1996년에도 530원선을 유지했다. 해마다 1천억 달러의 경상수지 흑자를 내는 일본의 엔화 환율은 국제적으로 초강세를 보였지만 1991년도에 100엔당 607원이었고 1994년에 750원까지 폭등했다가, 그후 1996년까지는 730원 수준을 유지했다. 전체적으로 보면 원화의 대외 가치는 1990년대에 들어 완만하게 하락했는데, 물가인상률의 격차와 경상수지 적자의 규모에 비하면 이런 정도의 환율 인상은 너무나 미미한 수준이었던 것이다.

이것은 높은 물가인상률이나 경상수지 적자의 누적 말고도 환율에 영향을 미치는 다른 요인이 있다는 것을 의미한다. 특히 이 두 요인은 하루에 달러 환율이 10% 이상 오른 1997년 12월 서울 외환시장의 단기적인 움직임을 설명하는 데는 별로 쓸모가 없다. 환율의 단기적인 변동에 가장 직접적인 영향을 미치는 것은 자본 수입업자(달러를 꾸어오는 기업과 금융기관)와 외국 투자가들이 하는 자본 거래라고 할 수 있다. 자본 거래는 국제적 거래 가운데서 가장 복잡하고 난해한 현상이지만, 자본 거래가 환율에 미치는 영향은 명확하다. 자본 수입은 달러의 공급 증가를 의미하며, 해외투자와 같은 자본 수출은 달러의 수요 증가를 의미한다.

앞에서 말한 바와 같이 경상수지 적자가 나면 달러 수요가 공급을 초과한다. 환율이 제자리를 유지하려면 경상수지 적자만큼의 자본수지 흑자가 나야만 한다. 만약 자본수지 흑자가 경상수지 적자보다 클 경우 경상수지 적자가 나는데도 환율이 오히려 떨어질 수도 있다. 반면 자본수지 흑자를 낼 수 없는 상황이 오면, 다시 말해서 정부와 은행, 기업들이 더이상 외국에서 빚을 끌어올 수 없게 되고, 외국 투자가들이 한국에 대한 투자를 중단하고 이미 투자한 돈을 회수해나간다면, 환율의 급격한 인상은 막을 수 없다.

환율 인상을 막으려면 정부가 외환시장에 개입해서 중앙은행이 보유한 달러를 팔아치움으로써 달러 공급을 늘려야 한다. 달러 공급부족이 일시적인 현상이라면, 다시 말해서 경상수지 적자를 단기간에 해소하고 흑자로 전환시켜낼 수 있다면 정부의 개입은 효과를 낼 수 있다. 그러나 만성적인 경상수지 적자를 내고 있는 상태에서 정부의 개입은 한계가 있다. 한국은행이 보유한 외환을 다 팔아치우고 나면 정부가 개입할 수단이 아무것도 남지 않기 때문이다. 만약 해외에서 달러를 수입(=차입)한 기업들이 채무를 변제할 능력이 없을 경우 그 국민경제 전체는 부도위기에 직면하며, 이렇게 해서 이른바 국제 신인도를 잃어버린 나라는 아무리 높은 금리를 제시하는 경우에도 해외에서 달러를 끌어올 수 없게 된다.

누적적 경기 악화

여기까지는 국제적 분업체제에 깊숙하게 통합된 한 국민경제가 환율의 급격한 변동과 금융위기를 겪을 수 있음을 알려주는 전통적인 설명 방법이며, 1997년 겨울 한국을 집어삼킨 외환위기는 정확하게 이 시나리오에 따라서 일어났다. 초보적인 수준의 화폐이론이나 국제무역론을 공부한 경제학도라면 누구나 마땅히 알고 있어야 하고 또 알고 있는 이론이다. 경제학자와 경제전문가를 도매금으로 무식하고 무능하다고 몰아치는 것은 옳지 않다. 그들은 이론적인 수준에서 만성적으로 경상수지 적자를 내는 한국 경제가 외환위기에 빠질 수 있다는 것을 잘 알고 있었다. 문제는 어떤 시점에서, 무엇을 계기로 그 잠재적 가능성이 현실적 위기로 전환될 것인지 예측하기가 매우 어렵다는 데 있다.

이 설명모델에 따르면 외환위기의 계기는 우리 나라 금융기관과 기업에 꾸어준 돈을 회수할 수 없을 지도 모른다는 국제 투자가들의 불안심리 확산이다. 이 불안심리를 실제적 위기로 전환시킨 징검다리는 대기업의 무분별한 해외차입이며, 일단 금융경색이 오면 빚을 갚을 능력이 없을 정도로 부실한 재벌기업의 재무구조가 그 바닥에 놓여 있다. 경상수지 적자로 인한 외화부족을 자본수입으로 막는 데는 한계가 있다는 자명한 사실을 외면한 채 대책 없이 자본거래의 자유화를 허용한 정부의 무능과 정책 실패도 한몫을 거들었다.

한국은행의 외환보유고가 바닥나서 외환시장 개입이 불가능하다는 사실이 드러난 이후 벌어진 사태는 워싱턴 탁아조합에서 일어난 사태의 전반부와 근본적으로 같다. 모두가 제 한 몸 환란의 소용돌이에서 빠져나가려고 노력했지만, 바로 그런 노력 때문에 사태는 악화일로를 걸은 것이다. 서울 외환시장의 하루 최대 환율 변동폭은 2.25%에서 10%로 완화되었고, 뒤이어 완전한 변동환율제가 실시되면서 환율은 천정부지로 치솟았다. 누구나 환율 인상을 예측했기 때문에 아무도 달러를 내놓지 않았다. 아다시피 서울 외환시장의 가장 중요한 달러 공급자는 수출업자, 다시 말해서 재벌이다. 그들은 종합상사라는 수출창구를 보유하고 있는 초대형 수출업자로서 우리 나라 총수출의 절반이 그들의 손을 통해 이루어진다.

수출업자인 재벌은 이런저런 이유를 들어 수출대금의 국내 반입을 늦추었다. 그들은 또 초대형 수입업자여서 달러의 값이 더 오르기 전에 물량을 확보하려는 목적으로 달러 가수요를 폭발시켰다. 1997년 12월 환율이 일시적으로 달러당 2,000원을 돌파한 것은 이런 사정 때문이었다. 여기에 IMF의 통화긴축 요구는 불난 집에 기름을 끼얹는 효과를 냈다. 이른바 자기자본 비율 8%를 채우기 위해서 금융기관들이 대출을 중단하고 빌려준 돈을 회수하자 외환위기는 곧바로 시중의 돈 가뭄으로 연결되어 현금동원 능력이 부족한 기업의 도산이 시작되었다.

이런 상황에 대한 기업과 가계의 합리적 대응은 '화폐 축장(蓄藏)'이었다. 거래업체의 부도가 속출하는 가운데 기업은 만약의 사태에 대비해 높은 '유동성(流動性)', 즉 현금 또는 단기간에 큰 손실 없이 현금화할 수 있는 금융자산을 비축하면서 신규투자를 동결했다. 가계는 가계대로 실업과 소득 감소의 위협에 대비해 소비지출을 감축했다. 1998년 말의 통계를 보면 우리 나라 기업의 투자지출은 1997년도에 비해 절반 이하로 떨어졌고 가계도 소비지출을 20%나 줄여버렸다. 개별 기업과 가계의 입장에서 보면 이것은 신중하고 합리적인 행동이다.

그러나 기업의 투자 지출 감소는 생산용 기계와 설비 등 생산재를 만드는 기업의 매출 감소를 의미하며, 가계의 소비지출 감소는 자동차 회사와 가전회사, 음식점과 미장원 등 소비재 생산 기업의 매출 감소를 의미한다. 모든 기업의 매출이 감소하면 모든 사람의 소득이 감소한다. 소득이 감소하면 가계와 기업의 지출은 더욱 줄어든다. 이것이 바로 하향나선형으로 진행되는 '누적적 경기악화(cumulative contraction)' 다.

누가 케인스를 죽였나

경제학의 세계에서 이런 현상을 제대로 관찰하고 사회적 총수요의 부족으로 전반적 과잉생산 공황이 일어날 수 있다고 경고한 최초의 인물은 모든 형태의 빈민구제 정책을 비난한 영국인 맬서스였다. 그러나 세계 대공황을 배경으로 등장해 이런 현상의 원인을 이론적으로 정식화하고 해결책을 제시한 케인스가 '인구학자 맬서스'를 '경제학자 맬서스'로 복권시킨 1930년대까지, 그의 공황이론은 시장이 자동적으로 균형을 이룬다고 믿은 신고전파 경제학자들 사이에서 조소와 멸시의 대상으로 남아 있어야 했다.

맬서스는 '모든 제조업자와 상인들이 동시에 장사가 안 된다고 불평하는 상황'을 방지하기 위해서는 '아무것도 생산하지 않지만 소비하는 데는 특별한 능력을 가진 지주계급'의 노력이 필요하다고 강조하면서, 지주들에게 정원을 가꾸고 집안을 꾸미고 잔치를 벌이는 일에 더 많은 돈을 쓰라고 권유했다. 반면 케인스는 우선 정부가 '돈을 땅에 파묻은 다음 민간이 파서 쓰게 하고', 그래도 안 되는 경우에는 정부가 직접 나서서 투자와 소비를 하라고 충고했다. 일차적으로는 화폐량을 증가시키는 통화정책을 써서 투자와 소비를 활성화하고, 경기전망이 너무 나빠서 아무리 돈을 풀어도 기업과 가계가 투자와 소비를 하는 대신 화폐를 축장하기만 하는 상황, 다시 말해서 이른바 '유동성 함정'에 빠진 경우에는 돈만 풀어서는 효과가 없으니 정부가 직접 나서서 그 돈을 쓰라는 것이었다.

몇 년 전 우리 나라에서 번역 출판된 경제교양서 가운데 『누가 케인스를 죽였나』라는 책이 있다. 케인스 암살범 이야기가 아니다. 케인스는 암살당하기는커녕 고급 포도주와 발레 애호가로서 러시아 국립발레단의 스타와 결혼해서 평생 호의호식하면서 천수를 누린 인물이다. 이런 선정적인 제목을 쓴 것은, 밀턴 프리드먼 유의 극단적 자유주의자와 이른바 '공급중시 경제학'이 미국 경제학계를 휩쓴 1980년대 이후 재정 금융정책으로 총수요를 조절함으로써 경기 변동에 대처하자는 케인스주의자들의 주장은 폐품 취급을 받았기 때문이다.

케인스주의적 거시 조절정책에 '타임 래그(time lag)'와 선거용 선심정책으로 인한 '정치적 경기 변동', 정부 개입의 적정 강도 등과 관련된 여러 가지 난점이 있다는 것은 분명하다. 그러나 경기 순환을 정부가 마음대로 통제할 수 있다는 터무니없는 환상을 갖지만 않는다면, '극단적인 경기침체'에 관한 케인스의 충고는 그의 이론을 격렬하게 비판한 경제학자들의 어떤 주장보다도 유용하며, 또 앞으로도 오래도록 살아남을 것이다.

그러면 이 '유용한 충고'에 비추어볼 때 'IMF 사태' 이후 우리 정부가 택한 위기극복 정책을 어떻게 평가할 수 있을까? 혼돈을 피하기 위해서 정부의 대응책을 이번 경제위기 극복과 관련된 단기정책과 이 위기가 끝난 이후에도 지속적으로 밀고나가야 할 장기적이고 근본적인 정책으로 나누어볼 필요가 있을 것이다. 금융기관 개혁, 부채비율 감축과 상호지급

보증 해소 등 기업 재무구조 개선, 재벌그룹의 결합재무재표 공개 등 경영 투명성 제고, 계열사간 부당 내부거래와 담합행위 근절 등 공정거래법의 엄격한 적용을 통한 경쟁질서 확립, 민영화를 비롯한 공공부문의 개혁 등은 우리 국민경제가 시장의 효율성을 살리면서 건전하게 발전하는 데 항상적으로 필요한 조건을 만들기 위한 것이다. 이런 정책은 실업보험 등 이른바 '사회안정망'의 확충과 더불어 우리 사회가 IMF 위기가 끝난 후에도, 경기 변동과 무관하게 계속해서 밀고나가야 한다.

　문제는 급한 불을 끄기 위해 쓴 단기성 정책이다. 우선 외국인 직접투자 유치 정책은 불가피한 선택으로 볼 수 있다. IMF나 국제투자은행에서 꾸어오는 돈은 언젠가는 상환만기가 돌아오기 때문에 거기에만 의존하다가는 또다시 채무이행 불능상태에 빠질 수가 있다. 재벌의 사업 맞교환(빅딜) 추진정책은 단기적으로 아무 효과도 없다. 이것을 'IMF 극복을 위한 구조조정'의 핵심처럼 다루는 것은 '어처구니없는 소동'에 불과하다. 부실기업과 다른 부실기업을 합친다고 해서 국제경쟁력이 높아지거나 일자리가 생길 리 없다.

　실업자에 대한 정부의 통계가 지극히 부실하긴 하지만 우리가 지금 대량실업의 고통을 겪었고 지금도 겪고 있다는 사실만은 분명하다. 그런데 이 문제를 노동부더러 해결하라고 하는 것은 '넌센스'에 가깝다. 노동부가 내놓았던 '실업 종합대책'은 전혀 '종합적인' 대책이 아니었다. 실업자 재교육은 어떤 산업은 망하고 다른 산업은 잘되는데 망하는 산업의 노동자가 성장하는 산업이 요구하는 지식과 기술을 가지고 있지 못해서 한편에는 빈자리가 있고 다른 한편에는 실업자가 있을 때나 효과가 있는 정책이다. 취업 알선 활성화도 마찬가지다. 이와 같은 '구조적 실업'에 대한 대책이 해로울 리는 없다. 하지만 지극히 불투명한 경기전망과 고용전망 때문에 기업과 가계가 투자와 소비지출을 대폭 감축한 탓에 모든 산업 분야에서 실업자가 쏟아지는 이른바 '경기적 실업'에 대해서는 사실상 아무 효과도 없다.

자동차 구입 대금을 저리로 제공하는 등의 소비자금융 확대정책에 이르러서는 할 말을 잃게 된다. 소비자들이 자동차를 비롯한 내구성 소비재 구입을 꺼린 것은 미래 소득의 불확실성 때문이지 은행 금리가 너무 높아서가 아니었다. 이것 역시 해롭지야 않겠지만, 이런 것을 대책다운 대책이라고 할 수는 없다. 게다가 언론이 '과소비'를 규탄하는 캠페인을 계속한 상황에서 이런 정책이 무슨 효과가 있었겠는가? 문제를 뒤늦게 깨달은 언론이 '똑똑한 소비'를 강조하는 쪽으로 태도를 바꾸기는 했지만, 도대체 '과소비'와 '똑똑한 소비'를 누가 무슨 기준으로 구분할 수 있다는 말인지 모르겠다.

정부는 가계의 소비 의사결정에 시시콜콜 개입하려는 쓸데없는 일을 그만두고 내수시장의 거대 경제주체답게 '큰손 노릇'을 제대로 해야 한다. 투자수요는 기업의 의사결정에 달려 있기 때문에 정부가 직접 통제할 수 없다. 정상적인 상황이라면 통화량을 확대하고 이자율을 낮추어 투자수요를 진작할 수는 있지만, 경기전망이 지극히 어두운 현시점에서는 돈을 풀어도 단기간에 민간기업의 투자수요를 확대하기 어렵다. 가계의 소비를 촉진하는 것도 나쁘지는 않지만 그보다는 정부가 대대적인 인프라 투자를 하는 편이 낫다.

도로와 비행장과 건물 등 물질적 인프라에 투자하든, 아니면 학교와 대학과 연구소 등의 지적(知的) 인프라에 투자를 하든 단기적인 총수요 진작 효과에는 별 차이가 없다. 'IMF 이후'에도 더 잘 살아야 하니까, 자원이 없어져버리는 가계의 소비보다는 장기적으로 우리 경제의 생산능력과 경쟁력을 높이는 공공투자로 내수를 진작하는 편이 현명하다는 말이다.

Made in U.S.A 경제학

정부 경제부처의 책임자들은 이미 60여 년 전에 나온, 그리고 히틀러와 루스벨트가 각기 다른 방식으로 그 '유용성'을 입증한 바 있는 '충고'를 별로 귀담아 듣는 것 같지 않다. 왜일까?

첫째, 정부 당국의 '높으신 분'들 가운데는 소위 '구성의 오류(fallacy of composition)'를 인식하지 못하는 분이 적지 않다. 이 분들은 1990년 봄 상암동 월드컵축구 전용구장 건설 백지화 논란 당시 "나라 경제도 어려운데 그렇게 많은 돈을 들여서 축구장을 지어야 하느냐"고 주장했다. 가계가 허리띠를 졸라매고 기업이 대량 감원을 하는 판에 정부가 돈을 헤프게 써서야 되겠느냐는 아름다운 말씀이다. 기업과 가계가 그렇게 하는 것이 어려운 시련기를 견디고 살아남으려는 합리적 행동임은 더 말할 나위도 없다.

하지만 정부가 그것을 흉내내면 그렇지 않아도 숨이 넘어가는 기업과 가계의 목을 조르는 결과를 낳는다. "지옥으로 가는 길은 선의로 포장되어 있다"는 격언은 이런 경우를 두고 나온 것이다. 이런 분들에게는 불황기나 인플레 국면에서는 가계와 기업이 모두 한 방향으로만 달려가기 때문에 정부가 정반대로 행동해야 한다는 점을 명심해주십사고 간청하고 싶다. 비록 경제학이 '원시적인 과학'이긴 하지만, 이 정도는 '원시적인 과학'도 확실하게 말할 수 있다.

둘째, 우리 나라 경제학자와 경제전문가는 대부분 같은 상표를 달고 있다. '메이드 인 U.S.A'라는 상표다. 지금 중요한 경제정책적 의사결정권을 행사하는 40대와 50대의 고위직 경제관료들과 그들을 돕는 자문 교수, 경제연구소의 연구원들은 주로 1970년대 후반 이후 미국에서 공부한 사람들이다. 밀턴 프리드먼과 같은 이른바 통화주의자와 정체가 불분명한 일군의 '공급주의 경제학자'들이 대세를 장악한 미국 경제학계와 언론계에서 케인스는 '잊혀진 경제학자'였다. 케인스의 이름과 더불어 그가 준 '유용한 충고'도 표면상으로는 잊혀진 듯 보였다.

하지만 그들이 '극단적인 불황에 대한 유용한 충고'를 정말로 무시하는 것은 결코 아니다. 최근 미국 연방준비이사회는 본격적인 불황도 아닌 경기침체 조짐에 대응하기 위해서 두 차례나 금리 인하를 단행했다. 만약 미국 재무장관이 '유동성 부족'으로 흑자기업마저 줄줄이 도산하는 마당에 IMF가 우리에게 요구한 바와 같은 고금리 정책과 재정긴축을 추진하다가는 단 일주일도 자리를 지키기 어려울 것이다. 케인스주의적 거시 조절정책을 매우 중시하는 사회민주당이 거의 모든 곳에서 단독 또는 연립 정권을 세운 서유럽 선진국은 물론이요, 미국조차도 자신들이 심각한 불황에 빠질 경우 하늘이 두 쪽이 나는 한이 있더라도 절대로 그런 정책을 쓰지는 않을 것이다.

그런데 우리의 경제관료 사회와 주류 경제학계는 IMF의 '거꾸로 정책'을 별다른 항의 없이 수용 또는 묵인한다. 이런 현상이 그들이 대부분 '1980년대판 메이드 인 U.S.A' 경제학밖에 공부하지 않은 탓에 생겼다고 한다면? 아무래도 유럽에서 공부한 얼치기 경제학도의 비뚤어진 시각이라는 비아냥을 들을 것 같다.

성공한 화폐 위조는 범죄가 아니다?

일본을 방문한 당시 김종필 국무총리는 아시아통화기금(AMF) 창설의 필요성을 역설하고 일본의 주도적 역할을 강조했다. 본인 말로는 그게 다 '개인적 입장'을 말한 것일 뿐이라고 한다. 그런데 거 참 이상한 일도 다 있다. '개인적 입장'을 밝히려면 그 잘하는 일본말로 어디 일본 신문에 기고를 하든가 호주머니를 털어 '개인적으로' 갈 일이지, 무엇 때문에 대통령 전용기씩이나 타고 '공식방문'을 한다는 말인가. 총리가 일본까지 가서 '개인적 견해'를 역설하느라고 쓴 비용이 다 세금에서 나왔을 텐데, 과연 그래도 되는지 의문이지만 여기서는 논외로 하자.

김종필 전 총리가 주장하는 아시아통화기금이란 도대체 어떤 것인가? 단순히 '아시아판 IMF'인가, 그와는 다른 무엇인가? 그리고 거기서 일본이 주도적 역할을 어떻게 해야 한다는 말일까? 혹시 이런 발상은 아닐까? "국제통화기금(IMF)은 미국이 꽉 잡고 있고, 통화동맹을 창설한 서유럽 산업국가들은 1999년부터는 유로(Euro)라는 신종화폐를 도입해서

2002년에는 마르크와 프랑 등 기존의 화폐를 모두 없애버린다고 하니까, 아시아도 무언가 하긴 해야 할 것도 같다."

국제통화기금이든 아시아통화기금이든 다 돈과 관련된 기구니까, 이 문제를 다루려면 우선 화폐이론에 대해서 잠깐 얘기하지 않을 수 없겠다.

미국 로체스터 대학의 경제학 교수 중에 스티븐 랜스버그라는 사람이 있다. 랜스버그는 『안락의자의 경제학자(The Armchair Economist)』라는 책 제2장에서, 할리우드 영화의 주연배우나 대학의 초청 강연자들이 돈을 불태우면서 "돈은 그저 종이조각에 불과하며, 먹을 수도, 마실 수도, 같이 잘 수도 없고, 돈이 없어진다고 해서 세상이 더 나빠지지도 않는다"는 식의 '감동적인 말'을 하는 데 대해 다음과 같이 논평했다.

수준 높은 청중들은 이 논리가 석연치 않다고 느낀다. 하지만 틀린 것은 그 석연치 않은 느낌이다. 누군가 하루 저녁 내내 돈을 불사른다고 해도, 이 세상 전체의 부(富)가 줄어들지는 않는다. 돈 1달러가 재로 변하면 통화공급이 아주 조금 줄어들고, 경제 전체로 보면 물가도 감지할 수 없을 만큼이긴 하지만 분명히 하락한다. 이 사건으로 이득을 보는 것은 돈이 불타는 그 순간에 현찰을 보유하고 있는 사람들이다. 1달러 지폐 한 장을 불태움으로써 발생한 물가 하락 덕분에 재산 가치가 늘어난 현찰 보유자의 이익을 모두 합치면 1달러를 불태운 사람의 손실과 정확하게 일치한다.

랜스버그의 말대로 돈을 불태워도 사회 전체에는 아무 해를 끼치지 않는다면, 그 반대의 경우는 어떨까? 만약 누군가 1달러 지폐를 만들어 유통시켰는데, 그 지폐가 진짜 돈과 너무나도 똑같아서 아무도 그것이 가짜라는 것을 눈치챌 수 없다면? 물론 사회 전체의 부는 증가하지 않는다. 통화량이 늘어나서 물가가 '감지할 수 없을 만큼이지만 분명히' 오르게 되면, 현찰을 가진 모든 사람이 조금씩 손해를 본다. 그 손해를 다 합치면 정확히 화폐위조범이 얻은 이익과 일치할 것이다. 화폐위조범은 현찰을 가진 모든 사람의 재산을 조금씩 훔치지만 사회 전체의 부에는 아무런 영향도 주지 않는다.

'성공한 쿠데타'는 아무리 깔끔하게 성공을 해도 언젠가는 단죄받아야 할 범죄행위다. 하지만 '성공한 화폐위조'를 처벌하는 것은 정말로 불가능하다. 가장 완벽한 '화폐위조범'은 각국의 중앙은행이며, 그들이 화폐를 찍을 때마다 현찰을 가진 사람은 손해를 본다. 하지만 중앙은행의 화폐 발행은 완전히 합법적이다. 어떤 개인이나 마피아 조직이 중앙은행만큼 완벽하게 화폐를 찍을 수 있다면, 그들의 행위는 적발될 가능성이 전혀 없을 뿐만 아니라, 중앙은행이 화폐 공급을 통해서 그렇게 하듯 때로는 사회 전체의 부를 증가시키는 효과를 낼 수도 있다. 물론 중앙은행이 '화폐를 공급'해서 번 돈은 국고에 귀속되고, 마피아가 '화폐를 위조'해서 생긴 돈은 마피아 두목의 호주머니로 들어간다는 차이는 있지만, 두 집단이 한 일 자체는 근본적으로 똑같다.

세상의 중심에 달러가 있다

중앙은행을 화폐위조범과 비교한 것은 국가기관을 모욕하기 위해서가 아니라, 우리가 '불환화폐(不換貨幣)'의 시대를 살고 있다는 사실을 강조하기 위해서다. 불환화폐의 원년(元年)은 미국 정부가 달러의 금태환(兌換) 중지를 선언한 1971년이며, 이 선언은 수천 년 화폐의 역사를 뒤집어버린 하나의 혁명이었다. 인간이 교환의 매개수단인 화폐의 양을 금이라는 자연자원의 생산량에 종속시켰던 금본위제 시대를 끝내버렸기 때문이다. 그 이후 화폐의 양은 금의 산출량과 무관하게 늘어났고, 금은 가장 중요한 국제적 결제수단이라는 전통적 지위를 빼앗겼다.

우리 나라에서 1997년 말의 외환위기와 더불어 비로소 유명해진 IMF의 정체를 보기 위해서는 사람들의 일상에는 별다른 영향을 준 바 없는 이 '혁명'의 전후 사정을 살펴볼 필요가 있다. IMF의 '원적지'는 1944년 7월 미국과 영국 등 44개국 대표가 모여서 전후 국제통화질서 재건 방안을 논의한 미국 뉴햄프셔 주의 조그만 시골마을 브레턴 우즈(Bretton Woods)다. 여기서 창설 합의가 이루어졌고 다음해인 1945년에 출범한 IMF의 임무는, 한마디로 말해서 '달러를 기축통화로 한 국제적 고정환율 제도를 유지'하는 일이었다.

IMF 체제의 기본원리는 무척 단순하다. 우선 세상의 중심에 달러가 있다. 모든 회원 국가는 자국 화폐와 달러의 교환비율을 정한다. 시장환율이 그 교환비율을 중심으로 상하 1%를 벗어나지 않도록 회원국들이 협력하며, 불가피하게 10% 이상의 큰 폭으로 환율을 변동시킬 때는 회원국의 동의를 받아야 한다. 세상의 중심인 달러가 진정한 가치를 지닌 화폐임을 과시하기 위해서 달러와 금의 교환비율을 정하고, 미국은 달러 발행 규모의 일부를 금으로 보유하면서 요구가 있으면 달러와 금을 바꾸어준다. 그리고 회원국들은 능력에 따라 돈을 내서 기금을 조성한다. 어떤 회원국이 일시적인 외환부족 사태에 빠지면 신속하게 이 기금을 빌려줌으로써 문제를 해결할 시간을 벌어준다. 이것은 표면상 달러를 중심으로 짜여진 체제였다. 그러나 달러는 여전히 태환화폐였기 때문에 아직은 낡은 '금본위제'를 완전히 벗어나지는 못했다.

이 체제는 두 가지 문제를 안고 있었다. 첫째는 자국의 통화량을 관리하는 권한이 회원국 정부에 있다는 점이다. 통화관리를 엄격히 하는 나라와 그렇지 않은 나라는 물가인상률이 다르고, 인플레가 심한 나라의 화폐는 그 가치가 떨어져야 한다. 그런데 IMF의 고정환율 제도에는 이러한 물가 변동을 환율에 자동적으로 반영하는 메커니즘이 없었다.

둘째는 기축통화인 달러의 안정성을 보장하는 방법이 없다는 점이었다. 어떤 이유에서든 달러 시세가 약화될 경우, 달러와 금의 교환비율을 조정해야 한다. 만약 이것을 조정하지 않으면 달러를 금으로 교환함으로써 엄청난 이익을 볼 수 있다. 태환을 중지할 경우 달러는 신인도를 잃게 되어 국제적 고정환율 시스템 전체가 요동치게 된다. 그리고 1960년 후반에 걸쳐 이런 사태가 실제로 일어났다.

미국 정부는 베트남 전쟁의 비용을 조달하기 위해서 달러를 무더기로 찍었다. 각국 중앙은행은 금보다는 달러로 외환보유고를 쌓고 있었다. 처음에는 어디서나 달러 보유고가 올라갔기 때문에 모든 나라 정부들이 그걸 자랑하면서 만족해했다. 그런데 시골 벽지의 할머니까지도 '요즘은 달러가 너무 흔해', 이런 생각을 하게 된 1960년대 후반이 되자 사태는 달라졌다.

미국의 권위에 복종하지 않았던 프랑스의 민족주의자 드골 대통령은 달러가 생기는 족족 금으로 바꾸어 보유하라고 지시했고, 프랑스 중앙은행은 실제로 그렇게 했다. 독일은 미국과 갈등을 빚지 않으려고 했기 때문에 소극적이었다. 만약 독일 연방은행 총재가 드골과 같은 짓을 했다면 '브레턴 우즈 체제'는 훨씬 일찍 무너져 버렸을 것이다. 어쨌든 막대한 금 유출 사태 때문에 더는 견딜 수 없게 된 미국 정부는 1971년 달러의 금태환 중지를 선언했다. 그리고 그와 더불어 태환화폐의 시대는 마침내 완전히 막을 내렸으며, 고정환율 제도는 시장의 수요와 공급이 환율을 결정하는 변동환율제에 자리를 내주었다.

고정환율 제도가 무너지면서 IMF는 존재근거를 상실했다. 하지만 어떤 조직이든 일단 한번 만들어진 것이 저절로 사라지는 일은 없다. 한국이 환란에 휩쓸린 직후 마치 점령군 제독처럼 당당한 걸음걸이로 서울에 입성했던 캉드쉬 총재는 이른바 'IMF 관료'의 대표자다. 고정환율 제도의 유지라는 원래의 임무를 잃어버린 'IMF 관료'들은 재빨리 새로운 일거리를 찾아냈다. 지금 우리가 목격하는 바, 경제위기에 빠진 나라에 자금을 장기 대부해주면서 그 나라의 경제정책에 대한 자문(사실은 간섭과 통제)을 하는 것이다. 1970년대 중반 라틴 아메리카에서 시작해 1990년대 말 아시아의 신흥공업국에 이르기까지, 경제위기에 빠진 나라의 경제정책에 대한 'IMF 관료'들의 개입과 통제는 브레턴 우즈 협정에 명시된 IMF의 임무와는 아무런 관련도 없다.

김종필 전 총리가 만들자고 하는 아시아통화기금이 '원래 IMF의 아시아적 축소판'일 리는 없다. 이 체제는 내적인 모순 때문에 이미 무너져버렸다. 전세계가 변동환율제를 실시하는데 아시아만 브레턴 우즈 체제와 같은 고정환율 체제를 구축할 수도 없다.

그러면 '현재의 IMF'처럼 회원국들이 기금을 모아 유동성 부족에 직면한 나라에 돈을 꾸어주면서 그 나라의 경제정책과 제도개혁에 개입하는 그런 제도를 만들자는 이야기인가? 아마도 그런 것 같다. 이런 성격의 통화기금을 만들자면 누군가 전주(錢主)가 있어야 할 테고, 이런 점을 고려하면 손쉽게 떠올릴 수 있는 부자 나라가 바로 일본이니까. 김 전 총리의 '일본 주도론'은 이런 맥락에서 이해할 수밖에 없을 것 같다.

일본이 아시아 경제의 안정을 위해서 '마음씨 좋은 전주 노릇'을 한다? 좋은 이야기다. 그런데 김종필 전 총리에게 한번 물어보자. 일본이라는 나라가 자선사업 단체도 아닌데 도대체 무슨 부귀영화를 누릴 게 있다고 전주 노릇을 하겠는가? 이 질문에 대답하려면 미국이 IMF 창설을 주도한 속내를 좀 들추어볼 필요가 있을 것이다. 바쁘신 총리의 수고를 덜어 드리기 위해서 그 이야기를 조금만 해보자.

전 세계를 대상으로 한 달러 장사

IMF의 '정신적 대부'는 영국의 경제학자 존 메이너드 케인스였다. 브레턴 우즈 회의 당시 케인스는 달러가 아니라 인공적인 국제화폐를 만들어 기축통화로 삼자고 제안했다. 그러나 미국측 대표는 막강한 경제력과 국제정치적 헤게모니의 힘을 빌어 달러를 기축통화로 한 IMF 창설안을 밀어부치는 데 성공했다. 이것은 단순한 정치적 패권주의나 미국적 자존심의 표현이 아니었다. 미국은 달러를 중심으로 한 국제통화 체제를 창설함으로써 엄청난 경제적 이익을 챙겼다. 간단한 방정식을 가지고 이야기해보자. 다음은 경제학도라면 누구나 알고 있는 이른바 '화폐교환 방정식'이다. 수학을 싫어하더라도 독자 여러분께서는 미리 겁먹지 마시라. 이건 수학이 아니라 곱셈과 나눗셈에 불과하니까.

$$MV = PQ \text{ (M은 통화량, V는 화폐유통속도, P는 물가수준, Q는 거래량)}$$

한 해 동안 거래된 재화의 양에 물가수준을 곱한 우변은 한 국민경제에서 이루어진 거래의 총액이다. 좌변은 그 국민경제의 통화량에 화폐유통속도를 곱한 것이다. 어떤 거래든 거래가 이루어지면 그에 상응하는 화폐가 오가야 하기 때문에, 사후적으로 측정할 경우 양변의 크기는 항상 같다. 이 방정식은 상품과 서비스를 사고팔 때는 그 값만큼의 돈이 오간다는 지극히 당연한 진리를 표현하는 것에 불과하다. 하지만 기업과 가계의 자산 보유형태와 관련된 화폐유통속도(V)가 일정하다고 가정하면, 이 화폐교환 방정식은 흥미로운 경제현상을 설명할 수 있는 유력한 가설이 된다.

이제 이 방정식을 국제교역에 적용해보자. 우변의 P는 국제적으로 거래되는 상품의 가격수준이다. Q는 거래되는 상품의 양이다. 화폐유통속도(V)는 변하지 않는다. M은 국제결제에 사용되는 화폐의 양이다. 마르크나 엔화도 국제결제에 사용되지만 편의상 다른 화폐를 무시하면 M은 곧 국제적으로 통용되는 달러의 양이다. 여기서 가격(P)이 일정한 가운데 국제교역량(Q)이 늘어나면 무슨 일이 생길까? 방정식 양변의 크기가 일치하려면 달러의 양(M)이 같은 비율만큼 늘어나야 한다. 그렇지 않을 경우에는 가격(P)이 내려야 하는데, 이건 바로 디플레이션을 의미한다.

그리고 가격이 충분히 신속하게 내리지 않을 경우 이 방정식의 양변이 일치하려면, 국제교역량(Q)의 성장이 지체되거나 경우에 따라서는 다시 감소해야 한다. 1930년대 대공황 기간에 국제통화 질서가 무너져 국제결제 수단이 부족해짐으로써 발생한 국제적 디플레이션과 파국적인 교역량의 감소 사태는 그 극단적인 사례였다. 이런 사태를 피하려면 국제결제 수단인 달러 통화량이 국제교역의 양이 증가하는 데 발맞추어 늘어나야 한다. 그렇지 않으면 큰 문제가 생긴다.

그런데 국제적으로 통용되는 달러의 양은 어떻게 해서 늘어날 수 있을까? 첫째는 미국이 경상수지 적자를 보는 것이다. 미국은 전후 50년 동안 끝없이 달러를 찍어냄으로써 이 요구에 부응했다. 미국 국민은 50년 동안 단지 종이에 잉크를 묻혀서 만든 달러를 주고서 전 세계에서 만든 제일 좋은 물건을 가져다 썼다. 수조 달러의 경상수지 적자 누계에도 불구하고 달러가 휴지쪽으로 변하지 않은 것은 바로 이 때문이며, 이런 일은 오직 미국만이 할 수 있다.

둘째는 IMF를 통해서든 직접적으로든 미국 정부와 기업이 달러를 해외에 빌려주거나 투자하는 것이다. 하지만 어떤 경우든 달러는 미국 연방준비은행에서만 찍으며, 이 달러를 시중에 내보낼 때는 그냥 내보내는 것이 아니라 이자를 받고 내보낸다. 이 두 경로가 있기 때문에 미국 연방준비이사회가 달러 통화량을 늘릴 경우 늘어난 달러의 일부만 국내에 남고 나머지는 나라 밖으로 흘러나간다.

1999년 11월 김대중 대통령은 환란 직전 40억 달러도 안 되던 가용외환 보유고가 600억 달러를 넘어섰으며 이제 외환위기는 완전히 끝났다고 자랑스럽게 선언했다. 물론 자랑할 만하다. 하지만 600억 달러가 넘는 가용외환을 보유하는 데 들어가는 비용을 생각하면 가슴이 쓰리다. 연리 10%만 잡아도 그 외환보유고를 유지하는 데 드는 비용은 연간 60억 달러나 된다. 아깝다. 하지만 우리만 그런 것은 아니다. 1990년대 초 IMF 의 연차보고서를 보면 중앙은행이 보유한 외환을 포함한 회원국의 금융 자산 및 자본거래에서 달러가 차지하는 비중이 평균 50%가 넘는다. 당시 각각 20%와 10%에 육박했던 마르크와 엔화의 비중이 유로화 도입에 따 른 불안감과 일본 금융시장에 대한 불신감 때문에 크게 흔들린 1990년대 후반 달러의 비중은 더욱 높아졌다. 달러로 결제를 하는 전 세계의 모든 수출입업자와 여행자, 달러를 보유한 전 세계의 모든 개인과 기업, 금융 기관, 중앙은행이 달러 발행의 독점권을 가진 미국 연방준비은행에 달러 사용의 대가로 이자를 지불하고 있다는 이야기다.

대학에서 가르치는 경제학을 지배하는 도그마는 '한계법칙'이다. 이 법칙에 따르면 어떤 재화든 마지막 한 단위를 생산하는 데 드는 '한계비 용'이 가격과 같아질 때까지 생산하는 것이 효율적이다. 화폐는 어떨까? 일정량의 금과 교환해주지 않는 100달러짜리 불환지폐의 한계생산비는 거의 제로라고 할 수 있다. 가계가 이 지폐를 사용하는 값은 이자율을 연 리 10%로 잡으면 연간 10달러다. 미국 연방준비은행이 이 돈을 연리 5% 로 시중은행에 꾸어주면 연간 5달러를 번다. 시중은행은 이 돈을 아시아 어느 나라의 은행에 예컨대 연리 10%로 빌려주면서 두툼한 마진을 챙긴 다. 모든 나라의 중앙은행은 자국민을 상대로 이렇게 장사를 해서 해마다 막대한 이문을 남기는데, 이것을 전문용어로는 '시뇨리지(seiniorage)'라 고 한다.

미국 연방준비은행이 별난 점은 이 장사를 미국 국민만이 아니라 전 세 계를 상대로 한다는 것이다. 브레턴 우즈에서 미국 대표단이 달러를 기축 통화로 밀어붙인 것은 기축통화의 발행권 독점과 결부된 이러한 경제적 특권을 챙기기 위한 것이었다. 미국 연방준비은행이 해마다 챙기는 '시 뇨리지'는 500억 달러 수준으로 추산되는데, 그 대부분이 사실은 달러를 결제수단으로 쓰는 외국에서 온 것이다. 미국 금융기관이 간접적으로 누리는 혜택까지 고려하면 미국이 달러 지폐를 발행해서 벌어들이는 경제적 이익의 규모는 훨씬 더 커진다.

유럽 통화동맹의 배후에 깔린 계산도 이것과 별로 다르지 않다. 국제결제에서 마르크화가 차지하는 비중이 19% 수준이었던 1990년대 초, 독일 분데스방크는 해마다 150억 마르크, 미화로 100억 달러 내외의 당기 순이익을 남겼는데, 이 이익의 원천은 바로 독일 국내외에서 취득한 '시뇨리지'였다. 유로화가 도입되면 환전에 따르는 비용과 유럽연합 역내에서의 환율 변동과 관련된 리스크가 사라진다. 1992년과 1993년에 헤지펀드가 파운드, 프랑, 페세타 등 유럽연합 주요 회원국의 화폐를 잇달아 공격함으로써 야기되었던 환율파동도 다시는 일어나지 않을 것이다.

그러나 회원국들의 통화량 조절에 대한 국가 주권을 프랑크푸르트에 있는 유럽 중앙은행에 넘겨주면서까지 통화통합을 추진하는 유럽연합의 '야망'은 거기서 그치지 않는다. '울트라 리버럴리스트' 하이에크는 국가의 화폐발행권 독점을 철폐함으로써 경쟁을 통해서 가장 안정된 화폐가 생존하게 하자는 극단적인 주장을 한 바 있다. 한 국민경제 안에서 이 제안을 실현할 길은 없다. 그런데 국제 금융시장에서는 이런 주장을 아예 할 필요가 없다. 현실이 그렇기 때문이다. 국제무대에서 가장 환영받는 화폐는 세계적으로 통용되고 그 가치의 안정성이 가장 확실하게 보장되는 화폐다.

국제결제에서 달러와 마르크, 엔과 프랑 등의 화폐가 차지하는 비중은 해당 화폐의 안정성에 대한 시장의 평가에 좌우된다. 유럽연합은 미국과 맞먹는 경제력을 가진 거대 경제단위이며 유로화는 국제 금융시장에서 유럽연합을 대표한다. 만약 유로화가 달러를 맞먹는 또는 달러를 능가하는 안정성을 확보한다면 국제무대에서 달러를 밀어내고, 미국 경제가 지금까지 취득해온 막대한 규모의 '시뇨리지' 가운데 일부를 빼앗아올 수

있을 것이다. 그래서 지금 유럽연합 회원국의 지도자들은 장차 유럽중앙
은행의 당기 순이익 형태로 얻게 될 '시뇨리지'를 어떻게 나누어 가질 것
인가를 둘러싸고 팽팽한 물밑 신경전을 벌이는 중이다.

일본은 마음씨 좋은 나라?

김종필 전 총리는 단기성 자본이동으로 인해 야기될 수 있는 금융위기
를 방지 또는 완화하기 위해서 아시아 국가들이 공동으로 기금을 조성하
고, 일본이 경제력에 걸맞는 주도적인 역할을 해주기를, 다시 말해서 돈
을 많이 내기를 바라는 것 같다. 좋은 생각이다. 하지만 진지하게 이런 주
장을 하려면 몇 가지 문제를 더 따져볼 필요가 있을 것 같다.

첫째, 일본은 돈을 내는 대신 무슨 반대급부를 받을 것인가? 최근 일본
금융계에서 '시뇨리지'를 둘러싼 논의가 일고 있는 것을 보면, 일본은 그
대가로 아시아의 역내 교역에서 엔화를 기축통화로 삼는 '엔통화권' 구
축을 원할 것이다. 그래서 국제결제에서 엔화가 차지하는 비중을 예컨대
20% 수준으로 높일 수만 있다면 달러와 유로의 틈바구니를 비집고 '화
폐들의 자유경쟁'에서 엔화가 살아남을 수 있을 테니까.

그런데 아시아 국가들이 아시아통화기금의 잠재적인 수혜자가 될 수
있다고 해도 그게 수지맞는 거래라고 할 수 있을까? 엔화가 달러나 유로
에 비해서 안정성이 떨어지는데도 엔화 자산을 보유하거나 엔화 결제를
함으로써 떠안는 불이익보다 일본이 전주 노릇을 하는 아시아통화기금을
만들어서 얻는 이익이 더 크다고 할 수 있을까? 그렇게 말하기는 어렵다.
게다가 '엔통화권' 덕에 생긴 '시뇨리지'는 일본이 현찰로 독차지하지
않는가?

둘째, 과연 일본이 돈이 많다는 이유만으로 아시아의 경제적 통합에 주
도적인 역할을 할 수 있을까? 미국이 브레턴 우즈 체제라는 달러 중심의

국제 금융질서를 창출할 수 있었던 것은 세계 최대의 경제력에다 제2차 세계대전의 승전을 주도한 나라로서 압도적인 정치, 군사적 헤게모니를 가졌기 때문이다. 유럽이 통화통합에까지 이른 것은, 통합이 아닌 패권을 추구하다가 '유럽의 내전'이라고 할 수 있는 두 차례의 세계대전을 벌인 쓰라린 경험과, 유럽석탄철강공동체에서부터 유럽경제공동체, 유럽통화체제(EMS) 구축, 역내 관세철폐와 국경 개방 등 50여 년에 걸친 진지한 통합 노력의 결실이다.

그런데 아세안과 동북아시아 사이에, 동북아시아에서도 일본과 한국과 중국 사이에 그러한 심리적 공감대나 상호 접근과 협력을 위한 노력이 있었는가? 미국처럼 강력한 헤게모니를 가진 국가라도 있는가? 이런 상황에서 일본이 돈을 좀 많이 낸다는 이유만으로 주도권을 행사할 경우, 그렇게 만들어진 기구가 제대로 변화하는 상황과 갑작스런 위기에 능동적으로 대응하기는 거의 불가능할 것이다.

아시아 국가들이 경제위기에 대한 저항력을 높이기 위해서 결속하는 것은 원칙적으로 좋은 일이다. NAFTA(북미간자유무역협정)를 중심으로 아메리카 대륙이 하나의 경제 블록으로 가고 유럽이 단일통화를 사용하는 단일 경제단위로 나가는 추세와 아울러 급격히 증가하는 아시아의 '역내교역' 규모를 고려하면 아시아에서도 그에 상응하는 지역적 협력과 결속이 필요하다고 할 수 있다.

그러나 이러한 협력과 결속이 꼭 김 전 총리가 주장하는 바와 같은 아시아통화기금의 형태여야 할 이유는 없다. 그리고 대한민국의 총리가 제 나라도 아닌 일본에 가서 일본 사람더러 그걸 주도해달라고 말하는 것은 어느 모로 보든 앞뒤가 맞지 않는다. 그게 꼭 필요하고 또 일본이 주도를 해야 한다고 본다면, 김 전 총리는 먼저 그 이유를 밝히는 글이라도 한 편 발표해야 할 것이다. 그래야 실질적인 대화와 토론이 일어나지 않겠는가.

수출은 악이요, 수입이 선이다

어떤 경제학자의 정의(定議)에 따르면 '경제학은 여러 변수(變數) 사이의 함수관계를 연구하는 학문'이다. 이 말을 들으면 경제학이 몹시 간단한 학문인 것 같지만 사실은 그렇지 않다. 우선 경제학자들의 눈에 들어오는 변수가 한둘이 아니다. 어떤 변수가 다른 하나의 변수하고만 함수관계를 맺는 것도 아니다. 함수관계가 분명히 있지만 인과관계를 확정하기는 어려운 경우도 많다. 그래서 경제는 매우 복잡한 현상이고, 경제학은 '난해한 학문'으로 여겨지고 있다.

경제학자와 경제전문가들의 모든 이론과 가설과 예측은 근본적으로 '단순화'와 '과장'의 산물이다. 그들은 제각기 나름의 직관과 경험과 가치관과 이해관계에 따라서 수많은 변수 가운데 어떤 것은 무시하고 다른 것은 중시한다. 하나의 경제현상을 제각기 부분적으로 또는 다른 인과관계를 들어 설명하는 여러 이론과 가설 가운데 특정한 것을 선택할 때도 마찬가지다. 경제전망이나 부정적인 현상에 대한 처방이 개인에 따라서 큰 차이가 나는 것도 그 때문이다.

전문 경제저널에 실리는 경제학 논문에서는 그것을 쓴 학자의 이론 틀과 연구방법, 거기 동원된 데이터의 차이를 눈여겨보아야 한다. 하지만 신문과 방송의 경제관련 보도나 논평, 칼럼, 분석기사를 볼 때는 그 배후에 깔린 이해관계를 가늠해볼 필요가 있다. 언론의 경제 보도는 보도의 대상이 된 현상을 설명하는 다양한 이론 가운데서 편리한 것만을, 그것도 전체가 아니라 한 부분만을 자의적으로 차용하는 수가 많기 때문이다. 이러한 의도적 또는 무의식적 '왜곡'의 동기 또는 목적은 자신에게 유리한 쪽으로 또는 자신이 옳다고 생각하는 쪽으로 정부의 경제정책을 움직이기 위해서이다.

정부의 경제정책은 여론의 영향을 받는다. 언론 보도는 단순히 여론을 반영하는데 그치지 않고 적극적으로 여론을 형성한다. 경제현상은 보통 사람이 일목요연하게 이해하기 어려운 영역인 만큼, 언론의 경제 보도는 정치 일반이나 사회적인 문제와 비교할 때 여론 형성에 훨씬 큰 영향력을 행사한다. 그래서 정부의 경제정책을 자신에게 유리한 방향으로 끌고가려는 이익집단들은 전문가의 입을 빌어 일그러진 정보를 쏟아낸다.

이제 최근의 급속한 환율하락 문제를 둘러싼 언론의 보도에 깔린 이익집단의 목소리를 추려내보자. 다음은 달러 환율이 1,150원대를 오르내렸던 1999년 1월 5일을 전후해, 주요 신문 어디서나 찾아볼 수 있었던 스트레이트 기사다.

환율 비상이 걸렸다. 국내 외환시장의 수급 불균형으로 달러 환율이 급락하여 경제운용에 적신호가 들어왔다. 가격경쟁력이 급격히 악화, 수출전선에 먹구름이 드리워지고, 한동안 억제되어왔던 소비재 등의 수입도 환율하락에 편승해 되살아나는 기미를 보이고 있다. 급격한 환율 하락이 '수출 둔화 수입 확대'라는 경상수지 악화 패턴을 재등장시켜 200억 달러 흑자 목표 달성에 차질이 우려된다.

정말 사람 겁주는 말이다. 여기에다 「수출업계 거액 환차손 비명」, 「채산성 악화 비상」, 「원고(圓高) 이대로는 안 된다」, 「팔수록 손해」, 「3개월 환차손 1조 9천억 원」 따위의 분석과 해설기사가 덧붙여지면 'IMF체제'에 넌더리가 난 국민들은 가슴이 덜컹 내려앉는다. 그러니 어쩌자는 말인가? 결론은 빤하다. '정부가 달러를 사들여 환율을 방어하라'는 것이다. 옳은 말 같기도 하다. 그런데 이런 진단과 처방을 액면 그대로 받아들여도 되는 것일까? 그럴 수가 없다.

수출업자들의 거짓 아우성

'IMF체제'를 하루 빨리 극복하자는 '국민적 합의'에 딴지를 거는 불경스러운 짓일지는 모르겠으나, 이런 보도와 주장에 대해서는 '대한민국의 주인은 수출업자가 아니다'는 말로 대답할 수밖에 없다. 경제정책론의 영역에서 널리 통하는 상식에 따르면, 소수의 이익은 조직하기 쉬우나 다수의 이익은 조직하기 어렵다. 생산자의 이익은 조직하기 쉽지만 소비자의 이익은 조직하기 어렵다. 그리고 수출업자의 이익은 조직하기 쉬우나 수입업자의 이익은 조직하기 어렵다. 우리 언론의 환율 보도를 보면 이 세 가지 상식이 그대로 들어맞는다.

달러 환율은 1997년 여름까지는 900원 수준이었다가 외환위기의 조짐이 일면서 1,000원을 돌파했다. IMF 구제금융 신청 이후인 1997년 12월의 평균환율은 무려 1,700원에 육박했다. 국가부도 위기를 넘긴 1998년 봄 이후에는 줄곧 1,300원대를 중심으로 폭이 그리 크지 않은 가운데 등락을 거듭하다가 지난해 막바지에서야 1,200원대로 내려섰다. 그리고는 1999년에 접어들어 장이 열리기가 무섭게 며칠 사이에 달러당 50원이 넘게 빠져 1,100원대를 기록한 것이다.

그러면 그 동안의 고환율은 국민 모두에게 고통을 안겨주었는가? 그렇지 않다. 우리 국민 중에는 엄청난 이익을 본 사람도 많다. 대표적인 것이 수출업자다. 1998년 한국의 물가는 설탕과 밀가루와 유류 등 원자재를 절대적으로 수입에 의존하는 상품의 값이 천정부지로 치솟았는데도, 전체적으로는 크게 오르지 않았다. 원자재를 수입하지 않는 상품값이 떨어졌기 때문이다. 한국은 작은 나라다. 메모리 반도체 등 한국 기업의 시장점유율이 매우 높은 몇 가지 제품을 제외하면 국제시장의 상품가격에 한국 기업이 영향을 미치는 경우는 거의 없다. 환율이 폭등해도 수출업자들은 그 전과 같은 달러 표시가격으로 물건을 팔 수 있다. 더 많이 팔고 싶다면 물론 달러 표시가격을 내릴 수도 있다.

지난해 유럽연합 국가의 소비자 단체에서 현대 등 한국의 자동차 메이커가 환율 변동을 감안해서 가격을 내려야 한다고 요구했던 데서 보듯, 한국의 대형 수출업자들은 제품의 달러 표시가격을 별로 내리지 않았다. 그래서 수출업자들은 똑같은 물량을 수출하고서도 환율이 오른 것과 똑같은 비율로 늘어난 원화를 손에 쥘 수 있었다. 예컨대 1만 달러짜리 소형차 한 대를 팔 경우 환율이 800원이면 800만 원을 얻지만 환율이 1,600원이면 1,600만 원의 매출을 올리는 것이다.

한국 최대의 수출업자가 최대의 생산자인 재벌기업임을 고려하면 수출업자가 얻은 이익의 폭은 더욱 커진다. 반면 한국의 달러 표시 임금은 1998년 한 해에 무려 절반 수준으로 하락했다. 상여금 삭감까지 포함하면 우리 근로자의 임금은 원화 표시로도 20% 넘게 떨어진 것으로 추정된다. 기업은 임금이 삭감된 만큼 추가적인 이익을 얻었다.

그러면 환율 인상의 최대 피해자는 누구일까? 말할 것도 없이 소비자다. 원자재나 중간재를 수입하는 국산품과 완성제 수입품의 가격이 폭등하면 소비자는 예전과 똑같은 물건을 더 비싸게 사거나 구입을 포기해야 한다. 이런 상품이 덜 팔리면 당연히 수입업자도 손해를 보게 된다. 환율이 내리는 경우에는 수혜자와 피해자가 정반대로 바뀌게 된다. 정부 발표에 의하면 우리 나라는 1998년 한 해에만 무려 399억 달러의 경상수지 흑자를 올렸다. 달러 표시 수출액은 40여 년 만에 처음으로 조금이지만 어쨌든 감소세를 보였다. 하지만 수입이 너무나 큰 폭으로 줄었기 때문에 유사 이래 최대의 흑자를 기록한 것이다.

그런데 언론 보도에서 주류를 이루는 것은 환율이 오를 때나 내릴 때나 상관없이 수출업자들의 아우성뿐이다. 「원자재 가격 폭등으로 수출기반 붕괴 우려」, 이것은 1998년에 가장 자주 등장한 경제관련 보도의 제목 가운데 하나였다. 달러가 비싸지면 원자재를 사기가 힘드니까 지당한 말씀처럼 들린다. 그러나 적어도 재벌기업처럼 직접 수출을 하는 생산자에 관한 한 이런 아우성은 엄살에 불과하다. 그들은 원자재를 수입할 때 달러를 지불하지만 물건을 내다팔 때는 달러를 벌어들이기 때문이다. 물론 수출업자들은 매출을 올리기 위해서 달러 표시가격을 약간 인하할 수 있었다. 1998년도 수출이 전년도에 비해 물량으로는 10% 이상 늘었는데도 달러 표시 금액으로는 오히려 줄어든 것은 이런 사정 때문이다.

하지만 환율이 오르면 달러 표시 생산비 역시 낮아지기 때문에 이러한 달러 표시 가격인하에도 불구하고 개별 수출업자들은 이득을 보게 되어 있다. 예컨대 1만 달러짜리 소형차 한 대를 만드는 데 5,000달러 어치의 부속품을 수입해야 한다고 하자. 환율이야 어쨌든 수출업자는 차 한 대를 팔면 부속품의 수입 비용을 뺀 5,000달러를 손에 쥔다. 이걸 원화로 바꾸어서 국산 원자재와 부품 대금을 결재하고 인건비를 지급하고 영업비용을 지출하고 이윤을 남긴다. 대량 실업사태와 함께 국내 임금이 떨어지면 기업의 이윤은 오히려 증가한다. 아무 문제가 없다. 직접 수출을 하지 못해서 수출업자와 원화로 계약을 하는 '불쌍한 중소기업'은 때로 원자재를 수입하는데 필요한 달러를 구하지 못해서 애를 먹고 손해를 본다. 그러나 종합상사를 보유한 재벌은 그렇지 않다. 그런데도 언론 보도는 모든 수출업자가 고환율 때문에 큰 피해를 보는 것처럼 묘사한다. 거짓말이다.

환율이 급격하게 떨어질 경우에는 수출업자가 곤경에 처하기 때문에 더 노골적인 아우성이 터진다. 물론 이 경우에는 그 방법이 좀 다르다. 달러 환율이 1,600원대였을 때, 수출업자들이 주도하는 이익단체인 무역협회는 5대 재벌을 포함한 모든 수출업체에 무역금융을 지원하라고 요구했지만 환율 인하를 위한 정부 개입을 요구하지는 않았다.

하지만 환율이 1,300원대로 떨어지기 무섭게 적정 환율은 1,400원대라며 수출이 막힌다는 푸념을 늘어놓았다. 환율이 1,200원대로 내려간 1998년 말에는 정부의 외환시장 개입을 요구하는 경제전문가들이 도처에서 출현했다. 그들이 주요한 논거로 삼은 것은 '적정환율'이 1,400원선이라는 무역협회의 주장과 수출업체를 상대로 한 '여론조사'의 결과였다. 물론 다 짜고 치는 고스톱인데, 속이 너무 훤히 보이는 게 흠이라면 흠이다.

환율이 1,100원대로 내려앉은 1999년 1월 초순에는 정부가 금리를 인하하고 달러를 사들여 IMF 빚과 민간기업의 외채를 조기 상환하도록 하라는 등 구체적인 정책 제안이 쏟아졌는데, 주로 재벌그룹이 운영하는 경제연구소의 '전문가'들께서 이런 좋은 말씀을 하셨다. 정부가 정말로 그런 방향으로 움직일 기세를 보이자 달러 환율은 1월 둘째주 후반에 다시 가파른 상승세를 보였고, 언론 보도에서 수출업자의 아우성도 일제히 자취를 감추어버렸다. 그러면 국민들은 보통 무슨 좋지 못한 사태가 진정되었나보다 하면서 안도의 한숨을 내쉰다. 끝없이 되풀이되는 연극이다.

달러의 환율 하락이 곧 원화 강세는 아니다. 달러가 유로에 대해서도 약세를 보이면 그것은 마르크와 프랑 등 유럽통화동맹에 가입한 서유럽 11개 선진국 화폐 모두의 강세를 의미한다. 여기에 엔화의 강세까지 덧붙여지면 달러의 환율 하락은 원화의 강세가 아니라 달러의 약세를 의미한다. 국제결제와 외환 보유에서 유로가 차지하는 비중이 커지고, 그래서 전 세계 중앙은행과 투자가와 기업들이 팔아치워야 할 달러와 달러 표시 자산이 늘어난다면 원화의 가치가 안정된 상태에서도 달러의 환율 하락 이 계속될 수 있다. 따라서 미국 기업과 직접 경쟁하는 일부 기업의 피해 를 제외하면, 이것 때문에 우리 나라 제품의 가격경쟁력이 급속하게 악화 되기라도 하는 양 호들갑을 떨 이유는 전혀 없다.

무시되는 다수의 이익

그런데 수출업자는 정말로 대한민국의 주인일지도 모른다. 적어도 '수 출 이데올로기'가 온 사회를 지배한다는 점에서는 확실히 그렇다. 많은 경제전문가와 전문 저널리스트들은 마치 수출은 선이요 수입은 악인 것 처럼, 그리고 수출업자는 애국자요 수입업자는 매국노라도 되는 것처럼 선동한다. 하지만 그렇게 주장할 수 있는 이론적 근거는 전혀 없다. 경제 정책의 목표에는 경제생활의 안정 등 다른 것도 포함되지만 가장 중요한 것은 '국부(國富)'의 증진이다. 그리고 일찍이 애덤 스미스가 갈파한 바 와 같이 국부는 '국민이 해마다 소비하는 생필품과 편의품의 양'을 의미 한다. 경제활동의 목적은 생산이 아니라 소비다. 생산은 어디까지나 소비 를 위한 수단일 뿐이다. 이것은 저축이 '현재 소비의 포기'이며, '미래의 소비'를 위한 수단인 것과 마찬가지다.

소비가 생산의 목적이라면 수출의 목적은 수입이다. 수입 덕분에 우리 는 우리가 직접 생산하지도 않은 것을 소비하는 즐거움을 맛볼 수 있다. 다시 말해서 수입은 선이다. 반면 수출은 우리가 직접 만든 물건을 소비 하지 않고 외국 사람에게 내주는 행위다. 수출 그 자체는 악이다. 수출이 선이 되는 것은 수출을 해야 수입을 할 수 있기 때문이다. 수출업자가 수 입에 필요한 외화를 벌어옴으로써 '애국'을 한다면, 수입업자 역시 좋은 물건을 싼값에 사다가 소비자에게 공급함으로써 '애국'을 한다. 경상수지 적자가 누적되어 원화가치가 폭락하고 외채를 갚기 위해서 한푼이라도 더 달러를 벌어야 하는 시절에는 '한시적으로' 수출이 선이요 수입은 악이라고 할 수도 있다. 하지만 이런 시기에도 이러한 선악의 구분은 국민의 절대 다수인 소비자의 희생과 극소수 수출업자들의 엄청난 축재(蓄財)라는 '불가피한 사회악'을 전제로 한 것임을 잊어서는 안 될 것이다.

원화가치의 상승은 악이 아니다. 외채위기가 없는 정상적인 상황이라면 그것은 선이다. 수출업자는 손해를 보겠지만 소비자인 국민은 같은 액수의 돈으로 더 많은 상품을 사거나 더 좋은 물건을 소비할 수 있기 때문이다. 지금과 같은 비상시국을 예외로 하면, 서울 거리에 BMW나 벤츠 자동차가 굴러다니는 것도 좋은 일이다. 왜? 우리 나라 사람이라고 해서 평생 열심히 창의적으로 일해서 번 돈으로 좋은 차 타지 말라는 법이 있는가? 국민 위화감을 거론하는 것은 고약한 선동이다. 만약 모두가 정당하게 경쟁해서 번 돈이라면 외제차를 탄다고 욕할 이유가 없다. 도둑질과 부정부패가 판친 결과 빈부격차가 생겼다면 그걸 바로잡아야지 외제차 못 타게 해서 감추어 봐야 좋을 것은 하나도 없다.

과소비 타령 역시 근거가 없기는 마찬가지다. 흔히들 신문, 방송에 나와서 경제위기의 원인으로 과소비를 지목하지만 제정신 가진 경제학 교수치고 강의실에서까지 그런 소리를 하는 이는 없다. 이론적으로 볼 때 과소비는 성립될 수 없는 개념이다. 소비는 소득을 초과할 수 없다. 소득 가운데 어느 정도를 소비하는지는 개인의 선호와 습관, 인생 설계에 달려 있다. 몇%를 저축해야 과소비가 안 되는지를 '객관적으로' 말해줄 수 있는 사람은 없다. 국산품을 사든 외제품을 사든 소득에서 소비가 차지하는 몫이 달라지는 것도 아니다. 지금처럼 외채가 많을 때는 되도록 국산품을 쓰는 것이 국민경제를 위해서 도움이 되긴 하겠지만, 그렇다고 해서 수입품의 소비 그 자체를 도덕적으로 비난할 이유는 없다.

'국산품 애용주의'는 한국의 기업이 손쉽게 소비자를 등쳐먹는 데 퍽 쓸모가 있는 이데올로기다. '수출 애국주의'는 외환위기로 인한 환율 상승의 최대 피해자인 소비자들을 찍소리 못하게 만드는 수출업자들의 이데올로기적 무기다. 환율 변동에 대한 모든 보도의 이면에는 이런 이데올로기의 칼날이 숨겨져 있다. 이렇게 해서 다수의 이익은 무시당하고 소수의 이익은 효과적으로 조직되는 것이다.

환율이 오르내리는 것 자체는 아무런 문제가 아니다. 한국은행이 통화량을 늘려서 물가가 뛰면 당연히 원화가치가 떨어져야 하고 또 실제로도 그렇게 된다. 경상수지 적자가 누적되어도 원화가치가 떨어져야 한다. 그래야 수출이 늘고 수입이 줄어 대외적 불균형이 해소될 수 있기 때문이다. 해외에서 투자자금이 지나치게 많이 몰려드는 경우에도 환율 인상은 이자율 하락과 더불어 불균형을 교정하는 균형회복 장치로 작동한다. 문제는 환율 변동 자체가 아니라 그 속도다.

외환거래는 원래 독립적 존재 의의를 가진 행위가 아니라 단지 실물거래를 뒷받침하기 위해서 필요한 보조적 행위일 뿐이다. 그런데 지구촌 시대의 현대화된 국제 금융시장에서는 외환거래가 자산증식을 추구하는 투기의 무대로 독립적 성격을 획득했다. 소수의 '큰손'과 그 뒤를 따르는 무수한 '작은손'과 '개미군단' 투자가들이 같은 시기 같은 장소에서 떼를 지어 똑같은 행동을 하기 때문에, 환율은 실물경제의 움직임을 앞질러서 또는 그와 전혀 무관하게 단기적 등락을 거듭한다. 환율이 이처럼 단시간 안에 큰 폭으로 요동치면 상품과 서비스의 국제적 거래에 따르는 리스크가 높아진다. 그리고 리스크가 높을수록 기업은 안정된 계획을 세우기 어려워지고, 이것이 각국의 국민경제에 나쁜 영향을 미치게 된다.

환율이 오르든 내리든 변동의 속도와 폭을 완화하기 위해서 정부가 개입할 필요는 있다. 하지만 외환시장의 안정을 위한 정부의 개입은 '대칭적'이어야 한다. 수출업자들은 환율이 급등할 때는 무역금융 지원을 요구하고, 환율이 떨어질 때는 '적정환율'을 들먹이면서 정부가 달러를 사들여 고환율을 유지하라고 소리를 지름으로써 '비대칭적' 환율정책을 유도하려고 한다. 사익(私益)의 극대화를 추구하는 수출업자들로서는 자연스러운 행동이다.

하지만 공익(公益)의 극대화를 추구해야 할 정부가 이처럼 '잘 조직된 소수집단'의 작전에 놀아나서는 곤란하다. 지금까지 김대중 정부의 경제팀은 고환율을 방어하라는 수출업자의 요구에 대체로 의연하게 대처하는 모습을 보이고 있다. 정부가 이런 태도를 굳건히 견지하도록 도우려면, '조직되지 않은 절대 다수'인 소비자들이 수출업자의 이익을 경제이론으로 포장하는 일부 경제전문가들의 주장을 비판적인 눈으로 바라볼 필요가 있을 것 같다.

나를 슬프게 하는 것들

1999년 여름에 일어난 몇 가지 사건은 '카지노 자본주의'가 무엇인지를 보여주었다.

흥미진진한 첫번째 풍경. 한국인 '장 존'은 지난 1997년 미국 라스베이거스 미라지 호텔 카지노에서 사흘 동안 무려 186만 달러를 탕진했다. 그의 정체가 누구인지를 둘러싸고 2년이 지난 1999년에 와서 『한국일보』와 월간 『말』이 명예훼손과 무고혐의로 서로를 맞고소하는 사태가 벌어졌다.

참혹하기 그지없는 두번째 풍경. 미국 조지아 주 애틀랜타 시에 사는 마크 바튼이라는 남자가 가족을 죽인 다음 증권회사 객장에 총을 난사해 20여 명을 살상했다. 그는 온라인 증권망을 이용한 초단기 주식거래에서 많은 돈을 잃었다.

사뭇 황홀한 세번째 풍경. 외환위기 이후 300선까지 곤두박질쳤던 종합주가지수가 일시적으로 1,000을 돌파했다. 인터넷 주식거래가 확산되면서 강남과 명동의 샐러리맨들이 종일 컴퓨터의 모니터만 들여다보는 바람에 업무가 돌아가지 않는 기업이 한둘이 아니다. 억대 연봉의 펀드매니저가 도처에 출몰하고 고급 룸살롱은 예약손님으로 만원을 이루었다.

만사에 옳고 그름이나 합법, 불법의 잣대를 들이대기는 어려운 법. 도박이 바로 그런 경우다. 요즘도 억대 불법도박판을 벌인 죄로 구속되는 사람들이 심심치 않게 나온다. 하지만 합법적으로 운영하는 카지노와 주식시장도 그 원리는 불법 도박과 똑같다. 우선 누군가 '하우스'(카지노, 증권거래소)를 열어주고 '고리'(거래수수료와 세금)를 뜯는다. '큰손'(기관투자가)과 '잔챙이'(소액투자가)가 있으며, '속임수'(승률조작과 작전세력)가 통하고 판돈이 모자라는 사람에게 '노름빚'(투자자금)을 빌려주는 물주(증권회사)가 있다는 점도 같다. 거기서 이루어지는 거래행위가 부가가치의 생산과는 무관하며 일확천금에 눈이 멀어 패가망신을 하는 이가 속출한다는 점도 똑같다.

다른 점이 있다면 카지노와 증권거래소는 국가에 약간의 세금수입을 가져다준다는 점, 그리고 주식시장의 경우 기업이 금융기관을 거치지 않고 민간가계의 저축을 곧바로 생산활동에 끌어다 쓸 수 있게 해준다는 사실뿐이다. 그러나 애틀랜타의 참극을 초래한 초단기 주식거래는 기업의 투자자금 조달과는 직접적인 관련이 없는 '돈 놓고 돈 먹기' 노름에 불과하다. 샐러리맨들의 일손을 붙잡는 인터넷 주식거래도 마찬가지다. 1999년 종합주가지수의 급격한 상승은 단기 시세차익의 유혹에 끌려든 수많은 크고 작은 노름꾼들의 '합법적 도박'이 만들어낸 거품현상이다.

생각해보라. 불과 1년 여 만에 종합주가지수가 300 수준에서 1,000선으로 올라선 것은 상장기업의 시장가격이 3배로 상승했다는 것을 의미한다. 기업의 가치는 그 기업이 미래에 거둘 것으로 예상되는 수익을 현재가치로 환산한 것이다. 외환위기 직후 국내외 투자가들의 심리적 공황상태 때문에 주식가격이 지나치게 하락한 사실을 고려하면 어느 정도의 주가 상승은 자연스러운 일이다. 하지만 우리 기업들이 거둘 미래 수익이 그 사이에 3배로 커졌다고 볼 근거는 전혀 없다.

합법적 도박의 자유는 보장해야 한다. 그러나 한 가지 확실히 해야 할 것이 있다. 노름으로 인해 발생하는 모든 문제는 노름꾼 스스로 처리해야 한다는 원칙이다. '이윤의 사유화와 손실의 사회화'를 허용해서는 안 된다는 말이다. 정부는 주식시장의 거품이 꺼지는 경우에도 절대 인위적인 증시 부양책을 쓰지 않을 것임을 미리 분명하게 선언해야 한다. 종합주가지수가 1,000을 돌파한 직후 곤두박질쳤던 1989년 상황을 되풀이해서는 안 된다. 자신의 노름빚(투자손실)을 정부가 책임지라며 항의시위를 하는 어처구니없는 사태를 다시는 보고 싶지 않다.

"잠자는 시간만 빼고 하루 종일 주식만 연구했다."

하지만 주식시장의 투기 열풍은 가라앉을 기미가 없다. 한때 반체제 투쟁의 격전장이었던 대학가마저도 이 열풍의 영향권에 들어갔다. 1999년 10월 어느 증권회사는 자신들이 주최한 사이버 수익률 게임에서 대학 4학년에 재학 중인 학생이 1등을 차지했다고 발표했다. 미국 증권시장의 전설적인 큰손 워렌 버펫과 박현주 씨 등 억대 연봉의 전문 펀드매니저를 존경한다는 이 청년은 1999년 7월부터 9월까지 단 석 달 동안에 투자한 돈을 20배로 불리는 놀라운 솜씨를 발휘했다. 그가 만약 현대증권의 책임 있는 펀드매니저였다면 주가를 조작하지 않고도 수천억 원의 흑자를 냈을지 모를 일이다. 우리 나라 최고의 펀드매니저가 되기를 꿈꾼다는 이 청년은 대회를 연 증권회사의 직원으로 특별 채용되어 파생금융상품을 다루는 팀에서 일하게 되었다고 한다. 그런데 흔쾌히 축하를 보낼 기분이 아니니 무슨 연유일까.

'슬픔과 노여움의 1980년대'가 '정치적 냉소와 무관심의 1990년대'에 자리를 내준 이후, 젊은이들의 가슴속에는 이상을 향한 열정이 사라지고 대중적 스타와 세속적 성공에 대한 동경과 열망이 들어찬 것으로 보인다. "잠자는 시간만 빼고 하루 종일 주식만 연구했다"는 이 야심만만한 청년의 포부를 나무랄 생각은 없지만, 주식시장과 펀드매니저의 사회적 기능에 대한 성찰도 함께 해줄 것을 권하고 싶다.

주식시장은 투자자금이 필요한 기업이 민간가계의 저축을 직접 끌어다 쓸 수 있게 해주기 때문에 사회적으로 매우 유용한 제도임에 분명하다. 하지만 단기간의 시세 차익과 일확천금을 노리고 인터넷을 통해 끊임없이 주식을 사고파는 이른바 '데이 트레이딩(day trading)'이나 현금 없이도 거래할 수 있는 선물(先物) 등 각종 파생금융상품 거래는 주식시장 본연의 사회적 기능과는 별로 관련이 없는 도박이라 해야 마땅하다.

모든 세대는 저마다의 운명이 있다. 그리고 같은 바람을 맞아도 사물이 저마다 다른 소리를 내듯, 같은 시대적 환경에서도 개인적 삶의 양상과 색채가 똑같을 수 없다. 세기말 정치권에서 '상한가'를 친 386세대에 '혁명가'를 꿈꾼 영민한 젊은이가 적지 않았던 것도, 그리고 그것이 그저 허망한 꿈으로 끝난 것까지도 다 그 세대의 불행한 운명이었다. 난폭한 권력을 뒤엎으려는 일념에 뜬눈으로 지샜던 수많은 밤과 제 몸을 불사르고 차디찬 감옥의 마룻바닥에서 젊음을 삭이며 보냈던 그 많은 나날들이 역사의 쓸쓸한 뒤안길에 묻혀버린 것은 정말로 슬픈 일이다.

그러나 주식시장이라는 '합법적 도박장'의 억대 연봉 펀드매니저를 꿈꾸는 오늘의 젊은이들도 나를 슬프게 한다. 오늘의 20대가 저마다 무지개처럼 다채로운 색깔의 삶을 개척해나감으로써 이 '21세기형 노름꾼'들의 좌절이 세대 전체의 운명을 어두운 단색으로 물들이지 않기만을 바랄 뿐이다.

우리 나라엔 신문배달부가 너무 많다

내가 사는 동네에서는 새벽마다 이해할 수 없는 일이 벌어지는데, 이 괴상한 일은 서로 다른 회사에서 발행하는 신문을 둘 넘게 구독하는 대한민국의 모든 가정과 사무실에서 수십 년째 변함없이 계속되어 왔다. 몹시 부지런한 학생이 맨 먼저 와서 ○○일보를 넣고 돌아간다. 조금 있으면 제법 나이 든 남자가 똑같은 아파트 계단을 똑같이 밟고 올라와 똑같은 집에 △△신문을 집어넣는다. 그 다음에는 또 다른 남자나 여자가 이번에는 ××일보를 두고 간다. 한 사람이 세 가지를 한꺼번에 배달하면 효과적이라는 생각은 어린아이라도 할 수 있다. 그런데 굴지의 신문사들이 이런 '황당한 짓'을 수십 년 동안이나 되풀이하고 있으니, 이 어찌 괴이한 일이 아닌가.

오후에는 집배원이 똑같은 길을 밟아서 온다. 그런데 그는 전국 각지에서 온 편지는 물론이요, 서로 다른 언론사가 내는 여러 종류의 주간지까지 한꺼번에 우편함에 넣고 간다. 보통 국가가 하는 일은 민간기업이 하는 경우보다 효율성이 떨어진다고들 하지만, 아무리 봐도 이 경우에는 그런 말이 통하지 않는다. 그런데 우편물을 배달하는 체신사업은 왜 국가가 독점해서 운영하는 것일까? 그건 반복적이고 안정적으로 유지되는 일정한 이동경로를 필요로 하는 배달사업은 경제학에서 '자연적 독점'으로 인정하는 영역이기 때문이다. 이런 시장에서는 경쟁이 자원의 낭비를 부르며, 일시적으로 경쟁체제가 형성되어도 반드시 독점으로 귀결되고 만다. 왜 그럴까?

신문과 우편물 배달사업에서는 배달 물량(서비스의 생산량)이 늘어날수록 한 부를 배달하는 데 들어가는 비용(평균비용)이 줄어든다. 신문지국이나 우체국을 유지하려면 설비와 건물 등 적지 않은 고정비용이 들어간다. 배달 물량이 늘어나도 이 비용은 별로 늘어나지 않는다. 그러니 배달 물량이 늘어날수록 한 부를 배달하는데 들어가는 평균비용은 줄어들 수밖에 없다. 여러 업체가 경쟁할 경우 어느 시점에선가 시장점유율이 높은 업체가 가격경쟁력에서 유리한 위치를 차지하게 된다. 그리고 이 업체는 수단 방법을 가리지 않고 경쟁자를 시장에서 축출하려고 한다. 시장을 완전히 장악함으로써 배달 단가를 최저수준까지 떨어뜨릴 수 있기 때문이다. 그래서 언젠가는 한 지역 전체를 한 업체가 장악하게 되고, 배달에 들어가는 '사회적 비용'은 최저수준으로 내려간다. 하지만 독점업체는 사익의 극대화를 추구하는 만큼 시장지배력을 이용해 소비자나 거래 상대를 '착취'할 우려가 있고, 그냥 내버려두면 정말로 그렇게 된다.

경쟁의 무풍 지대

이러한 '자연적 독점' 시장에 대한 가장 단순명쾌한 처방은 국가가 그 사업을 독점해버리는 것이다. 전화선, 전기선, 파이프, 레일 따위의 연결망을 필요로 하는 통신, 전기, 가스, 철도운송 사업이 모두 직접적 국가사업 또는 공기업의 독점사업이 된 것은 이런 사정 때문이다. 체신사업은 물질적 연결망이 없지만 일정한 동선(動線)과 결부되어 있기 때문에 국가 사업이 된 것이다. 그런데도 그 성격이 똑같은 신문 배달사업만은 이상하게도 경쟁체제를 유지하고 있다. 그것도 서로 패싸움을 벌이고 심지어는 경쟁지국의 직원을 칼로 찔러 죽이는 사건이 터질 만큼 격렬한 경쟁을 벌이고 있으니, 이 어찌 이상한 일이 아닌가.

그러면 이러한 경쟁체제가 유지되는 이유는 무엇일까? 동네마다 모든 신문사의 지국이 있는 것은 신문사들이 정보를 생산하고 유통시키는 '언론산업'과 신문을 배달하는 '운송사업'을 수직적으로 통합운영하기 때문이다. 한마디로 본사가 지국을 먹여 살리고 있다는 말이다. 경쟁을 좋아해서 그렇게 하는 건 물론 아니다. 신문사가 직접 '배달사업'을 운영하는 목적은 판매부수를 불투명하게 만들어 '소비자 주권'을 박탈하고 새로운 신문사의 출현(신규 공급자의 시장진입)을 방해하기 위해서이다.

신문사는 지국에 내려보내는 신문의 판매대금 가운데 20%만을 요구한다고 알려져 있다. 최종 유통단계의 마진율이 80%나 되는 상품은 신문말고는 없을 것이다. 정가의 80%나 되는 유통마진은 배달사업 그 자체만으로는 적자를 면할 수 없는 지국을 인위적으로 존속시키는 데 필요한 '은폐된 보조금'이다. 이것 말고도 유력 신문사들은 지국에 막대한 자금 지원을 하기도 한다. 지국은 이런 돈으로 '사은품'을 돌리고 사람을 사서 이삿짐을 날라주는 식의 불공정 경쟁행위를 벌였다.

신문배달을 공동으로 하면 유통비용이 절약된다는 것을 모를 만큼 명청한 신문사 경영자는 단 한 사람도 없다. 거리와 지하철의 가판대에서는 실제로 모든 신문과 잡지를 공동으로 판매한다. 그런데도 정기구독자를 위한 배달만은 공동으로 하지 못하는 이유가 어디에 있을까? 그건 공동 배달을 하면 유가부수를 감출 수 없다는 사실 때문이다. 지금은 어떤지 모르겠지만 외환위기가 터지기 전까지 대부분의 신문사들이 인쇄한 신문의 상당 부분을 포장도 뜯지 않은 채 폐지공장으로 넘겼다. 이렇게 해서 판매부수를 부풀림으로써 광고료 수입을 올린 것이다. 유가부수를 속이기 위해 지국에 높은 마진율과 별도의 보조금을 주고 멀쩡한 신문을 폐지공장으로 넘기는데 들어가는 비용이 부수를 부풀려 얻는 광고비 수입보다 적게 드는 한, 개별 신문사의 입장에서는 이런 속임수가 '남는 장사'일 수 있다.

이런 짓을 하면서도 대대적인 환경 보호 캠페인을 벌이는 후안무치는 논외로 하더라도, 국민경제 전체로 보면 엄청난 양의 귀중한 자원이 낭비된다는 것만은 너무나도 분명하다. 게다가 이렇게 부풀린 부수를 근거로 광고료를 책정하니 문제는 더욱 심각해진다. 광고주들은 판매부수를 정확히 모르기 때문에 광고의 효과도 정확하게 예측할 수 없다. 그러면서도 신문사가 엉터리 '판매부수'를 근거로 요구하는 광고비를 물어야 한다. 광고시장에서까지도 불공정 거래행위가 판을 치게 되는 것이다.

지국을 중심으로 한 배달시장의 인위적 경쟁체제는 새로운 신문의 출현을 저지하는 경쟁제한 수단이기도 하다. 주요 '중앙일간지'들은 오랫동안 가격 카르텔을 유지해왔다. 공식적, 비공식적 정보교환 또는 담합을 통해 가격경쟁과 진정한 의미의 '품질경쟁'을 억제했다. 그 대신 기자들을 무자비하게 혹사시키는 증면 경쟁과 살인까지 부른 부수 확대 경쟁 등 정보전달 매체로서 신문 그 자체의 품질과는 무관한 소모적 경쟁만을 벌인 것이다.

『조선일보』와 『동아일보』, 『한국일보』와 『중앙일보』 등 '전통 있는' 신문들이 지배하던 시장에 새로 진입한 『문화일보』와 『국민일보』가 재벌과 종교기관의 막대한 지원을 받았던 것은 결코 우연이 아니다. 어지간한 자본력으로는 전국에 지국망을 개설할 수가 없다. 『한겨레신문』도 1980년대 민주화 운동을 배경으로 한 '특수 지위'가 없었다면 신문시장에 진입할 수 없었을 것이다. 그런 『한겨레신문』도 창간 10년이 넘은 지금까지

잦은 배달사고 때문에 독자들의 원성을 듣고 있다. 잠재적 경쟁자의 신규 진입을 봉쇄할 수 있는 상황에서는 기존의 과점적 공급자들 사이의 담합과 경쟁 제한이 매우 수월하다는 것은 경쟁정책의 영역에서는 상식으로 통한다.

신문 비판의 세 가지 쟁점

이제 오랜 세월 사회·정치적 쟁점이 되어왔던 언론개혁 가운데 신문개혁 문제로 넘어가보자. 지금까지 나온 신문 비판의 초점은 대체로 세 가지로 나누어진다. 첫째는 '재벌과 언론의 유착' 또는 '재벌의 언론 지배' 문제다. '재벌신문'들은 재벌그룹의 재정적 지원에 목줄을 걸고 있기 때문에 재벌 총수와 그들이 임명한 신문사 경영진은 신문의 보도내용을 직접적으로 통제한다.

재벌의 비리를 들추는 기사는 원천봉쇄하고, 재벌의 이익을 해치거나 해칠 우려가 있는 정부의 시책에 대해서는 맹렬한 비난을 퍼부으며, 재벌의 행태를 비난하는 정치인은 우스꽝스럽거나 위험한 인물로 묘사하는 것이다. 서로를 공격하다보면 공멸할 가능성이 있기 때문에 재벌신문들은 경쟁사가 속한 재벌그룹에 손해를 줄지도 모르는 보도를 자제하는 '침묵의 카르텔'을 형성한다. 다른 신문사들도 재벌기업이 최대의 광고주이고, 광고수입이 신문사 재정의 대부분을 차지하기 때문에 이 '침묵의 카르텔'에 가담한다. 소비자인 독자들이 바라는 사실보도와 공정보도는 재벌의 이익을 침해하지 않는 한도 내에서만 실현된다.

영국 신문은 전통적으로 썩고 구린 냄새가 나는 곳을 들추어내는 '탐지견'을 자처하고, 독일 신문은 '무지한 민중을 계도하는 선교사'의 전통을 지니고 있다지만, 우리 나라 신문은 주로 힘없는 집단이나 재벌의 이익을 해치는 집단에 대해 적대적이다. 이런 증상은 가장 대표적인 '재별신문이었던'(얼마 전 소유·지배 관계에서는 『중앙일보』와 삼성그룹이 분리되었지만 인적인 유대는 계속되기 때문에 『중앙일보』가 재벌신문의 성격을 어디까지 벗겨낼지는 더 두고 보아야 할 것이다) 『중앙일보』와 『문화일보』에서 가장 두드러지게 드러난다. 그런데 이것은 어디까지나 신문사가 광고주와 자본주라는 외부세력과 맺는 관계에서 생긴 문제이지 신문시장 그 자체의 문제는 아니다.

두번째 비판의 초점은 신문사 경영진의 편집권에 대한 간섭과 통제다. 이것은 주요 일간지 가운데 『한겨레신문』사를 제외한 모든 신문사가 공통적으로 안고 있는 문제로서 지난 몇 년 간 기자들의 반발을 무릅쓰고 『조선일보』를 '벤치마킹'한 여타 신문들의 사례에서 뚜렷이 목격할 수 있다. 하지만 이 문제 역시, 매우 중요하기는 하지만 신문시장의 구조와 관련된 비판은 아니며, 오늘날 주요 신문사의 인적 구성을 볼 때 편집권을 독립시킨다고 해서 금방 신문이 달라지기를 기대하기도 어렵다는 것이 내 생각이다.

세번째는 지도적 언론인의 사상적, 정치적 편향성이다. 이것은 특히 '신문재벌'『조선일보』가 예로부터 부둥켜안고 있는 문제로서, 지난 대선에서도 어김없이 반복된 '대통령 만들기 사업'이나 얼마 전 어설프게 봉합한 최장집 교수의 사상 시비에서 적나라하게 드러난 바 있다. 자본주이며 광고주인 재벌그룹 총수들의 DJ에 대한 뿌리 깊은 거부감을 고려할 때, 이와 같은 증상은 '밖에서 온 질병'으로 해석할 소지도 있지만, 주필과 주요 논설위원들이 극도의 정치적 편향성을 지니고 있지 않다면 그토록 중증으로 번지지 않을 수도 있을 것이다. 이러한 '불공정 보도'의 해악에 대해서는 전북대 강준만 교수가 『김대중 죽이기』와 『인물과 사상』등에서 전개한 비판을 참고하면 되리라 본다. 그런데 이 문제는 언론인들의 위선을 폭로하고 비난하는 것만으로는 해결할 수 없다. 비판한다고 해서 고칠 사람들도 아니고, 신문사 밖에 있는 그 누군가가 나서서 내쫓아버릴 수도 없는 일이기 때문이다.

신문 개혁, 시장 논리에 맡겨라

재벌의 신문 지배와 유착, 신문사 경영진의 편집권 통제, 그리고 신문사 데스크의 정치적 편향성이라는 세 가지 문제의 배후에는 이런 현상을 허용하고 부추기는 신문시장의 왜곡된 구조가 있다. 신문시장의 왜곡된 구조란 추상적으로 말하자면, 소비자인 독자의 욕구가 신문 지면에 반영되는 것을 가로막는 메커니즘을 말한다. 앞서 거론한 우리 신문의 세 가지 질병은 신문시장의 구조적 결함을 바로잡지 않으면 고칠 수 없는 '난치병'이다. 이런 의미에서 지금 필요한 것은 '언론정책'이 아니라 신문시장에 공정경쟁의 질서를 확고하게 세우는 '경제정책'이라고 할 수 있다.

'모든 국민은 자기 수준에 맞는 정부를 가진다.' 나는 지난 1980년대에는 이것이 적어도 우리 나라에 대해서는, 몹시 부당한 말이라고 생각했다. 아무리 우리의 민주주의 역량이 부족하다 할지라도, 우리가 삼청교육대와 국보위, 고문살인과 보도지침 따위에 어울리는 국민이라고 믿지는 않았기 때문이다.

하지만 우리 국민들이 1987년에는 쿠데타와 철권통치의 제2인자였던 노태우 씨를 대통령으로 뽑아주고, 그것도 모자라 1992년에는 '남의 머리를 빌릴 머리'조차 없는 김영삼 씨에게 나라를 맡기는 것을 보고는, 누가 했는지는 모르겠지만 이것이 옳은 이야기라는 생각을 하게 되었다. 역사상 처음으로 이룬 수평적 정권교체는, 비록 김대중 후보의 득표율이 40%에 겨우 턱걸이를 했다고 할지라도, '정치 소비자'인 국민의 수준이 그만큼 높아진 증거로 보아도 좋을 것이다.

그런데 이 말은 신문에도 그대로 적용시킬 수 있다. '모든 국민은 자기

수준에 맞는 신문을 가진다'는 이야기다. 대한민국의 유수한 신문들은 지난날 군사쿠데타를 일으키고 광주시민을 대량 학살한 독재자를 앞다투어 찬양했고, 전두환 정권이 내린 보도지침을 충실하게 따랐으며, 사실보도는 뒷전으로 팽개친 채 '김대중 죽이기'와 '노태우, 김영삼 대통령 만들기'에 앞장섰던 추악한 전과를 지니고 있다. 국민과 정부의 수준이 한 단계 높아진 지금까지 지난날의 과오에 대해 '소비자'인 독자에게 한마디라도 진솔한 사과를 한 신문은 하나도 없다. 그러니 신문사의 자발적인 자기 혁신을 바라는 것은 우물가에서 숭늉 찾기나 다름없다.

하지만 그렇다고 해서 정부가 신문의 버르장머리를 뜯어고치겠다고 팔을 걷어붙일 수는 없으며, 설령 그럴 수 있다고 하더라도 그래서는 안 된다. 당장 언론자유에 대한 탄압이라는 아우성이 터져나올 뿐만 아니라, 그런 식으로 언론을 길들여봐야 정부의 개혁의지가 퇴색하거나 정권이 바뀔 경우 금방 옛날 버릇이 도질 것이기 때문이다. 신문 개혁은 신문사와 언론인 스스로가 방향을 정해서 남의 간섭을 받지 않고 해야만 부작용도 없고 오래 간다. 정부가 신문 개혁을 위해서 할 수 있고 또 해야만 하는 유일한 조처는 신문사와 언론인 스스로 '정보 소비자'인 독자의 요구와 희망을 받아들이지 않으면 안 되게끔 적절한 제도적 환경을 조성해주는 일이다.

그러면 신문이 어떻게 변해야만 개혁이라고 할 수 있을까? 이 질문에 대한 모범답안은 없다. 모든 사람이 자신의 이해관계와 가치관, 관심영역과 필요한 정보의 성격에 따라서 서로 다른 대답을 할 것이기 때문이다. 게다가 신문사는 공익법인이나 자선단체가 아니라 이윤을 추구하는 사기업이다. 기업 외부에 있는 개인이나 권력이 개별 신문사에게 특정한 방향의 '개혁'을 강요하는 것은 언론의 자유를 보장한 헌법 정신을 짓밟는 일이다. 신문 개혁의 주체는 어디까지나 신문사 경영진과 거기서 일하는 언론인들이다.

이윤을 추구하는 사기업의 경영자와 종업원인 만큼 그들은, 그 개혁의 방향과 내용이 어떠한 것이든, 개혁을 해서 '돈이 되면' 개혁을 할 것이고, 그렇지 않으면 기존 노선을 그대로 밀고나갈 것이다. 개혁이 '돈이 되려면' 개혁의 산물로 나온 신문이 옛날 것보다 소비자의 입맛에 더 잘 맞아서 더 많이 팔려야 한다. 흔히들 쓰는 단순한 정치적 편가르기에 따르자면, 더 많은 독자가 벽창호처럼 보수적인 신문을 원하면 보수적인 신문의 판매부수가 늘어나거나 다른 신문들이 보수 성향으로 기울고 새로운 보수지가 등장할 것이요, 편파적일 정도로 진보적인 신문을 원하는 독자가 많으면 반대로 갈 것이다. 독자들이 민족주의로 흐르면 민족주의적 신문이 클 것이고, 독자들이 정치 보도보다는 생활정보를 원하면 역시 그런 방향으로 갈 것이다. 이것이 바로 시장경제의 근본인 '소비자 주권'의 의미이다. 신문의 개혁을 추동하는 힘은 근본적으로 소비자인 독자 또는 국민에게서만 나올 수 있다. 한마디로 신문 개혁도 '시장논리'에 맞게 해야 한다는 이야기다.

유가 판매부수 공개, 신문 개혁의 시작

이렇게 말하면 신문 개혁은 필요가 없는 것처럼 들린다. 모든 것을 소비자들이 결정하게 될 터이니 그저 신문사와 언론인들에게 돈 많이 벌라고 축원해주기만 하면 만사형통인 것 같다. 그러나 현실이 그렇지 않으니 그게 문제다. 우리 나라 신문시장에는 '소비자 주권'이 없다는 말이다. 너무 과격한 표현이라면 '소비자 주권'이 극도로 제약되어 있다고 해도 좋다. 달리 말하면 생산자인 신문사가 자기네 마음 내키는 대로 신문을 만들어 독자에게 갖다 먹이고 있는 것이다.

'모든 국민은 자기 수준에 맞는 신문을 가진다'는 말에 비추어보면 우리 국민은 지금보다 더 '나은' 신문을 가질 자격이 있다. 혹시 무엇이 더

'나은' 신문인지를 놓고 시비를 걸 사람이 있다면, 적어도 지금과는 '다른' 신문을 가질 자격이 있다는 말로 수정해도 좋다. 우리가 지금 수준의, 또는 지금과 같은 신문밖에 가지지 못한 것은 독자들의 수준과 의식이 그래서가 아니라, 신문시장의 구조적 결함과 신문사들의 불공정 경쟁행위 때문에 국민들의 수준과 요구가 지면에 제대로 반영되지 못하고 있기 때문이다.

천박한 광신적 시장론자가 아니라면 누구나, 경쟁 없는 시장은 죽은 시장이라는 것을 인정할 것이다. 경쟁을 외적 강제로 느끼는 생산자들이 그 압력에서 탈출하려는 욕망을 가지게 되며, 그래서 그냥 내버려두면 그들이 경쟁시장을 파괴해버린다는 것도 인정할 것이다. 신문산업도 결코 예외가 아니다. 유가 판매부수를 밝히지 않는 신문업계의 관행은 우연히 생긴 것이 아니다. 그것은 신문사들이 시장을 불투명하게 함으로써 '소비자 주권'을 유린하고 '경쟁의 압력'에서 탈출하기 위해서 의도적으로 만든 경쟁제한 행위다. 자유경쟁을 시장경제의 기본 질서라고 한다면, 유가 판매부수를 감추어 경쟁의 존립근거를 말살하는 신문사들은 시장질서를 유린하는 '반체제행위'(!)를 저지르고 있는 셈이다. 유가 판매부수 공개 없이 신문 개혁은 있을 수 없다.

앞서 말한 것처럼 '신문 개혁'은 신문사 경영진과 기자들이 알아서 할 일이다. 그러나 '소비자 주권'을 확립하기 위한 '신문시장의 개혁'은 정부의 몫이다. '소비자 주권'을 유린하는 신문시장의 구조적인 결함은 첫째가 '시장의 불투명성'이고, 둘째가 신문시장과 수직적으로 결합된 배달시장 내부의 낭비적, 인위적 경쟁체제이며, 셋째는 신문사들의 담합과 경쟁제한이요, 넷째가 광고시장에서 벌어지는 차별대우 등의 불공정거래 행위다. 이 네 가지 작폐를 해소하는 것은 소위 IMF시대를 맞아 만사에 '시장원리'를 적용하려는 새 정부의 임무다. 앞에서 신문 개혁을 위해서 정부가 해야 할 일이 언론정책이 아니라 경제정책이라고 한 것은 바로 이 때문이다.

신문 판매부수를 둘러싼 시장의 불투명성은 '소비자 주권'을 심각하게 제약한다. 독자들이 신문에 영향을 미칠 수 있는 유일한 방법은(독자편지를 잘 써서 편집자를 감동시키는 몹시 어려운 방법을 제외하면) 마음에 드는 신문을 새로 구독하거나 마음에 들지 않는 신문을 끊어버리는 것이다. 신문시장이 투명하다면 소비자의 이러한 결정은 곧바로 신문 판매부수의 변동으로 나타나 판매수입과 광고수입 등 신문사의 경영성과에 직접적인 영향을 미치게 된다. 신문사와 기자들은 판매부수를 늘리기 위해서(또는 판매부수의 하락을 막기 위해서) 보도와 해설, 편집과 디자인, 지면과 가격의 변화 등 정당한 경쟁수단을 동원해서 소비자의 마음을 사려고 노력할 것이다. 그러나 유가부수를 조작할 수 있다면 신문사는 소비자의 호감을 사야 한다는 '경쟁의 강제'를 벗어날 수 있다.

공동배달 체제는 공정 경쟁의 전제 조건

신문시장의 투명성을 확보하기 위해서는 신문사 지국들이 벌이고 있는 낭비적, 인위적 경쟁체제를 철폐하고 공동배달 시스템을 구축하는 조치를 취해야 한다. 이렇게 하면 전국적으로 판매되는 이른바 '중앙일간지' 시장의 진입장벽이 대폭 낮아져서 새로운 신문사가 쉽게 시장에 뛰어들 수 있고, 중앙일간지와 부분적으로 '대체경쟁'을 벌이는 지방신문사들도 혜택을 받을 수 있다. 그리고 신문사들은 배달 서비스 경쟁과 무가지 투입, 구독 강요 등 정보 전달과 여론 형성이라는 신문의 기능과는 무관한 소모적 경쟁에서 벗어나 신문이라는 '제품' 그 자체의 품질과 가격을 둘러싼 능률 경쟁에 전력을 기울일 수 있을 것이다.

정부가 신문사의 인사나 보도에 직접 개입하는 것은 정치적 부작용만 크고 효과는 없는 정책이다. 정부는 헌법과 법률의 테두리 안에서도 신문을 개혁할 수 있으며, 이런 목적을 위해서 선택할 수 있는 주요한 정책적 수단은 세 가지가 있다. 가장 과격한 방법으로는 법령에 의해 신문배달 시장을 자연독점 분야로 지정하는 정책이 있다. 둘째는 정부의 금융감독권을 활용하여 재무구조가 나쁜 신문사를 퇴출시키거나 구조조정을 요구하는 방법이다. 셋째는 공정거래법을 강화하거나 엄격하게 적용하여 모든 형태의 부당 내부거래와 지국 차원의 불공정거래 행위를 철저하게 봉쇄하는 것이다.

신문배달 시장을 '규모의 경제'가 지속적으로 작용하는 '자연적 독점' 시장으로 간주할 경우, 기초자치단체가 지역별로 사업권을 독점하고 신문배달 공사를 만들어 직영하거나, 기존 지국들이 컨소시엄을 구성해 사업하도록 하고 운영을 감독하거나, 독점사업권을 제한된 기간 동안 공개입찰을 통해 민간에 대여하는 등의 다양한 방식을 채택할 수 있다. 신문사들은 격렬하게 반발하겠지만 이론적, 법률적으로 이 같은 정책은 정당하며 합헌적이다.

물론 종국적으로는 헌법재판소의 결정을 받아야 하겠지만, 신문시장의 투명성과 공정거래 질서를 수립하기 위해서는 불가피한 선택이라는 주장이 위헌 주장에 맞설 근거는 충분하다. 이렇게 하면 유가부수의 공개, 살인까지 부른 지국 사이의 부수확장 경쟁, 구독 강요, 선물 제공 등 갖가지 불공정 경쟁 풍토도 바로잡을 수 있다. 무엇보다도 중요한 것은 신문사들이 '보도의 질'이나 '구독료' 등 정상적인 경쟁수단을 통해서 경쟁할 수밖에 없고, 신문들 사이의 '침묵 카르텔'이 무너져 상호비판과 견제가 가능해진다는 것이다.

정부의 금융감독권을 활용하는 방법도 있다. 원래부터 취약했던 신문사들의 재무구조는 경제위기로 인한 광고시장의 위축 때문에 급속하게 악화되었다. 신문사들은 정권과 유착하여 협조융자 등 여러 가지 특혜를 받는 데 익숙한 조직이다. 만약 정부가 과거와 같은 금융상의 특혜를 거부하고, 전반적인 부실기업 퇴출조치와 같은 맥락에서 경영 개선의 전망이 없는 신문사에 대한 은행 신규 대출의 중단이나 여신 회수를 지시한다면, 견딜 수 있는 신문사는 별로 많지 않을 것이다. 그리고 정부가 이러한 조치의 실행 여부를 유가부수 공개와 공동배달 체제 참여, 불법적, 탈법적 확장경쟁의 포기 등 신문시장의 구조조정과 연계시킨다면, 재정적 난관에 처한 신문사로서는 전적으로 거부하기가 어려울 것이다.

공정거래법을 더욱 강화하거나 엄격하게 해석하고 시행하는 것도 좋은 방법이다. 우선 재벌그룹에 속해 있던 신문사가 사실상의 내부거래를 통해서 받을지도 모르는 부당한 지원을 차단할 수 있으며, 선물제공과 구독강요 등 일선 지국에서 벌이는 부수확장 경쟁을 위해서 본사가 지급하는 공식, 비공식 보조금도 차단할 수 있다. 재벌그룹들의 특정 신문사에 대한 차별적으로 높은 광고료 지급 역시 공정거래법의 규제대상이 될 수 있다. 나아가 정확한 유가부수를 공개하지 않는 가운데 이루어지는 광고비 계약 역시 법률적인 문제로 삼을 수 있을 것이다. 이것은 정부가 택할 수 있는 정책수단 가운데 가장 온건하고 미시적인 것이다.

신문사들은 시간이 흘러 김대중 정부의 개혁 의지가 퇴색하면 정치적 거래를 통해서 다시 한 번 협조융자를 받고, 그래서 경제위기가 끝나면 광고시장이 살아날 것이라는 기대를 가지고 어려운 상황을 버티고 있는지도 모른다. 문제는 정부의 의지다. 만약 김대중 정부가 '신문사의 협조'에 대한 기대가 아니라 언론개혁에 대한 강력한 의지를 가지고 있다면, 신문시장에서 '소비자 주권'을 확고히 세우기 위한 개혁의 메스를 지금 당장이라도 댈 수 있다.

사회적 협약은 '화장'에 불과한가?

민주노총이 불참한 가운데 혼자 참여해온 한국노총이 1999년 11월 탈퇴를 선언함으로써 김대중 정부가 매우 공들여 끌어온 노사정 위원회는 사실상 마비상태에 빠지고 말았다. 벌써 여러 차례 이런 사태를 겪은 노사정위원회의 우여곡절은 사실 처음부터 예견된 것이었다. 다음은 이 위원회가 막 출범한 1998년 2월 『뉴스플러스』에 기고했던 글이다. 말이 씨가 된 것 같아서 안된 일이지만, '파경'의 원인과 앞으로 벌어질 일을 내다보기 위해서 한번 돌아보는 것도 나쁘지 않을 것이다.

이해관계와 가치관을 달리하는 사람들이 헌법과 법률이 정한 절차에 따라서, 때로는 격렬한 싸움을 거쳐 승패를 가리기도 하고 때로는 대화를 통해 타협에 이르는 것이 민주주의 사회의 집단적 의사결정 방식이라고 한다면, 대결 또는 대화의 상대방을 인정하고 존중하는 것은 그 불가결한 전제조건이다. 이런 점에서 이번 '노사정 대타협'은, 물론 이것이 '공정한 고통 분담'인지는 논란거리지만, 우리 민주주의의 수준을 비약시킨 쾌거임에 분명하다.

그러나 이 대타협의 내용이 순조롭게 집행될 것이라거나, 노사정위원회가 노사관계의 안정과 사회 평화를 도모하는 포괄적 사회협약의 주체로 자리잡을 것이라고 낙관하기에는 아직 이르다. 사회협약의 도출과 실천 경험이 없다는 것도 불안 요인이지만, 근본적인 문제는 노사정위원회의 '대표성'이 취약하고 기업 경영의 '투명성'이 보장되어 있지 않다는 사실이다.

우선 노사정위원회의 '대표성' 문제를 보면, 이번 대타협을 주도한 김대중 당선자 진영은 자민련의 전폭적인 협력을 받는 경우에도, 국회의 소수정파에 불과하다. 노사정위원회가 이번에 거둔, 그리고 앞으로 거둘 합의는 한나라당을 포함한 정치권 전체의 확실한 공감을 얻거나 'DJP' 진영이 국회의 다수파를 형성할 경우에만 확실한 효력을 발휘할 수 있다.

한국노총과 민주노총의 '대표성'도 문제가 된다. 두 노총은 노동운동을 이끄는 상급단체이기는 하지만 현행 노동법상 임금과 근로조건에 대한 교섭권한을 위임받은 법적인 대표가 아니다. 재벌 계열사 노조협의회나 개별기업 노조가 노사정위원회의 합의에 반발할 경우, 두 노총은 정치력을 발휘해서 '선무'하는 것 말고는 달리 대책이 없다. 개별기업 노조에 대한 정치적 지도력과 조직적 결속력을 볼 때 두 상급단체가 노사정협의회에서 합의한 내용을 조직 내부에서 무리 없이 관철해낼 것이라고 기대하기에는 무리가 있다.

더 큰 문제는 전경련 등 사용자 쪽이 파견한 대표의 '대표성' 문제다. 전경련은 임금과 근로조건에 대한 교섭권한을 위임받은 사용자 대표가 아니라 정치적으로 재벌기업들의 이익을 대변하는 임의단체에 불과하다. 노사정위원회의 사용자쪽 위원은 한국노총과 민주노총만한 대표성도 없다. 회원기업 또는 각종 산업분야의 개별기업 사용자들의 조직적 결속이나 그들에 대한 정치적 지도력 따위는 아예 언급할 가치도 없다. 그래서 언론의 스포트라이트가 집중된 가운데 노사정위원회가 회의를 하는 동안 산업현장에서 부당해고와 노조탄압이 판친다 해도 아무도 그에 대해서 책임을 질 수도 없고 막을 수도 없다.

흔히 성공적인 노사정협의회의 사례로 손꼽는 독일과 비교하면 우리 노사정협의회의 구조적 취약점은 더욱 분명하게 드러난다. 독일의 노조 와 사용자 단체는 산업별로 임금과 근로조건에 대한 교섭권한을 위임받 은 명실상부한 법적 대표다. 연방정부까지 참여하는 노사정협의회의 합 의사항은 완전하지는 않지만 매우 강력하고 폭넓은 구속력을 가진다. 그 러나 우리의 노사정협의회는 법률의 뒷받침을 받는 상설기구로 자리잡는 경우에도, 이러한 '대표성'의 부족 또는 결여 때문에 정치권과 산업현장 에서 첨예한 갈등이 표출될 경우 마비상태에 빠져들 가능성이 농후하다.

노사정협의회에 대한 전망을 흐리게 하는 또 하나의 요인으로 기업 경 영의 '투명성' 결여를 들어야 할 것 같다. 사용자측의 완강한 저항 때문 에 2차 논의 과제로 미루어져버린 이 문제는 노사정협의회의 미래와 기 업의 구조조정뿐만 아니라 산업평화를 좌우하는 핵심사항이다. 노동자 대표들은 경제위기 극복이라는 명분에 밀려 어쩔 수 없이 정리해고제 도 입에 합의했다. 그러나 사용자들이 이 제도를 빌어 해고에 대한 노조의 저항을 간단하게 분쇄할 수 있다고 생각하면 큰 오산이다.

지금까지 사용자들이 마음대로 근로자를 해고하지 못한 것은 법률적 장애 때문이라기보다는 경영의 불투명성 때문이다. 회사가 망한다는 것 이 분명한데도 무작정 해고를 반대할 근로자나 노동조합은 없다. 그러나 기업가들이 이윤은 아무도 모르게 독식하고 손실은 근로자에게 떠넘기거 나 부실여신으로 은행과 정부에 떠넘기는 '이윤의 사유화와 손실의 사회 화' 전략을 고수하는 한 노사간의 신뢰가 자리잡을 곳은 없다. 정리해고 제를 도입한다고 해도 그것이 정말로 '긴박한 경영상의 필요' 또는 '경영 악화를 방지'하기 위한 조치임을 근로자들이 확신하지 못하는 한 노조의 저항은 피할 수가 없다.

이 문제를 해결하기 위해서는 기업이 근로자와 경영상태에 대한 정보를 공유할 수 있도록 하는 제도가 반드시 있어야 한다. 독일의 경우 기업 감사회에 근로자 대표를 참여시키되 주주와 경영자의 권리를 침해하지 않도록 의결권은 제한하는 제도를 시행하고 있는데, 우리도 어떤 방식으로든 근로자가 경영정보 취득과 의사결정 과정에 참여하는 제도를 도입하지 않으면 안 되리라고 본다.

노사정협의회가 이제까지 이룩한 성과를 폄하하려는 생각은 조금도 없다. 하지만 그것은 경제위기 극복과 산업평화로 가는 멀고 험한 도정의 첫걸음에 불과하다. 적절한 제도와 환경을 조성해주지 않을 경우 대통령 개인의 의지나 협상 당사자들의 선의만으로 운영되는 노사정협의회는 정치적 격랑과 산업현장에서 벌어지는 갈등의 소용돌이에 휩쓸려 좌초하고 말 것이라는 것은 아무리 강조해도 지나치지 않을 것이다.

노사정위원회가 별다른 성과 없이 파란을 거듭한 속사정은 현대자동차와 만도기계에 대한 정부의 차별적 처리와 진형구 전 대검 공안부장의 조폐공사 파업유도 사건 등에서 명백하게 드러났다. 문제는 노동운동을 '공공의 안녕과 질서'에 대한 위협으로 간주하는 파쇼적 사고방식이다. 이런 시각은 '국민의 정부'를 자칭하는 김대중 정부 아래서도 근본적으로 변하지 않았다. 국정원과 검찰 공안부 등 '합법적 폭력'을 행사하는 공안기관의 간부들이 기획예산처와 재경부, 노동부와 경찰청 간부들을 모아놓고 노동조합을 와해시키는 데 골몰하는 사회에서 '신노사 관계'는 헛된 망상에 불과하다. 이런 풍토에서 노사정위원회와 같은 사회적 협약 기구는 속으로 곪아버린 피부를 잠시 감추는 파운데이션에 불과하다.

정작 구조조정의 대상은 경제 권력이다

김대중 대통령과 5대 재벌그룹 총수들은 1998년 12월 7일 청와대 정·재계 간담회에서 전체 계열사 264개 가운데 130여 개를 정리하고 대규모 업종 맞교환(이른바 빅딜)을 하기로 '합의' 했다. 그런데 이 합의를 두고 한동안 뒷말이 무성했다.

한편에서는 '재벌의 해체'가 눈앞에 왔다고 환호성을 올렸고 다른 한편에서는 시장의 힘을 뒷전으로 밀어내는 '귀신 씨나락 까먹는 소리'라는 비아냥을 서슴지 않았다. 도대체 어느쪽이 옳은 것일까? 결론부터 말하자면, 환호성이든 비아냥이든 현실적 근거가 없기로는 마찬가지다. 왜?

청와대 간담회의 '합의'는 그 자체만으로는 크게 평가해줄 만한 가치가 없는 것이었다. 숫자로는 절반을 없앤다고 했지만 합병되는 계열사는 법인격만 상실할 뿐 다른 계열사에 합병되어 사업은 그대로 남는다. '빅딜' 역시 제대로 이루어지지도 않았지만, 설령 했다고 하더라도 하나를 주고 다른 것을 받으니 재벌의 덩치 전체는 변화가 없다. 계열 분리나 청산, 매각대상 기업은 그룹의 자산이나 매출 규모에 큰 영향을 미치지 못하는 '꼬마 계열사'들이었다. 그러니 합의를 충실하게 이행한다고 해도 5대 재벌의 몸집이 크게 줄어들 이유는 없었다. 매출액을 기준으로 대우가 10%, 현대와 LG는 5~8% 줄고 삼성과 SK는 거의 변화가 없다. 이런 정도의 다이어트를 가지고서 '재벌해체'라고 할 수는 없는 일이었다.

대통령이 직접 나서서 재벌의 구조개혁을 '강요'한 이 '사건'의 의미는 한국 경제가 제대로 된 시장경제 체제가 아니라는 해묵은 사실을 다시금 확인시켜준 데 있다. '민주주의와 시장경제의 병행 발전'이라는 대통령의 '말씀'을 오해하지 말자. "지금까지 시장경제만 키운 것이 문제니까 앞으로는 민주주의도 함께 가꾸겠다." 이렇게 들으면 안 된다. 우리는 민주주의뿐만 아니라 시장경제도 제대로 한 적이 없다.

그러니 이제 둘 다 제대로 하겠다는 것이 대통령의 '말씀'이다. 현실과는 별 관계도 없는 교과서를 떠받들고 정부가 '시장의 힘을 밀어낸다'고 자꾸 억지를 부리는 '시장 광신도'들이 많아서 하는 말인데, 도대체 시장이란 게 뭔가?

시장은 개별 경제주체의 경제적 계획과 의사결정이 이해관계의 대립을 통해서 자동적으로 절충되고 조정되는 분권적 시스템이다. 이 시스템은 '계획 일반'이 아니라 개별 경제주체의 의사를 무시한 채 중앙에서 다 해먹는 그런 계획을 배척할 뿐이다. 소련과 동유럽 사회주의는 이런 시스템을 하다가 망해버렸다.

그런데 사회주의는 별세계의 이야기가 아니라 우리 곁에도 있다. 대한민국 사회를 몽땅 중앙과 지방의 행정기관, 한전과 한국통신과 가스공사 따위의 공기업, 국립대학과 국책연구소 같은 산하단체로 조직하고, 산업과 금융을 몇십 개의 재벌그룹이 장악하게 해서 대통령이 '재계 지도자'들을 잘 통솔하기만 하면 이름이 달라서 그렇지 내용은 그게 바로 사회주

의 아닌가? 나치 독일과 스탈린의 구 소련은 색깔과 무늬만 다를 뿐 내용
은 똑같은 체제였다.

시장경제를 발전시키는 것은 이런 식으로 조직된 중앙집권적, 과점적
의사결정 구조를 분권적 구조로 바꾸는 작업이다. '작은 정부'와 공기업
의 민영화, 규제 혁파를 추진하는 정부의 방침은 이런 방향으로 가고 있
다. 상호지급보증 등을 통한 재벌의 금융자원 독점과 부당내부거래로 인
한 경쟁 제한과 불공정 경쟁을 타파하고, 결합재무제표 의무화와 소액주
주권 보호 등을 통해서 경영의 투명성을 높이고, 소유와 경영의 분리를
촉진하려는 것도 모두 시장경제의 기본 원리인 경제권력의 분권화를 이
루려는 것이 아닌가?

시장경제와 민주주의는 둘 다 분권적, 다원주의적 시스템이다. 경제권
력의 집중과 정치적 민주주의는 조화될 수 없다. 12.7 청와대 간담회의
합의는 '재벌해체'가 아니라 진짜 시장경제로 나아가기 위한 작은 시작
에 불과했다. 이걸 두고 정부가 시장의 힘을 억압한다고 비난하는 사람은
'자유주의자'임을 자처할 자격이 없다.

사재출연 강요는 집단적 약탈 행위?

그런데 그 후 반 년이 지났는데도 재벌개혁은 별로 진도가 나가지 않았
다. 김영삼 씨를 비롯한 부산 출신 정치인들과 한나라당이 '정치보복'이
니 '부산경제 죽이기'니 시비를 건 삼성자동차 정리 문제에서 보듯 '빅
딜'도 지지부진했다. 그러자 김대중 대통령은 1999년 8.15 경축사에서
다시 한 번 재벌개혁의 긴급성을 역설했고 이를 기점으로 정부는 재벌개
혁 공세를 재개했다.

이건희 회장이 삼성생명 주식을 상장한다는 전제 아래 개인재산인 삼
성생명 주식을 출연해 삼성자동차 부채의 일부를 갚겠다고 했지만 시민

단체와 여론은 이를 또 다른 특혜라고 비판했다. 게다가 이건희 회장의 장남 이재용 씨에 대한 편법상속 의혹이 제기되자 국세청은 상속과 관련된 세무조사를 하겠다고 나섰다. 정주영 회장의 아들들은 결국 무혐의로 풀려나기는 했지만, 현대전자 주가조작 사건 때문에 검찰의 조사를 받았다. 금융당국은 유동성 부족으로 그룹 전체가 부도 위기에 빠진 대우그룹 김우중 회장이 계열사 워크아웃과 구조조정이 끝나면 퇴진해야 한다는 견해를 공공연하게 밝혔다. 계좌추적권까지 동원해 부당 내부거래를 뒤진 공정거래위원회는 LG와 SK를 포함한 5대 재벌에 각각 수백억 원씩 과징금을 물렸다.

5대 재벌 총수와 가족들이 이처럼 어려운 처지에 몰린 예는 없었다. 그래서인지 전경련 산하 자유기업센터와 일부 언론은 '비시장적 수단'으로 재벌을 해체하려는 시도라고 정부를 비난하고 나섰다. 그러자 정부는 재벌해체 의도가 없다고 발을 뺐다. DJ의 '색깔론 콤플렉스'를 이해는 하지만 이건 사실 우스운 일이다.

일반적으로 통용되는 정의(定議)에 따르면 재벌은 "복수의 시장에서 독과점 기업을 포함한 다수의 외형상 독립적인 기업을 총수와 그 가족이 배타적으로 소유, 통제하는 기업집단"이다. 편법상속과 부당 내부거래 근절, 부채비율 감축, 책임경영과 무능한 총수 퇴진, 소액주주권 강화, 재벌의 금융기관 지배 억제 등의 개혁정책을 실질적으로 집행한다면 기존의 재벌체제가 그대로 살아남는 것은 불가능하다.

개혁이니 해체니 용어를 가지고 다투는 것은 의미가 없다. 문제는 수단의 적법성과 실질적인 결과다. 현재 검찰과 국세청, 금융감독위원회와 공정거래위원회는 법률이 부여한 정당한 권한을 행사하고 있다. 이렇게 해서 재벌체제가 많이 바뀌면 개혁이요, 옛 모습을 찾기 어려울 정도로까지 달라지면 해체가 될 것이다. 이런 점은 재벌체제를 옹호하는 지식인들도 다 안다. 법률적 하자(瑕疵)를 찾을 수 없기 때문에 그들은 '자본주의의

'자유주의 세일즈맨' 공병호의 삼성자동차를
위한 변명: 경영자의 책임을 묻는 시책조차
공병호 소장에게는 야만적 집단 약탈 행위가 된다.
(『월간중앙』, 1999년 8월호)

기본원리'라는 무척 '심오하고 철학적인' 쟁점을 내세워 정부를 공격한
다. 자유주의자를 자처하는 그들의 무기는 '재산권론'이다.

예컨대 작가이며 경제평론가인 복거일 씨는 이건희 회장의 삼성생명
주식 400만 주 출연과 관련해 우리 언론이 "경제적 자유의 핵심인 재산
권 보호에 관심이 없다"고 질타한다. 정부와 시민단체들이 삼성자동차
부채에 대한 법적 책임이 없는 이 회장의 사재 출연을 강요했다는 것이
다. '사재출연 강요는 자본주의 원칙을 저버린 집단적 약탈행위'라는 자
유기업센터 공병호 소장의 과격한 선언 앞에서 대한민국은 졸지에 떼강
도가 설치는 무법천지가 되고 만다. 그리고 한나라당의 바람잡이들은 이
런 말씀들을 재빠르게 끌어다 색깔론 공세에 날개를 단다.

이런 분들에게는 고전적 자유주의자 J.S. 밀이 『경제학원리』에서 했던
말을 들려주는 것이 좋을 듯하다. "근대 유럽의 사회체제는 근로소득이
나 정당한 분배의 산물이 아니라 정복과 폭력의 산물인 재산분배 상태에
서 시작되었다. 재산권법이 사유재산을 정당화하는 원리에 부합한 적은

172

한 번도 없었다." 우리 나라 재벌총수 일가의 사유재산은 과연 근로소득이나 정당한 분배의 산물인가? 그렇지 않은 경우에도 그들의 재산은 절대적 신성불가침인가? 정부와 시민단체가 정말로 재벌총수의 사유재산을 빼앗았다면 그 실력 있는 고문변호사들은 다 놀고 있단 말인가?

진짜 자유주의자는 모든 종류의 권력 집중에 반대한다. 재벌이라는 민간 경제권력도 예외가 될 수 없다. 재벌을 옹호하는 것은 자유다. 하지만 재벌의 돈을 받아 만든 연구소에서 밥 먹고 살면서 재벌체제를 옹호하는 사람들이 자유주의자의 이름을 함부로 '도용'하는 것은 너무나 염치없는 짓이다.

'과소비'도 때로는 미덕이다

통계청이 발표한 「1998년 3/4분기 도시근로자 가구 가계지수 동향」을 보면 1997년 가을 외환위기에서 시작된 'IMF 경제위기'의 양상을 뚜렷하게 보여주었다. 무엇보다 눈길을 끈 대목은 외환위기가 터지기 직전인 1997년 같은 기간 대비 가계 소비지출의 감소폭이다.

도시근로자 가구의 월평균 명목소득은 약 207만 원으로 14.4%(35만 원) 줄어들었다. 첫째로는 취업자가 받는 급여가 깎였고, 둘째로는 대량 실업의 와중에서 가구당 취업자의 수가 줄어들었기 때문이다. 여기에다 물가인상분을 고려하면 가구당 실질소득은 작년에 비해 무려 20%나 줄어들었다. 한마디로 살기가 너무 어려워진 것이다. 소득이 줄어들자 민간 가계는 그야말로 허리띠를 졸라맸다. 가계의 소비지출이 명목으로는 16.8%, 실질 기준으로는 22.3%나 감소한 것이다.

전통적인 경제이론에 비추어보면 이것은 분명 '비정상적 상황'이다. 고전파 경제학자들은 이자율의 변동을 매개로 저축과 투자의 일치가 이루어진다고 믿었다. 이자율이 높으면 가계는 저축을 늘리고 기업은 투자를 줄인다. 이자율이 낮으면 가계는 저축을 줄이고 기업은 투자를 늘린다. 어느 시점에서 저축보다 투자가 많으면 이자율이 올라감으로써 저축은 늘고 투자는 줄어 균형이 회복된다. 반대 상황에서는 이자율이 내려감으로써 저축이 줄고 투자가 늘어 균형을 찾는다. 저축된 액수만큼 투자가 이루어지기 때문에 국민경제 전체가 총수요 부족으로 인한 불황에 빠지는 사태는 있을 수 없다는 이야기다.

그러나 케인스는 이 낡은 '신앙'을 뒤집어엎었다. 투자는 이자율에, 그리고 소비는 소득 수준에 좌우된다고 본 것이다. 현대의 경제학자들은 더욱 다양한 이론과 가설을 제시했는데, 대충 뭉뚱그려 보면 기업의 투자결정은 이자율과 예상수익률, 현재의 경기상황, 그리고 미래의 경기에 대한 예측 등에 영향을 받으며, 가계의 소비지출은 현재의 소득과 자산의 크기, 미래 소득에 대한 예측에 달려 있다는 것이다.

케인스주의적 거시경제 모델에서는, 호경기에 소득이 증가하면 소비는 그보다 소폭으로 증가한다. 불경기에 소득이 감소하면 소비는 역시 그보다 소폭으로 줄어든다. 증감폭이 소득보다 적기 때문에, 온탕과 냉탕이 반복되는 경기순환에서 소비의 증감은 경기 변동의 폭을 제한하는 일종의 '자동 안전장치'로 작용한다. 이것이 '정상적인 상황'이다.

통계청의 발표는 우리 경제가 '정상적 경기악화'가 아닌 '공황상태(panic)'에 빠져 있었다는 것을 보여주었다. 이른바 'IMF 위기' 극복의 전망이 지극히 어둡기 때문에 국민들은 앞으로 가구소득이 더 줄어들 것이라고 예상했다. 여기다 주식과 부동산 가격의 하락으로 가계의 자산 규모도 1997년보다 크게 줄었다. 그래서 소비가 '현재소득'보다 더 큰 폭으로 감소한 것이다. 현재 경기가 나쁘고 전망도 극히 불투명하기 때문에 기업은 설비투자를 절반 이하로 줄여버렸다. 투자수요까지 얼어붙은 것이다. 수출의 증가가 아니라 수입의 격감이 그 원인이기 때문에 대규모 경상수지 흑자도 소비수요와 투자수요의 격감을 보상하기에는 역부족이었다.

지나고 나면 모든 것이 더 분명해진다. 정부는 IMF의 요구에 따라 1998년 내내 연리 30%에 육박하는 고금리 정책을 썼다. 그렇지 않아도 경기전망이 어두운 판국에 취해진 이러한 금융긴축과 고금리 정책은 기업의 투자를 그야말로 얼어붙게 만들었다. 가장 현명한 위기 탈출대책은 정부가 직접 나서서 총수요를 확대하는 대규모 공공투자였다. 길을 내고 항만을 건설하는 물적 인프라 투자든, 학교와 대학과 연구소를 세우는 지적 인프라 투자든, 금융과 재정 양면에서 과감한 공세를 펴야 한다는 이야기다. 벌써 60년이 넘은 낡은 처방 같지만, 모든 민간 경제주체가 심리적 공황상태에 빠져 있는 '비정상적 상황'에 대한 처방으로서 확실한 것은 아직 없다. 하지만 엄격한 균형재정과 재정긴축에 대한 IMF의 요구 때문에 정부는 이런 정책을 펼 수가 없었다.

하지만 모든 것이 IMF 탓이라고 할 수는 없다. 정부를 운영하는 고위 정치인 중에도 이를 전혀 이해하지 못하거나 경제위기를 악화시키는 엉뚱한 정책을 고집한 이들이 한둘이 아니었기 때문이다. 대표적인 예가 1998년 봄의 상암동 월드컵축구 전용구장 건설계획 백지화 논란이다. '일인지하 만인지상(一人之下 萬人之上)'인 김종필 전 총리는 전용구장 건설에 반대하는 입장을 피력하면서 "온 국민이 허리띠를 졸라매는 상황에서 정부가 돈을 펑펑 쓰면 되겠느냐"고 했다. 이는 물론 전용구장 신축에 반대한 일부 여론과 정치인들의 주장을 반영한 것이고 그 선의는 이해할 만한 것이었다. 하지만 이는 "지옥으로 가는 길은 선의로 포장되어 있다"는 격언의 타당성을 증명하는 무모한 주장이었다.

소득이 감소하면 누가 시키지 않아도 민간 가계는 소비를 줄인다. 금리가 높고 경기전망이 나쁘면 기업은 스스로 투자를 줄인다. 수출입을 논외로 할 때 국민경제의 총수요는 소비수요와 투자수요, 그리고 정부의 재정

지출을 합친 것이다. 소비수요와 투자수요의 격감으로 국민경제가 불황의 나락에 빠져 있는 판국에 정부의 재정지출을 줄이는 것은 위기를 더욱 심화시키는 자살행위와 마찬가지다. 국민들이 허리띠를 졸라맨다고 해서 정부마저 허리띠를 졸라매야 하는 건 아니다. '작은 정부'를 무조건 선(善)으로 간주하고 정부 역할의 축소를 외치는 것은 일종의 이데올로기에 불과하다.

번지수 잘못 짚은 부동산 대책

정부는 재정·금융정책의 의사결정권을 IMF에게 빼앗긴 상황에서도 독자적으로 취할 수 있는 정책을 찾아나섰는데, 대표적인 것이 침체한 부동산 경기와 건설 경기를 되살리기 위한 대폭적인 규제 해제였다. 건설교통부의 발표에 따르면 1999년 1월 1일을 기준으로 전국 표준지 공시지가는 1년 전보다 무려 13.6%나 하락했다. 하락을 주도한 곳은 서울과 부산, 대구를 비롯한 대도시였다. 부동산에 묻어둔 우리 국민의 자산가치가 그만큼 줄어든 셈이다. 가계 소비가 자산의 크기에 영향을 받는 만큼, 땅값 하락은 대량실업, 임금삭감과 더불어 지난해 민간 가계의 실질 소비지출이 20% 넘게 격감하는 데 적지 않은 역할을 했다고 볼 수 있다.

정부의 부동산 관련 규제 해제와 지원책은 예전이라면 상상도 할 수 없었을 만큼 파격적이었다. 아파트 분양가 전면 자율화, 민영아파트 청약자격제한과 청약배수제 폐지, 아파트 분양권 전매 자유화, 다주택 소유자에 대한 한시적 양도소득세 면제, 아파트 중도금 4조 원 대출, 토지거래 신고제 폐지, 택지환매제 폐지 등 굵직굵직한 조치들만도 다 헤아리기가 어려울 정도였다. 하지만 1999년 내내 부동산 경기가 전반적으로 호전되지는 않았다.

반면 통계청이 발표한 「1999년 1월 중 산업활동 동향」을 보면 생산은

1998년 11월 이후 계속해서 가파른 상승세를 보여 1월에는 작년 같은 기간보다 14.7%나 늘어났다. 기업의 설비투자도 호조를 보이고 도소매 판매 역시 외환위기가 시작된 후 처음으로 증가세를 기록했다. 1998년 10월을 전후해서 경기가 바닥을 쳤다는 통계청의 분석대로 실물경기는 1999년 내내 가파른 상승세를 보였고 1999년 3/4분기 국내총생산은 1998년도 같은 기간에 비해 무려 12%가 넘는 성장률을 기록했다.

그런데 1998년 부동산 경기의 침체는 규제 때문이라기보다는 20%를 웃돌았던 고금리 때문이었다. 자산 보유자들에게 부동산과 주식, 그리고 신탁 등 금융상품은 임의적으로 선택할 수 있는 자산 보유형태다. 부동산 취득을 크게 수월하게 해주었지만, 경기전망이 지극히 어두운 반면 은행 금리는 매우 높았던 1998년 상황에서 실제로 땅에다 돈을 묻을 사람은 별로 없었다. 한마디로 부동산 규제 해제와 조세 감면 정책은 별다른 경기진작 효과를 내지 못한 것이다.

규제 해제는 오히려 여러 가지 부작용을 초래했다. 1999년 2월 24일 밤 서울 영등포구 대우 드림타운 모델하우스 현장에는 영하의 날씨에 수천 명이 진을 치고 밤을 새웠다. 선착순으로 모집하는 아파트 조합원 가입 신청을 내려는 사람들이 몰려든 것이다. 부동산 경기가 전반적으로 침체한 가운데 갑자기 나타난 '청약열기'가 분양권 전매 자유화에 따른 투기열풍임을 짐작하기란 어렵지 않다. 다음날 성업공사가 실시한 폐업은행의 고정자산 공매에서는 최고 20대 1의 경쟁이 벌어지면서 법원 경매보다 몇 배나 높은 55%의 낙찰률을 기록했다. 이런 현상은 법원 경매에서도 나타나고 있다.

1999년 들어 금리는 외환위기 이전보다 낮은 수준으로 내려가 11월까지도 한 자리수에 머물렀다. 대출금리가 연 30%에 육박했던 1998년의 고금리 시대가 끝나기 무섭게 일찍이 찾아보기 어려웠던 저금리 시대가 시작된 것이다. 무디스와 S&P 등 국제 신용평가 기관들은 1999년 들어

한국의 신용등급을 단계적으로 상향조정했다. 가까운 미래에 금리가 크게 상승할 가능성은 별로 없어 보인다. 따라서 그 동안 고금리 금융상품에 몰려 있던 돈이 부동산 쪽으로 이동하리라는 것은 누구든지 짐작할 수 있다. 영등포 아파트 분양 창구와 성업공사 공매 현장에서 벌어진 사태는 머잖아 몰아닥칠 부동산 투기 열풍을 예고하는 '국지전'일 가능성이 크다.

이 '타임 래그(time lag)'를 어찌할 것인가? 불황 극복을 위한 규제 해제 효과가 호경기에 가서 투기 열풍을 불러오면 그때 가서 또다시 새로운 규제를 만들 것인가? 한시적 양도소득세 면제나 국민주택 채권매입 부담 완화 등 한시적 조치는 문제가 될 수 없다. 하지만 무작정 풀어버린 규제를 다시 도입하기는 어렵다. 이렇게 보면 경제위기 극복을 위해 취한 부동산 규제 해제가 현 정부의 집권 후반기에 원성의 대상이 될 수도 있다.

상암동 월드컵축구 전용구장 건설 논란과 아파트 분양 과열 현상은 정책 당국자들의 무지(無知)나 착각이 문제를 더 악화시킬 수도 있음을 보여준다. 무작정 대중의 정서에 영합하는 '허리띠 조이기' 논리나 시장만능 이데올로기에 휩쓸린 무분별한 규제 완화로는 위기를 탈출할 수 없다.

손해는 나누고 이익은 독차지하겠다?

"**실**패한 경영진은 물러나야 한다." 1999년 7월 전경련 산하 한 국경제연구원이 공개한 보고서는 우리에게 이런 '엄청난 진리'를 깨우쳐주었다. 불확실성과 불가측성은 경쟁시장의 기본 속성이다. 모든 것을 다 한치의 오차도 없이 내다볼 수 있고 그 결과를 100% 확실하게 예측할 수 있다면야 어디에 쓰려고 경쟁을 하겠는가. 사정이 이렇기 때문에 모든 형태의 경제적 선택에는 불확실성과 불가측성으로 인한 위험(risk)이 따른다.

시장은 기업의 합리적인 선택에 대해서 이윤이라는 달콤한 열매를 선사하지만 불합리한 선택에 대해서는 파산과 퇴출의 고통을 내린다. 그러므로 시장기능이 살아 있다면 실패한 경영진은 저절로 물러나게 된다. 이 명제는 보통 경제학원론 교과서의 첫번째 장에 등장하는 '만인공지(萬人共知)의 비밀'이다. 그런데도 누가 "실패한 경영진은 물러나야 한다"고 주장하고 많은 사람들이 고개를 끄덕인다면, 그건 시장이 제대로 기능하

"실패한 경영자는 퇴출돼야"

韓經硏, 재벌행태 정면비판 보고서 재계 충격

전경련 부설기관이 들고나와 파문 예상
구조조정 해이 일침… 정부개혁에 '항복' 해석도

재벌의 이해를 대변해온 한국경제연구원조차 일부 재벌들이 보여준 안이한 상황 인식과 선단식 경영 행태를 조목조목 비판하고 있다. (『동아일보』, 19999년 7월 12일)

지 않는다는 증거로 봐야 한다. 그리고 만약 그게 사실이라면 누군가(아마도 정부 또는 여론이) 시장을 대신해서 그렇게 만들어야 한다.

그렇지만 한국경제연구원의 엘리트 경제학자들께서는 여태 이 '평범한 진리'를 모르고 있었던 모양이다. 아니면, 잘 알지만 말할 수 없는 말 못할 사정이 있었든지. 어쨌거나 이 뒤늦은 '득도(得道)' 또는 '득도의 고백'이 재계에서 일으킨 적지 않은 파문은 경제학을 잘 모르는 사람에게까지 깨달음의 즐거움을 안겨준다. "아하, 그렇군. 재벌기업의 경영진은 실패해도 퇴진할 필요가 없는, 그런 얼치기 시장경제를 우리가 해왔다는 말이지."

잘못으로 판명난 경제적 선택에 대한 책임을 회피하거나 남에게 떠넘기는 태도가 재벌기업 총수들의 전유물이라고 생각한다면 그건 오해다. 예컨대 삼성자동차 처리 문제를 둘러싸고 벌어진 일련의 사태를 보면 모든 경제주체들이 정도의 차이는 있지만 똑같은 행태를 보이고 있기 때문이다.

우선 이건희 회장은 정부와 시민단체의 압력이 견딜 수 없을 정도로 높아진 후에 비로소 사재출연으로 삼성자동차 부채를 갚겠다고 나섰다. 그것도 정부가 삼성생명 상장을 허용해서 이 회장이 가진 삼성생명 주식을 높은 가격에 처분할 수 있게 해준다는 조건 아래서 말이다. 만약 그 길로도 부채 청산이 어려우면 삼성그룹의 다른 계열사에 부채의 일부를 떠맡기려는 태도를 보이고 있는데, 이는 자동차산업 진출이라는 이 회장의 '결단'에 대해서 아무런 책임도 질 필요가 없는 계열사 주주들에게 손실의 일부를 떠넘기는 짓이다. 소액주주 운동의 선봉인 참여연대가 그냥 내버려둘 리가 만무하다.

협력업체들은 협력업체대로 삼성그룹과 정부에 대해 부산의 삼성자동차 공장 가동 중단으로 인한 투자손실을 보상하라고 요구한다. 그 처지와 심정은 이해하고도 남지만 엄밀하게 따지면 이것도 시장원리에 어긋나는 마찬가지다. 삼성자동차가 잘되어서 이윤을 남기면 내 것이요, 잘못되어서 망하면 그 책임은 남이 지라는 식이기 때문이다. 전형적인 '이윤의 사유화와 손실의 사회화' 전략이다.

사업하는 사람들만 그런 것이 아니다. 김영삼 전 대통령과 이른바 부산 지역정서를 대변하는 정치인들에게서도 이런 태도는 더 공격적인 양상으로 드러나고 있다.

나는 삼성그룹의 자동차산업 진출 문제는 원칙적으로 정부가 허가하고 말고 할 그런 문제가 아니었다고 본다. 기업인의 판단이 언제나 옳은 건 아니다. 하지만 그렇다고 해서 대통령이나 경제관료가 돈벌이를 직업으로 하는 기업인보다 더 정확한 판단을 내릴 수 있다는 보장은 없다. 게다가 시장경쟁은 다른 조건이 같다면 공급자의 수가 많을수록 치열해진다. 경쟁이 치열해질수록 소비자가 득을 본다는 것은 논란의 여지가 없다. 기

아자동차를 인수한 현대가 소형트럭 시장에서 독점적 지위를 확보하기 무섭게 대폭적인 가격인상을 감행함으로써 공정거래위원회의 강력한 제재조처를 받은 데서 보듯 독과점 기업은 언제나 소비자를 착취하게 마련이다. 소비자의 복지를 국부의 척도로 삼은 애덤 스미스의 고전적 견해를 채택한다면 삼성의 자동차 사업 진입을 막을 이유는 전혀 없다.

게다가 이건희 회장이 벌인 '자동차 도박'의 성패를 선험적으로 단정하는 건 불가능하다. 한국경제연구원과 자유기업센터의 '석학'들께서 수호성인으로 모시는 '하이에크 선생'의 말마따나 경쟁은 '새로운 가능성을 발견하는 과정'이다. 삼성자동차가 치열한 국제경쟁을 견뎌내지 못하리라고 누가 감히 예단할 수 있겠는가.

정부의 임무는 국제 자동차시장의 판도와 전망을 분석해서 삼성을 지도하는 것이 아니라 삼성그룹의 총수가 자동차 회사를 만들면서 계열기업 주주들의 이익을 부당한 방법으로 침해하지 못하도록 감시하고, 부당 내부거래나 불공정거래를 통해서 경쟁질서를 어지럽히지 못하도록 법규를 엄정하게 적용하고 처리하는 데 있다. 삼성자동차의 퇴출이 기정 사실로 굳어진 지금도 마찬가지다. 빅딜을 하든 매각을 하든, 아니면 법정관리를 거쳐 청산을 하든, 일을 저지른 장본인인 이건희 회장이 알아서 할 일이다. 정부는 다만 그 과정에서 다른 이해관계자가 부당한 피해를 입거나 금융질서를 어지럽히는 불공정행위가 나타나지 못하도록 하고 이 회장이 실질적인 의사 결정권자로서 그에 상응하는 책임을 지도록 하면 그걸로 그만이다.

그리고 정부의 삼성자동차 처리방식이 어떠하든 이 지역 출신인 전직 '문민대통령'과 그 힘을 빌어 삼성자동차 공장을 유치하는 데 가담했던 정치인, 그리고 관련된 사업자단체와 지역주민 단체들은 삼성자동차를 무조건 살려내라는 '떼쓰기'를 그만두어야 한다. 현 정부가 삼성자동차를 부산에 강제로 떠맡기기라도 했다는 말인가. 그들 스스로 온갖 '빽'

과 연줄을 동원해서 자동차 공장을 그 땅값 비싼 부산에 유치하고 축하의 샴페인을 터뜨리지 않았는가. 자신이 결정한 선택의 나쁜 결과에 대한 책임을 왜 남에게 덮어씌우는가.

물론 부산지역 경제의 몰락이 부산만의 문제는 아니다. 그건 대전이나 광주나 대구지역 경제의 침체가 그 지역만의 문제가 아닌 것과 똑같은 이치다. 지역경제를 활성화하려면 지역주민과 기업, 지방자치단체, 정부가 모두 머리를 맞대고 지혜를 모아야 한다. 그러려면 우선 '김대중 독재자의 정치보복'이나 '부산 죽이기' 따위의 근거 없는 감정적 선동을 하거나 선동에 휩말리기에 앞서, 스스로 내렸던 선택에 대한 일말의 책임의식부터 표명하는 것이 순서가 아닐까 싶다.

'현대'에서 벌어진 중세의 비극

일흔이 넘은 사나이의 눈물. 보기 드문 풍경이었다. 1999년 3월 5일 이임식장에서 '전(前)' 현대자동차 명예회장 정세영 씨는 울음을 터뜨렸다. 평범한 남자도 아니고, 30년 세월을 바쳐 세계적인 자동차 회사를 키워낸 노(老)기업인의 눈물인 만큼 그 무게는 여느 눈물과는 다른 것이었다.

정씨는 주주총회에서 가까운 인물을 이사로 선임하는 등 경영권 장악을 시도했다는 이유로 '큰형님' 정주영 씨의 노여움을 사 현대자동차에서 완전히 손을 떼게 된 것으로 알려졌다. 현대산업개발을 '작별선물'로 받고 그룹에서 독립해나가기로 한 정씨의 작별소감 가운데 다음 발언은 재벌공화국으로 일컬어지는 한국 경제의 미래와 관련해 특별히 되씹어볼 만한 가치가 있다.

"현대자동차를 세계 5위 안에 진입시키지 못한 점이 아쉽지만, 세계적으로 경쟁이 가장 심한 자동차 부문은 이제 아이디어와 패기를 갖춘 젊은 사람이 경영을 맡아야 할 때라고 생각한다."

한국 자동차업계 최고의 '전문경영인'이 하신 말씀이니 믿어도 될 것이다. 그런데 '아이디어와 패기를 갖춘 젊은 사람'은 누구일까? 정세영 씨의 '쿠데타'가 '나흘 천하'로 끝난 경위와 정씨가 보유하고 있던 현대자동차 지분 8.33%를 인수한 사실로 미루어, 정주영 명예회장의 장남이며 현대 회장인 정몽구 씨가 바로 그 사람임에 분명하다.

정몽구 씨는 삼촌보다 젊다. 이건 확실하다. 젊으니까 패기가 더 있다? 그럴 수도 있지만 꼭 그렇다고 말하기는 어렵다. 패기가 어디 꼭 나이순인가. 그럼 '아이디어'는 어떨까? 내가 과문(寡聞)한 탓인지는 모르겠지만, 그리고 정몽구 회장을 깎아내리려는 의도도 없지만, 그가 '아이디어맨'이라는 이야기는 안타깝게도 아직 들어보지 못했다. 정세영 씨는 정말로 장조카가 '패기와 아이디어'가 풍부한 경영자라고 믿는 것일까? 알수 없는 일이다.

하지만 분명한 것은 경영능력이라는 '획득형질'이 유전된다는 증거는 없다는 생물학적 사실이다. 이것은 '통치능력'이 유전되지 않는 것과 똑같은 이치다. 고대나 중세 봉건왕조의 왕위세습 제도의 약점을 논증하는 데는 무슨 특별한 정치사상이나 이론을 들이댈 필요도 없이 이러한 '생물학적 사실' 한 가지만으로도 충분하다. 예컨대 조선 태종이 흘린 '용의 눈물'은 현군 세종대왕이라는 결실을 거두었지만, 어린 조카를 죽인 수양대군의 눈물은 병약한 아들 예종의 통치능력에 아무런 도움도 주지 못했다. 세조의 손자 성종은 비교적 훌륭하게 왕조를 통치했지만 그 아들 연산군은 어미인 폐비에 대한 피비린내나는 복수극을 일으키고 폭정을 일삼은 끝에 결국 이복동생 중종의 반정으로 비참한 몰락을 맞았다.

장자 중심의 왕위세습 제도는 나라의 운명과 만백성의 안위를 유전자 결합이라는 우연의 손에 내맡기는 제도였다. 왕과 왕비의 유전자가 운 좋게 멋진 결합을 이루면 훌륭한 왕이 나와서 태평성대가 오고 그 반대의 경우에는 만백성이 도탄에 빠지는 것이다. 이런 면에서 북한의 20세기판 '왕위세습' 역시 똑같은 위험성을 내포한 우매한 행동이다. 하지만 이게 어디 북한만의 일인가. 휴전선 이남에서도 몇십 년 동안 이런 일이 반복되어왔다. 국가권력이 아닌 경제권력의 세습이라 그나마 다행이지만.

정경유착과 문어발식 사업확장 등을 두고 재벌 총수를 비난하는 여론이 높지만 재벌 창업자들은 경영의 귀재든 로비와 협잡의 귀재든, 어쨌든 '능력을 검증받은 인물'임에 분명하다. 순전히 운만 가지고 거대기업을 세울 수는 없다. 예컨대 요즘 잘 나가는 삼성전자 D램 반도체 사업은 삼성그룹의 창업자인 이병철 회장의 기업가적 능력 없이는 태어나지 못했을지도 모른다. 정주영 회장이 없었어도 현대자동차는 있을 것이라고 하는 건 분명 지나치다. 그러니 재벌 창업자들이 자기가 만든 기업과 엄청난 재산을 가지고 무슨 짓을 하든 그건 경우에 따라 참아줄 수도 있겠다.

하지만 그렇게 일군 거대기업을 출생이라는 제비뽑기로 물려받은 2세들은 다르다. 어릴 적부터 경영수업을 받았다고는 하지만 그들의 경영능력이 시험대에 오르는 것은 실제로 경영권을 세습한 다음부터다. 우리는 2세들이 상속받은 기업을 파산의 구렁텅이로 몰고간 사례를 이미 여럿 목격한 바 있다. 만약 정주영 씨의 아들들이 유전자 결합을 통해서 물려받은 '경영자질'이 온실 속의 경영수업만으로는 극복할 수 없을 만큼 빈약하다면, 그들은 경영권 세습의 대가를 치르게 될 것이다.

그런데 문제는 이 기업의 사활에 생계를 걸고 사는 수십만의 '현대 가족'들까지도 그 위험을 함께 걸머져야 한다는 점이다. 이런 어처구니없는 '중세(中世)의 비극'이 21세기의 '현대(現代)'에서 재현되지 않기를 간절히 바라면서, '정씨 2세'들의 건투를 빌어본다.

정치에도 자유경쟁을

개인으로서 3김을 중시하다면
'3김 정치'의 종말은 '생물학적으로' 예정되어 있다.
누가 애쓰지 않아도 저절로 온다. 새로운 정치를
지향하는 이들이 걱정해야 할 일은 그 다음이다.
3김이 만든 선거연합이
그들의 퇴장과 더불어 허물어질 때
그 자리에 무엇을 어떻게 세울 것이며,
그걸 위해서 지금 무엇을 할 것인가.

정당은 없다

1999년 말까지 내각제 개헌을 추진하기로 했던 DJP의 선거공약은 물거품이 되었다. 김종필 씨는 포기가 아니라고, 2000년 총선에서 여건이 조성되면 다시 시도하겠다고 했지만 자민련이 '당의 존재근거'로 삼았던 내각제 개헌은 일단 물 건너갔다고 보는 편이 타당할 것이다.

그런데 이상한 것은 자민련이 DJP연합의 핵심고리인 내각제를 포기하면서도 특별한 정치적 반대급부를 받지 않았다는 사실이다. 나아가 국민회의와 공조를 더욱 굳건히 하겠다고까지 했다. 이건 내각제 포기 그 자체보다 더 놀라운 '사건'이다. 한 자리 수에 불과한 낮은 지지도를 가지고도 고래심줄처럼 질기게 자기 몫을 챙기곤 했던 자민련이 아닌가. 두 '정치 9단'이 2000년 총선 이전에 합당하기로 이면합의를 했을 것이라는 추측이 설득력을 가졌던 것은 바로 이런 사정 때문이었다.

'정치는 생물'이라는 DJ의 지론을 달리 해석하면 '한국 정치는 권모

술수의 정치'라는 뜻이 된다. 정치 지도자의 이해관계와 전략·전술에 따라 정치판이 하루아침에 뒤집기를 하기 때문에, 아직 세계동물학회의 인정을 받지 못한 이 희귀한 생물이 언제 어떤 모습으로 변신할지는 아무도 예측할 수 없다. '야당의 분열'을 피하기 위해 2000년 이후로 미루긴 했지만 YS의 민주산악회 재건 선언으로 '후3김시대'가 도래할 조짐을 보였던 1999년 여름, 끝이 보이지 않는 '3김정치'에 염증을 느끼는 사람들은 노회한 정치 지도자들의 탐욕과 권위주의에 분통을 터뜨렸다.

하지만 어쩌랴. 30년 전의 '40대 기수'들이 70대 노인이 되어서도 정치라는 '생물'을 임의로 조종하면서 권좌를 지키도록 허용한 것은 그 다음 세대의 정치적 무능이 아닌가. 외국물을 먹은 지식인들은 흔히 구미의 정당정치에 견주어 우리의 패거리 정치를 비난한다. 하지만 이런 비판은 아무 소용이 없다. 우리 나라에는 정당이 없기 때문이다. 한국 정치를 이해하려면 이 점을 잊지 말아야 한다.

정당이 없다니? 그게 무슨 말인가 의아해할지도 모르겠지만, 정당을 '정치적 이상과 정책을 공유하는 사람들의 집단'으로 보는 일반적 견해를 적용할 때 그렇다는 말이다. 우리 나라 정당은 모두 '한시적 선거연합'에 불과하다. 정치인들은 이념이나 정책과 별로 관계없이 오로지 자기가 당선되는 데 유리한 정당의 공천을 받기 위해 모여든다. 정치적 이상과 신념은 별로 중요하지 않다. 당선에 불리하면 헌신짝처럼 소속 정당을 버리는 것이 보통이다.

중요한 선거가 있을 때마다 정치인들의 이합집산과 새로운 '선거연합'의 부침이 반복되는 것은 바로 그 때문이다. 가장 대표적인 선거연합은 1989년 말 노태우·김영삼·김종필씨가 세 정당을 합쳐서 만들었던 민주자유당이다. 민자당은 대중적 스타가 없어서 정권재창출을 기약할 수 없는 상황에 있던 당시 민정당 총재 노태우 대통령, DJ의 평민당에 제1야당 자리를 빼앗겨 단독집권 가능성이 희박했던 김영삼 통일민주당 총재, 그리고 '영원한 제4당' 지위를 벗어나 권력의 일각을 차지하고 싶었던 김종필 신민주공화당 총재가 내각제 개헌을 통해 권력을 분점하기로 밀약하고 만든 선거연합이었다.

평민당은 1992년 총선을 앞두고 이기택, 노무현, 김정길 등을 비롯한 7인의 의원을 보유한 '꼬마민주당'과 민주당이라는 야권통합 선거연합을 만들었다. 1996년 광역 지방자치단체 선거를 활용하여 DJ가 정치에 복귀한 직후 탄생한 새정치국민회의는 '김대중당'의 공천이 당선에 가장 유리하다고 보는 정치인들이 민주당을 깨고 나와 만든 새로운 선거연합이었다. DJ가 2000년 총선을 맞아 새로 만든 새 천년 민주당도 그 명분이 어떻든 DJ의 집권 후반기 권력 안정을 도모하기 위한 또 하나의 선거연합에 불과하다.

3김 이후를 위한 준비

이른바 '3김정치'의 본질은 정치가 '정당' 간의 경쟁이 아니라 '선거연합' 사이의 권력 게임이라는 데 있다. 따라서 입만 열면 '3김정치 청산'을 외치는 한나라당의 목소리는 아무런 설득력도 가질 수 없다. 중요한 선거가 있을 때마다 당의 이름이 바뀌고, 극우적 사고방식과 극좌적 전력을 지닌 인물들이 한 지붕 아래 동거하고 있다는 점에서, 현재의 여야 정당은 모두 '3김정치'의 불가결한 구성요소이기 때문이다.

3김이 주도한 '선거연합 정치'의 주도권과 파괴력은 그것이 지역주의와 결합한 시장분할 카르텔이라는 데서 나온다. 그것은 지역분할 카르텔이 깨지기 전의 소주시장과 비슷한 구조를 가지고 있다. 서울은 '진로', 경상도는 '금복주', 전라도는 '보해', 강원도는 '경월', 이런 식으로 지역을 분할한 소주 공급업자들은 본거지의 유통망을 철저하게 지배함으로써 새로운 경쟁자의 출현을 봉쇄했다. 이 구조가 여태 존속되었다면 '소프트 곰바우'니, '미소주'니, '참이슬'이니 하는 젊은 고객 취향의 '부드러운 소주'는 시장에 나오지 않았을지도 모른다.

3김 이후 세대의 정치적 무능은 새로운 정치결사를 만들지 못한 데서 드러난다. 하지만 그 책임은 그들 자신에게도 있지만 소선거구제라는 높은 정치적 진입장벽을 쳐두고 본거지의 '정치적 유통망'을 완전히 장악한 3김세대에게 있는 것도 사실이다. 그 바람에 새로운 세대의 정치인들은 3김이 주도하는 선거연합 가운데 어느 하나에 가담하지 않고서는 제 한 몸 추스릴 수 있는 정치적 생존의 터전을 만들 수 없었다. 민중당과 한겨레당(1988년), 통추(1996년) 등 3김의 선거연합에 가담하기를 거부했던 정치세력의 거듭된 좌절은 3김정치라는 '지역분할 카르텔'을 깨뜨리기에는 아직 힘이 부족하다는 사실을 여실히 보여주었다.

그러나 3김의 정치 지배를 무조건 비난할 수 있는 건 결코 아니다. 그들은 그 세대의 경험과 사고방식과 문화를 바탕으로 나름대로는 자신들이 할 수 있는 '최선'을 다하고 있다. 문제는 국민의 의식과 선택이다. 모든 국민은 자기 수준에 맞는 정치를 갖는다. 이 말은 표현의 자유와 자유 선거가 허용된 사회에는 예외 없이 적용할 수 있다. 지금의 '선거연합 정치'는 6월 민주항쟁 이후 각각 세 차례의 대통령 선거와 국회의원 선거, 그리고 두 번의 지방자치 선거에서 드러난 국민의 선택을 통해 만들어졌다. 이 구조가 무너지는 데도 국민의 선택이 필요하며, 사람의 의식이 바뀌는 데 시간이 필요한 만큼 우리는 앞으로도 여러 차례의 선거를 더 치러야 할 것이다.

김영삼 씨의 민주산악회 재건 움직임과 김대중 대통령에 대한 감정적 비난을 보면서 '후3김시대'의 도래를 개탄하는 이들이 많다. 그러나 '후3김시대' 그 자체는 큰 문제가 될 수 없다. '신(新)'을 붙이든 '후(後)'를 붙이든, 그건 보는 관점에 따라 마음대로 할 수 있겠지만, 우리가 직시해야 할 것은 우리 정치가 '3김정치'의 본질인 '선거연합 정치'를 벗어난

적은 아직 없다는 사실이다.

개인으로서의 3김을 중시한다면 '3김정치'의 종말은 '생물학적으로' 예정되어 있다. 누가 애쓰지 않아도 저절로 온다. 새로운 정치를 지향하는 이들이 걱정해야 할 일은 그 다음이다. 김대중 대통령의 퇴임과 더불어 '선거연합 정치'를 마감할 준비를 해야 한다는 말이다. 국민회의에 젊은 피를 '헌혈'해서 '새 천년 민주당'의 거름이 되든, 보수원조 자민련에 들어가 '유신본당' JP를 총재로 모시든, 또는 한나라당의 '역정계개편'에 투신하든, 그도 저도 아니면 민주노동당의 기치를 들고 기성 정치권의 철옹성에 온몸으로 도전을 하든, 정치를 통해 사회에 봉사하려는 젊은 세대는 긴 호흡으로 생각하고 준비해야 한다. "3김이 만든 선거연합이 그들의 퇴장과 더불어 허물어질 때 그 자리에 무엇을 어떻게 세울 것이며, 그걸 위해서 지금 무엇을 할 것인가."

투표하지 않을 권리

1999년에는 유난히 재·보궐선거가 많았다. 선거로 뽑힌 국회의원과 지방자치단체장들이 부정선거로 당선 무효되거나 비리사건이나 국가보안법 위반 정치사건으로 감옥에 가는 등 여러 가지 사정 때문이었다. 그런데 이 재·보궐 선거의 투표율이 매우 낮았다. 기껏해야 30~40%요, 곳에 따라서는 20%대에 그친 곳도 있었다. 그래서 중앙선관위는 투표를 하지 않는 유권자에게 5,000원의 과태료를 물리도록 선거법을 개정하자고 제안한 적이 있다. 이건 무척 재미있는 발상이지만 새롭지는 않다. 말 안 듣는 사람한테 벌금을 매기는 건 수천 년 묵은 권력의 전매특허니까.

그런데 1999년 가을 울산 동구 선관위는 그보다 더 기발하고 색다른 아이디어를 내놓았다. 29인치 텔레비전, 김치냉장고, 전기밥솥 따위의 경품을 내건 것이다. 이른바 '동창회 사건'으로 국가보안법 위반 사범이 된 울산 동구청장의 후임자를 뽑는 보궐선거에서 한 표를 행사하는 유권자들에게 나누어주기 위한 경품이었다.

선관위의 희망사항은 소박했다. "기초자치단체장 보궐선거 투표율이 20~30%에 머물러 선거의 의미가 훼손되고 당선자의 대표성에도 문제가 있다." "경품행사 덕분에 투표율이 40%를 넘어서기를 기대한다." 그런데 어딘가 이상하다. 선관위가 선거 관리만 엄정하게 하면 그만이지, 오지랖 넓게 투표율 걱정은 왜 할까? 투표율이 낮은 걸 고민해야 할 책임자는 여야 정당과 정치인들이 아닐까?

그런데 한번 물어나보자. 도대체 투표를 왜 해야 하느냐고? 자기가 지지하는 후보자를 당선시킴으로써 정치적으로 의사표시를 하기 위해서? 옳은 말이긴 하다. 하지만 그렇다고 해서 언제나 투표를 해야 하는 건 아니다.

선관위는 '귀중한 한 표'를 행사하자고 호소한다. 하지만 '나'(유권자 개인)는 수천만 명이 투표하고 수십만, 수백만 표 차이로 당락이 판가름 나는 대통령 선거에서 '나의 귀중한 한 표'가 승부에 영향을 줄 것이라고는 믿지 않는다. 더러는 치열한 접전이 벌어져 몇십 표가 승부를 가르기도 하는 국회의원 선거에서도 정도는 덜하지만 사정은 마찬가지다. '나의 한 표'는 사실 있으나마나 한데도, 어디 꽃구경이나 단풍놀이를 갈 수 있는 기회를 마다하고 수고스럽게 투표장을 찾는 것은 '합리적 (rational)'인 행동이 아니다.

반면 내가 투표를 하지 않을 '합리적'인 이유는 얼마든지 찾을 수 있다. 첫째, 후보자들 사이의 우열이 너무나 분명해서 결과를 미리 알 수 있는 경우 내가 누구를 좋아하고 누구에게 표를 주든 아무 의미가 없다. 둘째, 후보자와 정당들이 다 비슷비슷하게 마음에 들거나 또는 들지 않아서 누가 당선되든지 다 좋다고 생각하는 경우에도 마찬가지다. 이 둘은 '무임승차형 기권'이라 할 수 있다. 셋째는 먹고 살기가 너무 힘들어 투표하러 가는 시간까지도 아껴서 돈을 벌어야 하거나, 직업상 투표일에 집을 떠나 있어야 하는 탓으로 투표를 할 수 없는 경우도 많다. 이런 것은 '생계형 기권'일 수밖에 없다. 정치에 대해서 전혀 아는 바 없고 알고 싶은 생각도 없는 '무관심형 기권자'도 어느 사회에나 있다.

나는 소극적인 기권이 아니라 적극적으로 투표 거부를 할 수도 있다. 내가 만약 보통선거 방식의 민주주의가 사회 혼란을 부르고 경제발전을 가로막는다는 신념을 가진 파시스트이거나, 선거라는 것이 겉보기에는 번듯하지만 사실은 소수 권력자와 부자만을 위한 장식에 불과하다고 믿는 아나키스트라면, 나의 투표 거부는 '체제부정형' 또는 '냉소형 기권'이 될 것이다. 민주주의에 대한 신념은 확고하지만 기존의 어떤 정당과 후보자도 나의 이익과 신념을 대변하지 못한다고 생각할 경우에도 나는 투표를 거부할 것이다. 이것은 '항의형 기권'이다.

낮은 투표율도 민의의 표현

기권할 '합리적'인 이유는 그 밖에도 많고, 꼭 투표를 해야 할 '합리적'인 이유는 별로 없다. 그런데도 사람들은 선거 때마다 열 가운데 일고여덟이 투표를 한다. 왜 그런 일을 할까? 이유는 두 가지다. 첫째는 모두가 '무임승차형'이나 '생계형 기권'을 한다면 선거제도를 유지하는 것 자체가 불가능해진다는 사실을 유권자들이 알고 있기 때문이다. 그래서 그들은 이기적으로 따지면 분명 손해를 보는 경우에도 하던 일을 미루고 투표장으로 간다. 대통령 선거는 수천만 명이 이런 식으로 협력해서 벌이는 거대한 게임이다.

둘째로 투표행위는 정치적 연대감이나 소속감을 확인하는 절차로서 큰 의미가 있다. 유권자들은 정당의 정강정책과 후보자의 공약을 보고 어느 쪽을 지지하는 것이 자신에게 유리한지를 따져 이기적, 합리적 선택을 하는데, 좋아하는 정치인과 정당을 '찍어주는' 행위를 통해 자신과 정치적 견해와 이해관계를 함께하는 사람이 수없이 많다는 사실을 확인함으로써 소중한 '연대의 기쁨'을 누리기도 한다.

이러한 '연대의 기쁨'을 파괴하는 정치는 '무임승차형'과 '체제부정형' 기권자를 양산(量産)한다. 여기에 'IMF 경제위기'가 만들어낸 '생계형' 기권자들이 가세하면 투표율은 더욱 낮아진다. 1999년 재·보궐선거에서 나타난 정치적 냉소주의와 무관심 풍조를 책임져야 하는 것은 선관위가 아니라 김대중 정부 출범 이후 부패한 동료 의원을 지키기 위한 '방탄국회'를 시도 때도 없이 연 야당과 정치개혁은 외면한 채 국민들이 찬성하지도 않는 내각제 개헌 문제로 끝없는 신경전을 벌이고 청와대의 눈치나 살피는 무기력한 여당이다.

1999년 가을의 고양과 용인시장, 광주 남구청장 재·보궐선거의 투표율은 30%대에 머물렀다. 선관위는 투표하지 않은 70%가 어떤 유형의 기권자인지 알아낼 능력이 없다. 그러나 생산적 토론이 아니라 감정 싸움으로 일관해온 여야 정당의 행태와 줄을 잇는 민선 지방자치단체장들의 비리사건을 고려하면 '항의형'과 '냉소형' 기권자의 비중이 결코 적지 않다고 봐야 할 것이다.

이론적으로 볼 때 선관위의 경품이 '생계형'이나 '무관심형' 또는 '무임승차형' 기권자들을 투표장으로 불러내는 효과가 있다는 것은 분명하다. 국가보안법 위반죄로 감옥에 있는 전임 구청장의 부인이 창당 준비단계에 있는 민주노동당의 후보로 출마해 여야 정당 후보를 누르고 압도적인 승리를 거둔 이 보궐선거의 투표율이 '이례적으로' 50%를 넘어선 것을 보면 경품의 '손님 끌기' 효과가 경험적으로도 입증되었다고 하겠다.

하지만 이런 방법도 '항의형'과 '냉소형' 유권자들에게는 약발이 들지 않는다. 게다가 울산 동구 선관위의 '묘책'은 윤리적인 비난을 받을 수도 있다. 기권을 하나의 정치적 의사표현으로 인정한다면 경품은 유권자를 '매수'하는 수단이 되기 때문이다. 한두 곳의 단체장 선거에 그친다면 이것도 애교로 봐줄 수 있다. 하지만 중앙선관위가 국회의원 총선이나 전국적 지방자치 선거에서 똑같은 아이디어를 들고 나오는 사태만은 없기를 바란다. 투표율을 올릴 책임은 정치권에 맡겨두는 게 좋겠다. 낮은 투표율도 민의(民意)의 표현이라는 면에서 높은 투표율과 마찬가지로 존중받아야 한다.

그런데 이런 걱정도 사실 기우(杞憂)에 불과한지도 모른다. 새 천년 초반부터 시작된 경실련과 총선시민연대 등 시민단체의 낙천·낙선 운동과 그에 대한 국민들의 불 같은 지지가 명색이 여야 합의로 만들어진 선거법 개정안을 하루아침에 휴지조각으로 만들어버리는 한국 정치사상 초유의 사태가 벌어졌다.

그리고 '지지정당 없음'과 '투표의사 없음'으로 일관하던 '항의형' '냉소형' 유권자들이 시민단체의 '정치권 쓰레기 분리수거 운동'(어느 네티즌의 표현)에 호응해 자격미달 후보자를 낙선시키기 위해 반드시 투표를 하겠다는 쪽으로 일시에 돌아섰다. 이것이 실제 국회의원 선거에서 어떤 위력을 발휘할지는 아무도 예단할 수 없다. 그러나 한 가지 분명한 점이 있다. 선관위가 쓸데없는 투표율 걱정보다는 본업에만 신경을 써도 아무 문제 없다는 점이다.

더 낮게, 더 천천히, 더 가까이

스무 살짜리 혈기왕성한 젊은이만 사는 사회가 있다고 하자. 무슨 일이 벌어질까. 해마다 한 번씩 혁명이 일어날지도 모른다. 반대로 환갑을 넘긴 노인들만 사는 세상이 있다고 하자. 그러면 아마도 사회의 밑둥이 썩어 넘어져도 개혁조차 하기 어려울 것이다. 새가 좌우의 날개로 날 듯, 사회는 보수와 진보 둘 모두를 요구하며, 인간은 누구나 늙는다는 생물학적 현상은 두 진영 모두에 부족하지 않을 만큼의 추종자를 알아서 공급한다.

안정과 변화가 적절하게 결합된 사회를 만들려면 보수와 진보 사이의 견제와 균형뿐만 아니라 노(老), 장(壯), 청(靑)의 '생물학적 균형'도 반드시 필요하다. 정치적, 사회적 의사결정권의 배분에 있어서 '생물학적 중심'이 지나치게 노년 쪽으로 치우쳐 있는 사회는 개혁의 지체로 인한 사회적 갈등과 청년세대의 소외와 저항 때문에 언젠가는 어떤 형태로든 비싼 대가를 치르게 된다. 박정희, 전두환 시대의 '역사의 지체' 때문에 70

대 대통령이 60대 참모를 이끌고 나라를 운영하는 지금, 우리는 바로 이런 상황을 목격하고 있다.

'권력의 생물학적 균형'이 깨진 것은 대통령이 나이가 많아서가 아니다. 정치제도와 풍토가 젊은 세대의 진출을 가로막고 있는 탓이다. 현역 정치인들만의 책임은 아니겠으나, 우리 나라 유권자들은 '좋은 정치'라는 공공재(公共財)의 공급자인 국회의원을 뽑을 때 사적(私的)인 기준을 적용하는 습관이 있다. 지연, 혈연, 학연을 찾고, 평소 상가나 결혼식에 얼마나 열심히 얼굴을 내밀었는지를 따지며, 심지어는 공중목욕탕에서 등을 밀어준 '계획된 인연'에까지도 점수를 준다. 자기 분야에서 능력을 발휘해서 남의 눈치 보지 않고도 잘 사는 젊은이가 이런 분위기에서 선뜻 정치에 발을 들여놓기란 쉽지 않다.

뿌리를 내린 정책정당이 없다는 것도 정치인의 자연스러운 세대교체를 막는 요인이다. 우리의 정당은 모두 포말(泡沫) 정당이다. 아다시피 유일 야당 한나라당의 어제를 거슬러 올라가면 내란범 전두환이 만든 민주정의당이 나온다. 전두환에게서 권력을 물려받은 노태우는 김영삼, 김종필과 손잡고 집권당의 이름을 민주자유당으로 바꾸었다. 김영삼은 이 정당을 장악한 다음 신한국당으로 간판을 바꿔 달았다. 이회창 총재는 김영삼 씨와 결별하면서 다시 한나라당이라는 이름을 택했다. 불과 10년 동안 네 번이나 당명이 바뀐 것이다.

여당도 마찬가지다. 국민회의는 김대중 대통령이 1987년 김영삼 씨가 이끈 통일민주당과 결별하고 평민당을 창당한 이래 통합과 분열을 거듭하면서 세 차례의 당명 변경을 거친 끝에 새정치국민회의가 되었고, 2000년 국회의원 총선을 앞두고 다시 새로운 당을 만들었다. 김종필 씨의 자유민주연합은 박정희 시대의 집권당 민주공화당에 그 연원을 두고 있다. 1987년 대선을 맞아 김종필 씨는 신민주공화당을 만들었고 1989년 말 3당합당으로 사라졌다가, 김종필 씨가 김영삼 씨와 결별하면서 자유민주연합이라는 이름으로 재생되었다.

이렇게 뿌리 없는 정당은 내부적으로 엘리트 양성과정을 만들 수 없다. 하지만 세상이 점점 빠른 속도로 변하는 데 따라 대처해야만 하는 새로운 문제가 계속해서 발생하기 때문에 새로운 정치 엘리트를 충원하는 일을 멈출 수는 없다. 이 딜레마를 해결하는 방법은 하나밖에 없다. 사회의 다른 분야에서 성공한 유명인사나 능력인사를 영입하는 것이다. 앵커, 영화배우, 탤런트, 개그맨, 가수, 스포츠 스타, 벤처 기업가, 대기업의 전문경영인, 변호사와 대학교수 등 정치권력의 한자락을 열망하는 성공한 인생들은 얼마든지 많다. 이것은 수십 년 동안 익히 보아온 풍경이다.

1987년 6월항쟁 이후 달라진 점이 있다면, 영입 대상자 목록에 '운동권 스타' 또는 '재야 출신'이 포함되었다는 것뿐이다. 특히 김대중 대통령은 야당 총재 시절 국회의원 선거가 있을 때마다 재야 출신의 진보적 지식인들을 영입하여 적지 않은 성공을 거두었다. 김영삼 씨도 대통령 시절 김문수, 이재오, 이우재 씨 등 옛 민중당 지도부를 몽땅 영입해서 쏠쏠한 재미를 봤다. 1999년 여름과 가을에 진행된 여권의 '젊은 피 수혈' 작업의 꽃은 이른바 '386세대'였다.

1999년 11월 '언론대책 문건' 폭로에서 시작된 여야 대립이 '빨치산 발언'의 증폭 과정을 거쳐 대통령의 명예훼손 여부를 둘러싼 '서경원 사건' 재수사로 번져나가면서 정치권이 한치 앞을 내다보기 어려운 난기류에 휩싸인 와중에도 여권은 신당 창당준비위 제2차 영입인사 30명을 공개함으로써 2000년 총선 전략을 차근차근 준비해나갔다.

그때 영입된 인사 가운데는 5공 시절 '땡전 뉴스'를 맵시 있게 진행했던 언론인이 있는가 하면 유권자들의 기억에서 지워진 지 오래인 옛 권위주의 시대에 장관을 지낸 소유자도 여럿 끼어 있었다. 21세기는 모름지기 '자원 재활용'의 시대라 여권이 이런 인물들을 가지고 '21세기형 신당'을 만들지 못하란 법은 없으니 시비를 걸 필요는 없다. 하지만 한 가

유신과 5공 독재를 향해 돌멩이 한 번 던져본 적 없는 '엘리트 경제관료'를 386세대의 상징인 양 포장하거나 무슨 생각으로 정치판에 발을 들여놓았는지 따지지 않고 '386 스타' 대우를 해주는 정치적 거품을 경계해야 한다.(『시사저널』, 1999년 4월 29일자)

지만은 짚고 넘어가야 할 것 같다. 유신과 5공 독재를 향해 돌멩이 한 번 던져본 적이 없는 '엘리트 경제관료'를 386세대의 상징인 양 포장하는 건 좀 지나쳤다.

정치권의 세대교체를 바라는 국민의 요구 덕분에 386세대는 1999년 내내 '정치시장'에서 연일 상한가를 쳤다. 어디 그뿐이었던가. 과거 학생운동에 붉은 칠을 하는데 팔을 걷어부쳤던 『조선일보』는 반체제투쟁으로 날을 지새웠던 386세대를 주인공으로 한 화려한 특집을 연재했다. 억대 연봉을 받는 펀드매니저, 베스트셀러를 만드는 소설가, 코스닥 시장의 스타로 뜬 벤처 사업가 등 어느 분야에서든 성공하고 큰돈을 번 30대는 무조건 386세대의 대표로 만들었다. 대학을 졸업하고 구매력을 가지게 된 386세대를 고객으로 붙잡기 위한 얼굴 두꺼운 아부였다. 그리고 여권 지도부는 신당 추진위원으로 발탁된 30대가 무슨 생각을 가지고 어떻게 살아왔는지, 도대체 무슨 생각으로 정치판에 발을 들여놓았는지 따지지 않고 '386 스타' 대우를 해주었다.

'386세대'의 거품

하지만 386세대는 그저 1960년대에 태어나 1980년대에 대학을 다닌 30대를 통칭하는 말이 아니다. 4.19세대, 6.3세대, 민청학련 세대 등과 마찬가지로 그것은 자유와 민주주의, 사회정의의 실현을 위해 고뇌하고, 행동하고, 개인적 희생을 감수했던 비판적 지식인 집단을 가리키는 역사적 개념이다. 386세대는 이러한 정체성과 비판의식을 지키면서 기성 질서의 모순과 대결할 때만 21세기 한국 사회에서 무언가 의미 있는 일을 할 수 있다.

지나치게 노령화된 정치권력의 '생물학적 불균형'을 바로잡을 필요성을 인정한다면 386세대의 정계 진출은 바람직한 현상이라 하겠다. 문제는 그들을 둘러싼 정치적 거품이다. 기존 여야 정당들은 모두 뚜렷한 강령 없이 특정 지역을 본거지로 삼아 생존을 지키고, 민주적인 토론보다는 총재 개인의 지도력에 의존하는 '지역 선거연합'의 성격을 벗어나지 못하고 있다. 이런 정당들이 앞다투어 젊은 정치 지망생에게 손을 내민 것은 2000년 총선에서 젊은 유권자들의 관심을 잡아끌기 위한 장식품이 필요했기 때문이다. 기왕 화장을 하기로 했으면 짙은 화장이 좋고, 그러자면 자신들이 영입한 '386 대표주자'들을 둘러싼 정치적 거품이 풍성할수록 좋다.

386세대는 지난 1980년대 끈질기고 조직적인 반독재투쟁을 감행했고 결국은 6월 민주항쟁의 승리라는 집단적 업적을 이룬 세대이다. 하지만 그들은 또한 '민중민주주의파'와 같은 관념적 급진주의에 휩쓸렸고, 한

때나마 '주체의 수령관'을 빙자한 반지성적 권위주의 문화를 내면화하는 심각한 오류를 저질렀던 세대이기도 하다. 그런 만큼 넘치는 의욕을 절제하면서 눈물과 피땀으로 지난 1980년대의 강을 건너면서 얻은 것 중에서 무엇을 버리고 무엇을 취할 것인지를 분명하게 정리할 필요가 있다. 특히 지난날 '의장님'으로 불리면서 학생들의 깍듯한 대우를 받은 경험이 있는 '전대협' 시대의 학생운동 '스타'들은 기존 정당의 전략적 환대와 언론의 정치적 선정주의가 만들어내는 정치적 거품을 경계하는 성찰적 태도를 견지해야 할 것이다.

그 용광로 같았던 1980년대를 함께 겪었던 수많은 '이름 없는 386'들이 정계에 입문하는 '어제의 스타'에게 기대하는 것은 위선적이고 권위주의적인 기성 정치풍토에 당차게 도전하는 것이며, '386세대의 대표성'은 1980년대의 훈장이 아니라 지금부터 찾아 세워야 할 그 무엇이다.

"넌 좋겠다. TK라서!"

1999년 10월 10일 국민회의가 발표한 신당추진위원회 영입인사 25명의 명단을 보면 전·현직 관료와 학생운동권 출신의 386세대 '젊은 피'가 뒤섞여 있는데, 특히 눈길을 끈 것은 영남 출신이 9명이나 들어 있다는 점이었다. DJ의 '동진(東進) 의지'를 새삼 확인시켜 준 대목이다. 2000년 국회의원 총선에서 국민회의가 영남에서 어떤 성과를 거둘지는 두고봐야 하겠지만, 나는 이번에도 그 전망이 그리 밝지는 않다고 본다. 영남 지역의 '반DJ 정서'가 크게 약화될 조짐이 없기 때문이다.

영남 지역의 '반DJ 정서'는 일종의 집단적인 정신질환이다. "왠지 싫다." "때려 죽여도 싫다." "싫은데 무슨 이유가 필요하노." 이렇게 나오는 데는 어떤 사실관계를 제시해도 소용이 없고 어떤 논리를 내놓아도 통하지 않는다. 김대중 정부 출범 이후 이루어진 외환위기 책임 규명과 공직자 부정부패 척결 과정에서 영남 출신 몇몇 정치인들이 사정의 도마에 오르자 문제의 'TK 정서'가 또다시 꿈틀대기 시작했다. 다음은 1998년 9월

『뉴스플러스』에 기고했던 글인데, 하도 열 받아서 홧김에 쓴 것이다.

이른바 'TK정서'가 또다시 정치적 관심사로 떠올랐다. 이번엔 선거가 아니라 구여권 인사들의 개인비리가 쟁점이다. 전두환 시대 이후 20여 년간 집권여당의 실력자로서 부귀영화를 누렸던 인물들이 두 주먹을 불끈 쥐고 연단에 올라 '대중 독재'를 규탄하고 자신이 현 정권의 'TK죽이기 음모'의 희생양이라고 외치는 장면은 그야말로 한 편의 '블랙 코미디'다.

대구·경북의 유권자들은 내란과 국헌 문란의 주모자이자 5공 독재의 2인자 노태우 씨를 대통령으로 만들었다. 나라 경제를 말아먹은 김영삼 씨에게 몰표를 준 것도 그들이다. 그래 놓고 1997년에는 김영삼 씨를 화끈하게 욕했다는 이유로 '고향사람도 아닌' 이회창 후보에게 70%의 몰표를 던졌다. 그리고 지금 개인비리 혐의로 감옥 문 앞에 선 한나라당 국회의원들은 또다시 대구·경북의 지역정서를 흔들어 깨운다. 아무리 흉악한 범죄를 저지른 사람이라도, 아무리 무능한 정치가라도, 전혀 검증받지 않은 정치 초년병이라도, 김대중과 싸우기만 하면 무조건 밀어주는 'TK정서'의 정체는 과연 무엇인가?

오해를 피하기 위해서 분명히 말해야겠다. 나는 대학에 들어간 후에는 주로 수도권에서 살았지만, 경북 경주에서 태어나서 대구에서 자란 '토종TK'이고, 그래서 문제의 'TK정서'에 대해서는 알 만큼 안다. 오매불망 대구·경북에 기반을 만들려는 국민회의나 혹시라도 벌집을 건드릴까 조심조심 돌려 말하는 지식인들의 처지를 이해는 하지만, 그래 봐야 백년하청이니 차라리 깨놓고 말하자.

'TK정서'는 허위의식이다. TK는 자기네끼리 모이면 이렇게 말한다. "전라도를 보라. 얼마나 비옥한 땅인가? 비탈뿐인 경상도에서 단군 이래 찢어지게 없이 살다가 겨우 한 30년 좀 산다 싶게 살았는데, 도대체 뭐가 문제냐?" 그런 이유로 대구·경북이 영원토록 권력을 잡아야 한다니, 강원도나 충청도 사람들이 들으면 큰일날 일이다. 그래서 남들 앞에서는 절대로 이런 말을 하지 않는다.

"김대중이는 빨갱이다." "전두환은 딱 한 가지, 김대중 살려놓은 것 빼고는 다 잘했다." 선거 때마다 대구·경북 지역에서 광범위하게 이루어진 선동의 핵심내용이다. 대구·경북 유권자들은 이제 자신들이 독재자와 그 앞잡이들에게 속았다는 것을 안다. 하지만 솔직하게 인정하고 미안해하기보다는 "김대중이 빨갱이는 아니지만 그래도 나쁜 사람이라는 것은 맞다"면서 억지를 부리는 사람이 더 많다. 좋게 말하면 자존심이지만, 사실은 죽어도 잘못을 인정하지 않으려는 특유의 벽창호 기질 때문이다.

"맞은 놈은 뻗고 자도 때린 놈은 오그리고 잔다." 맞고 들어오는 아이들을 위로하는 말이다. TK정서의 밑바닥에는 '때린 놈 콤플렉스'가 깔려 있다. 특히 독재정권에 빌붙어 출세를 했거나, 뇌물과 특혜를 주고받았거나, 패거리를 지어 남에게 못할 짓을 한 'TK성골'과 '진골' 일수록 이런 콤플렉스가 심하다. 개인적으로 나쁜 짓을 한 적이 없는 대다수의 대구·경북 유권자들도 지역사회에서 이런 사람들이 주도권을 잡고 있기 때문에 이 콤플렉스에 감염되었다.

대구 두류산 공원 한나라당 집회에 3만 명이 모인 것은 전혀 놀랄 일이 아니다. 부자는 망해도 3년은 가듯, 아무리 영락한 신세지만 'TK성골'과 '진골'의 동원력이 아직 그 정도는 된다. 대구·경북의 '고향사람'들에게 호소한다. "김대중이 되면 대구 사람 다 죽는다"고들 했는데, 김대중 정부 출범 이후 죄 없이 죽은 대구 시민이 하나라도 있는가?

DJ가 하는 일이 다 마음에 들지 않기는 나도 마찬가지지만, 그래도 대구·경북이 범죄자의 도피처가 될 수는 없지 않은가. 정부여당의 실세까지 포함한 철저한 부패척결을 요구하되, 나라야 어찌 되든 'TK정서'라는 괴물의 잠을 깨워 일신의 생존을 도모하는 부패정치인들의 선동에는 휘말리지 말자.

정면 승부해야 할 TK 정서

이 글이 나가고 나서 걱정하는 전화를 많이 받았다. "그러고도 고향에 갈 수 있느냐?" "혹시 테러라도 당하면 어떻게 하려고 그런 소리를 막 하느냐?" 대충 그런 이야기였다. 하지만 걱정 마시라. 이런 걱정하는 분들도 'TK정서'를 크게 오해하고 있다. 대구 · 경북 사람들이라고 '무뇌아(無腦兒)'일 리가 있는가. 그 사람들도 다 나름대로 생각이 있다. 그 놈의 '반 DJ 정서'만 빼면 다 정상적인 인간들이다.

집안의 족보에 따르면 나는 엘리자베스 여왕이 방문하는 통에 국제적으로도 유명해진 '하회마을'을 본향으로 가진 몰락한 유림의 떨거지다. 하지만 나는 안동을 비롯한 영남 지방의 보수적인 유림문화를 싫어하는 '반골TK'다. 같은 경상도라도 내 출생지인 경주 사람들은 비교적 유순하지만 청소년기 10년을 산 대구 사람들은 목소리가 크고 성격이 급하며 충동적이고 고집이 세다. "말 많으면 공산당"이라는 극우적 교시가 잘 먹히는 것도 이런 성격 때문이다. 또 비뚤어진 경우가 많지만 적어도 주관적으로는 의협심이 강하다.

대구 · 경북 사람들도 '반DJ 정서'를 자랑삼지 않을 정도의 양식은 있다. 문제는 김대중이 아니라 꼬치꼬치 시시비비를 가리는 사람한테는 승복하기 싫어하는 자신들의 기질에 있다는 것도 알 만큼은 안다. 그래서 나 같은 반골이 내놓고 김대중을 옹호해도 별종 취급은 하지만 '왕따'를 시키거나 '김대중 앞잡이'라고 비난하지는 않는다. 대통령 선거에서 기호 2번 선거운동을 하면, 그 사람이 동네 터줏대감이라도 '원래는 전라도 사람'이라고 뒤에서 쑥덕거릴망정 면전에서 대놓고 그런 소리를 할 만큼 몰지각하지는 않다.

나는 'TK정서'가 정면 승부를 할 문제라고 본다. 감추고 구슬러서 마음을 얻을 수 있는 사람들이 아니다. 눈을 똑바로 보고, 큰 소리로 "김대중이 너한테 잘못한 게 뭐 있는데!" 이렇게 소리를 질러야 그나마 통할 가능성이 조금이라도 있다는 말이다. 문제는 오히려 사람들이 지레 겁을 먹고 정면 승부를 피한다는 데 있다. 예컨대 맨날 술 먹고 동네를 어슬렁거리면서 광주에는 실업자가 없다는데, 하는 따위의 흰소리를 늘어놓는 자가 있으면 이렇게 면박을 줘야 한다. "그라모 퍼뜩 광주 가서 취직하지, 니 와 그리 놀고 있노, 임마!" 이렇게 해야 알아먹지, 그렇게 말하는 근거가 뭐냐고 논리적으로 따져봐야 말짱 헛수고다.

앞의 글에 대한 논평 가운데 제일 말이 안 되는 것이 "용기 있다"는 격려였다. 내가 이런 말을 하는 것은 용감해서가 아니다. 내 자신이 TK이기 때문이다. TK들은 동향사람이 이런 말을 한다고 해서 테러하는 사람들이 아니다. 제일 가슴 아픈 논평은 신문 기자로 일하는 호남 출신 친구의 말이었다. "넌 좋겠다. TK라서." 자신도 나와 같은 생각이지만 호남 출신이라서 그런 말을 할 수가 없다는 것이다. 지역감정 때문에 TK를 욕하는 거라고 남들이 비난할까 무서워서 못한다는 말이다. 서글픈 일이다.

그러니 다시 TK들에게, 특히 그 지역 출신 지식인들에게 요구할 수밖에 없다. 남들은 욕 못한다니까, 우리가 나서서 그 문제의 TK정서, 부지런히 욕합시다.

'일해(日海) 대사'의 행복 찾기

독재의 조상 무솔리니는 일곱 명의 아들이 있었는데요
그 중의 하나 ○○○구요 나머지는 스포츠
오른손 들어요 왼손 들어요

5공 시절 대학사회에서 인기 캡이었던 '운동권 동요'의 제1절이다. "특정인의 신체적 특징을 예술의 대상으로 삼는 행위"를 국기 문란 사건으로 다룬 '5공의 엄정한 법 집행'을 뒤늦게나마 존중해서 '○○○'으로 처리한 곳에 어느 신체부위를 가리키는 단어가 들어가 있었는지, 알 만한 독자는 다 알 것이다. 이 '불온 동요'는 후렴에 맞추어 여럿이 함께 손발과 엉덩이를 흔드는 율동을 하면서 부르면 더 감칠맛이 난다.

"이 사람 믿어주세요." 은근한 미소를 흘리면서 천문학적 규모의 뇌물을 받아 챙긴 '보통사람 대통령'과 온 국민의 손가락질을 받으며 퇴장한 '문민황제'의 시대를 거쳐 자칭 '국민의 정부'가 출범한 지 벌써 2년째

212

에 접어든 지금은 이 노래를 목청껏 불러도 별 감흥이 없다. 그저 국민의 평균 수준이라도 되는 인간의 지배를 받아보았으면 여한이 없겠다고, 그렇게 자조 섞인 푸념을 늘어놓곤 했던 그때 그 시절에 대한 아련한 향수만을 불러일으킬 따름이다.

그런데 웬걸, 강산이 한 번 바뀌고 또 절반이 바뀔 만큼 세월이 흐른 시점에서 '동요 속의 ○○○'를 다시 보다니, 이게 꿈인가 생시인가. 그 누가 말했던가, 추억 속에서는 모든 것이 아름다운 법이라고. '내 마음의 ○○○'도 별로 아름답진 않지만 어쨌든 추억의 옷을 입은 지 오래였다. 그런 그가 그 기나긴 세월의 강을 건너 현재진행형의 살아 있는 인간으로 내 눈앞에 서다니. 그것도 미워할려야 미워할 수 없게 만든다는 예의 그 대책 없이 주접스러운 너스레와 더불어!

집권여당의 국회의원, 그것도 실세 중의 실세라는 분이 "전두환 씨는 훌륭한 대통령"이라고 했다는 보도가 나온 적이 있다. 당사자가 이 보도에 대해서 쓰다 달다 말이 없었던 것으로 미루어보아 그런 말을 하긴 한 모양이다. "5공 세력의 정치 재개는 김대중 정권의 방조 아래 이뤄지고 있다"는 한나라당의 주장처럼 정말로 DJ가 '전두환 일당'과 손을 잡기로 한 것일까? 아무리 '적의 적은 우리 편'이라지만, 이건 좀 심하다. '득표의 극대화'를 추구하는 것이 정당의 생리라 나름대로 무슨 표 계산을 하겠지만 나로서는 그 심오한 이치를 알 길이 없다.

하지만 한 가지 확실한 것이 있다. 나도 "전두환 씨는 훌륭한 대통령"이라고 믿는다는 사실이다. 왜냐고? 전씨의 치적이 한두 가지가 아니기 때문이다. 무슨 치적? 경제를 살린 대통령? 아니올시다. 전씨가 쿠데타를 하지 않았다고 해서 경제가 죽었어야 할 그 무슨 특별한 이유가 있다고 그런 소리를 하겠는가.

그 자신이 법정에서 한 말에 따르면 자기가 대통령이 된 후 돈을 받지 않는 바람에 기업인들이 불안해서 잠을 못 자고, 그 때문에 투자가 위축

되고 경제가 어려워졌단다. 그래서 할 수 없이 돈을 받았더니 경제가 살
아나더라고 했다. 부정부패도 전두환이 하면 애국이 된다니, 그 불타는
애국심을 탓할 생각은 없다. 하지만 이걸 무슨 치적이라고 할 수는 없다.
기업인들 돈 뺏어먹는 거야 양심이 불량한 사람이면 누구나 할 수 있는
일이니까.

'88올림픽 유치? 글쎄올시다. 그거야 현대 왕회장을 비롯한 돈 많은 사
업가들께서 크게 공사판 한번 벌일 속셈으로, 팍팍 찔러주고 화끈하게 모
시는 '아시아적 미덕'을 무기 삼아 성공시킨 비즈니스지 어디 전씨의 공
적이라 할 수 있는가. 요즘 터져나오는 국제올림픽조직위원회 위원들의
부패 스캔들을 보면 올림픽 유치라는 게 어떻게 이루어졌는지 알 만하지
않은가.

단임 실천? 전씨 스스로는 이걸 최대 치적이라고 자랑하는데, 나무아

미타불! 이건 원래가 저 편한 대로 생각하는 양반이라서 하는 소리라고, 최대한의 자비심을 발휘해서 덮어주어야 하겠다. 한밤중에 두 번씩이나 쿠데타를 일으켜서 강탈한 권력을 육사 동기생 불알친구한테 넘겨준 게 그 무슨 얼어죽을 놈의 치적이란 말인가.

전두환 씨가 '훌륭한' 점은 다른 데 있다. 그 공적을 생각하면 훈장을 열 개쯤 줘도 하나도 아까울 것이 없다.

첫째, 전씨는 전임자 박정희가 그토록 간절히 원했던 '국론통일'을 이루어낸 '위대한 대통령'이었다. 1987년 4월 13일, 개헌논의를 금지하겠다고 선언한 전씨의 기자회견 생중계를 본 독자들께서는 그때의 심경을 회고해보시라. 어땠는가? "놀고 있네", "죽으려고 환장했군", "지가 뭔데", 뭐 대충 이랬을 것이다. 작품 활동은 통 하지 않는 문인들의 문인단체, 교육에는 별로 관심이 없는 교원들의 교원단체, 개인의 자유를 발본색원하는 데 앞장선 '무늬만 자유주의자'들의 자유수호단체, 이런 데서들 줄줄이 4.13 호헌선언 지지성명을 내긴 했지만, 전투적 대학생 조직과 야당, 재야단체와 종교단체, 각종 시민단체와 여성단체에 이르기까지 제 정신 가진 이들은 모두 이 '위대한 대통령의 구국적 결단'에 돌멩이를 던지고 침을 뱉었다.

해방 정국에서 좌·우익의 찬탁, 반탁 대결로 최초의 '국론분열'이 일어난 이래 우리 민족이 이 정도로 광범위한 국민적 합의와 국론통일을 이룬 적은 그 전에도 없었고 그 후로도 아직은 없다. "누가 해도 전두환보다는 낫다." 이 얼마나 엄청난 인식의 통일인가. 우리 국민들이 그때처럼 '일사불란 일치단결' 한다면 IMF 졸업도 시간 문제. 부자는 '이대로!'를 외치고 가난한 이들은 길거리에 나앉는 이 삭막한 분열의 시대에 나는 국론이 하나로 모아졌던 저 황홀했던 전두환 대통령 치하가 너무나도 그립다. 아~ 옛날이여허!

'전두환 대통령'의 훌륭한 점이 어디 그뿐인가. 그는 행복이란 것이 결

코 먼 곳에 있지 않다는 평범한 진리를 온몸으로 증언하는 문화사적 기념
비다. "마음 한번 돌리면 극락이 예로다." 베트남의 전쟁터와 구중궁궐
청와대와 설악산 백담사에서 수십 년 간 도를 닦은 끝에 마침내는 성(聖)
과 속(俗)을 한몸에 구현하고만 이 희귀한 반승(半僧)은 인간의 행복이 모
든 사실과 논리를 무시하고 초월하는 데서 시작되고 끝난다는 심오한 진
리를 나같이 범속한 책상물림에게까지 친히 가르쳐주신다.

'전두환식 행복 찾기'의 비결을 보여주는 사례 하나. 1999년 5월 8일
부산 금정산 등반대회에서 일해대사(日海大師)께서 내린 금과옥조와 같은
'산상수훈' 이다.

"(추징금 문제에 대해서) 확실하게 이야기하겠다. 우리 검찰은 상당 수
준에 있다. 내가 퇴임 이후 김영삼 대통령 시절 그렇게 조사했는데 뭐가
나왔으면 가만히 있었겠나. 없으니까 뭘 빼앗겠어. 검찰이나 법무부에 가
서 물어보라. 전직 대통령을 그런 식으로 몰아붙여 인격과 도덕성을 떨어
뜨린 김영삼 정부는 아주 잘못됐다."

무한정한 해석의 자유를 개척함으로써 사실관계를 완전히 초월해버리
는 이 무서운 내공. 아, 역시 대단한 분이셔! 성공한 쿠데타는 처벌할 수
없다면서 고명하신 독일 법학자까지 동원해 생고생을 시키다가, 대통령
의 말 한마디에 갑자기 합천 고향집에 신새벽 자객처럼 내려와 전직 대통
령을 체포간 검찰이 '상당한 수준' 이란다. 1,900억 원이나 되는 미납
추징금을 못 내는 건 빼앗길 것이 없을 정도로 가난하기 때문이란다.

그럼 연희동 집은? 골프장 회원권은? 색증시공(色卽是空)이요, 공즉시
색(空卽是色)이라. 단임 실천으로 새 역사를 창조하신 데 이어 '전직 대통
령 문화'를 만들어 또 한 번 새 역사를 창조하시려 불철주야, 불면불휴,
동분서주하시는 이 분, 말끝마다 전직 대통령임을 들먹인다. 체육관에 똘
마니들 모아놓고 99.99% 찬성으로 자기를 뽑게 만들어놓고도, 그게 되
게 영광스런 경력이라고 해석한다. 자아도취야말로 행복의 지름길, 이걸

보여주려는 거다.

인격과 도덕성? 근데 도대체 무슨 인격? 12.12 쿠데타 해서 직속상관 지하실에 가두고, 가짜 결혼식 열어서 민주헌법 빨리 만들자고 했다고 해서 재야인사 잡아다 입 찢어놓고, 공수부대가 멀쩡한 시민들한테 총알 퍼붓게 해서 수천 명을 다치고 죽게 만들어놓고, 야당 지도자 잡아다 빨간 칠 해서 사형선고 내리고, 그러고도 자기는 책임 없다고 초지일관 오리발 내미는 사람에게 웬 인격? 무슨 놈의 도덕성? 하지만 이건 어디까지나 범속한 인간들의 범속한 논리. 김영삼만 아니었으면 감옥살이를 했을 리 없고, 전과자가 되었을 리 없고, 그래서 인격과 도덕성이 떨어질 리도 없었다. 만사는 관점 나름. '전두환식 행복 찾기'에서 중요한 건 어디까지나 사실관계가 아니라 자유로운 해석이다.

전두환은 지역감정 해결사?

전씨의 비범함은 거기서 그치지 않는다. 이름이 없어서 유감인데, 땀 뻘뻘 흘리면서 산꼭대기까지 따라가 전씨의 '산상수훈'을 취재한 한 기자가 지역감정의 근간에는 '1980년 광주'가 있는 것이 사실 아니냐는 엄청나게 훌륭한 질문을 하셨는데, 전씨는 한마디로 대답한다. "사실이지." 와, 놀라운 일이다. 근데 그게 무슨 사실일까? 그 훌륭한 기자님은 더 훌륭한 질문을 던진다. "지역감정을 풀 수 있는 유일한 분이라는 얘기도 있는데." 도대체 어디서 그런 멋진 얘기를 들었을까? 난 금시초문인데. 어쨌거나 전씨 왈, "광주에서 책임 있고 대표성 있는 사람이 초청하면 못 갈 이유도 없다."

지금까지 책임도 대표성도 없는 사람들이 나섰기 때문에 자신이 광주를 방문할 수도 없었고 지역감정도 풀리지 않았다. 이것이 전씨의 '사실'이다. 그래서 그는 이런 '사실'을 모르는 사람들에게 한 방 먹인다. "우리가 마음을 작게 쓰면 바늘 하나 꽂을 데가 없지만 마음을 크게 쓰면 온 우주를 포용할 수 있다. 지역적 편견을 버리고 국민화합을 이루기 위해서는 무엇보다 우리 각자가 너른 마음을 가져야 한다."'성과 속'의 합일! 지상 최고의 요리도 똥바가지에 담을 수 있다는 위대한 진리를 깨우쳐주시니 이 어찌 고맙지 아니한가. 역시 국보급 인간문화재답다. 내란과 살인과 부정부패를 저지른 자가 우주를 포용할 만큼 너른 마음을 가지라고 충고하니 이걸 어떻게 받아들여야 할까. 웃고 말아야지, 뭐.

원대한 이상을 가슴에 품고 환속한 우리의 일해(日海)선사, 남한 땅만으로는 활동무대가 너무 좁다고 느껴서인지 이제는 민족화합의 산파역까지 자처하고 나섰다. 금강산댐 사기극으로 코흘리개들의 돼지저금통까지 착취해가면서 공포 분위기 조성용 반북(反北)소동을 일으켰던 사실 역시 그는 단숨에 초월해버린다. 아하, 이게 바로 성서가 전하는 바, 사울이 바울로 변하는 기적이로구나. 역시 하느님 말씀은 일 점, 일 획 틀리지 않고 다 이루어지나니. 그런데 이 한국판 바울에게는 언제나 손발과 호흡을 맞추었고 앞으로도 영원히 그럴 환상의 콤비를 이루는 파트너가 있다. 바로 전(前) 영부인 이순자 여사.

1980년 8월에 "대통령은 하늘이 내는 것"이라고 영부인 취임 소감을 밝혀서 여러 사람 열 받게 만든 이 여사, 해석의 자유를 무한대로 확장하는 남편과 이심전심(李心全心)으로 착각의 자유를 무한대로 확장하는 일에 일로매진(一路邁進)한다. "김대중 대통령보다 어리다면서 대선에 출마하라는 사람도 있다. 온 국민이 나라를 맡아달라고 108배를 해도 할까 말까다." 우리의 이 여사, 왜 모르는 걸까? 나보고도 그런 말하는 사람 있다. 그런데 우리 마누라가 동네방네 그렇다고 떠벌리면 마누라와 나, 둘 다 쪼다 된다. 그거 아셔야죠.

전두환 씨가 '훌륭한' 이유 세 번째. 그는 국민들이 체념의 미학을 체득하게 했다. 불행의 근원은 집착이다. 집착은 욕심을 부르고, 욕심은 죄를 잉태하며, 죄는 사망을 부르는 법. 안 되는 일은 체념할 줄 알아야 한다. 안 되는 일에 자꾸 미련을 두고 집착하면 스트레스 받아서 암 걸린다. 전두환 때문에 청춘이 엉망진창 엉켜버린 모래시계 세대의 한 사람인 나, 정말이지 '전두환과 아이들'에게서 진심 어린 사죄를 받는데 무지무지 집착했다. 사죄하지 않는 그들이 너무너무 미웠다. 그렇지만 암 걸릴까 겁이 나서 이제는 포기하고 체념했다. 그래, 사죄 따위야 안 받으면 어때. 그런 거 받는다고 돈이 나오나 밥이 나오나.

이건 아무나 할 수 있는 일이 아니다. 국민의 정신건강 증진에 엄청나게 기여하는 대단한 치적이다. 그는 언제나 애국을 했을 따름이다. 적어도 주관적으로는 그렇다. 사죄를 하지 않는 건 인간성이 막돼먹어서가 아니라 자기가 무슨 죄를 지었는지 아는 바가 없기 때문이다. 한마디로 죄가 있다면 무식하고 머리 나쁜 죄밖에 없다. 그는 그 자신과 똘마니들의 위기를 국가의 위기와 구별할 줄 몰랐고 자신의 똘마니들의 부귀영화를 국리민복과 구별할 줄도 모른다. 잘못한 걸 알면서도 버티는 사람한테는 을러서라도 항복을 받아내야 하겠지만, 아무리 친절하고 자상하게 설명해줘도 알아듣지 못하는 데야 무슨 대책이 있겠는가? 이건 순전히 하느님의 잘못이다. 세상에 어쩌면 명색이 하느님이면서, 유전자를 그렇게 결합시킬 수 있다는 말인가.

게다가 출생지는 그게 또 뭔가. 경상도가 아니라 전라도 어디 시골 구석에서 태어나게 했다면 장군이 되었을 리가 없다. 그러면 쿠데타를 했을 리도 없고, 사람을 무더기로 죽이지도 않았을 것이고, 금강산댐 소동이나 호헌선언 같은 것도 할 이유가 없었을 것이다. 타고난 보스 기질로 미루어 동네 깡패 수준에 머물렀을 리는 만무하고, 아마도 양은이파나 태촌이파를 훨씬 능가하는 주먹세계의 전설적인 왕초가 되었을 텐데. 아깝다. 유전자와 출생지를 그렇게 조합한 건 아무래도 하느님의 실수가 아닐까 싶다. 그러니, 그걸 가지고 어쩌겠는가? 사죄를 하는데 필요한 최소한의 지적(知的) 능력이 없는 사람이니까 체념해야지. 이런 걸 두고 전씨는 '국민화합'이라고 해석할 게다.

나는 전두환 씨를 '위대한 대통령'이라고 생각할 뿐만 아니라 개인적으로도 무척 고맙게 생각한다. 그는 나를 포함한 모래시계 세대가 20대를 화염병 던져가며 그야말로 '화끈하게' 살게 해준 인물이다. 민주주의가 얼마나 좋은 건지, 그 사람 아니었으면 잘 모르고 살았을 게다. 내가 마흔 고개를 넘어선 지금까지도 그는 나의 정신과 투지가 잠들지 않도록 보살펴준다. 나는 새도 떨어뜨릴 권력을 행사했던 '3허(許)' 중 하나인 허문도 씨는 불교방송 사장이 되었고, 나머지 두 허씨는 2000년 총선을 향해 뛰고 있다는 소문이다. '전두환의 분신' 장세동 씨는 전라도 출신이지만 대한민국에서 제일 가는 '의리의 돌쇠'라 대구에서 출마만 하면 무조건 당선이란다. 그러면 좋겠다. 출신 지역 가리지 않고 정치적 신념을 높이 사는 대구 시민들이 '지역주의'를 패대기치는 '쾌거'를 이루는 셈일 테니.

정권교체 이루었다고 잠시 흐뭇한 기분에 젖어 지내던 '젊은 피'들, 이제 잔치는 끝났다. 신발끈 졸라매고 다시 뛰어야겠다. 5공 신당을 만들든 5공 잔당들이 각개약진을 하든, 그들이 내년 총선에 대거 출마하는 건 우리의 민주주의를 위해서 아주 좋은 일이다. 모조리 낙선시키면 우리 국민의 높은 수준을 확인하고 군사독재의 관뚜껑에 쾅쾅 못질하니까, 도랑 치고 가재 잡는 격 아닌가. 다는 아니라도 당선자가 몇이라도 나오는 경우에는 우리 나라 민주주의, 아직 먼 길 가야 한다는 사실을 확인할 테니까 밑져도 남는 장사다. 도전과 시련이 없으면 발전도 없다. 그래서 나는 전두환 씨와 그 똘마니들의 정치 복귀를 쌍수를 들어 환영한다. 야, 니네들 모조리 다 나와라. 함마 붙어보자. 씨바.

사족: "독자 여러분 죄송합니다. 하도 농담 같은 일들이 벌어지고 있기

에, 농담이 농담으로 통하는 세상을 바라는 마음에서 농담 좀 해봤습니다." 월간 『신동아』에 실은 원고에서 이렇게 말했더니 어떤 독자께서 전화를 걸어 나무라셨다. 이야기 잘 해놓고서는 왜 농담이라고 해서 사람 허무하게 만드느냐고. 그게 농담으로 할 말이냐고. 죄송합니다. 전두환 씨의 언행이 진지한 비판의 대상으로 삼기에는 수준 미달일 정도로 유치하다는 뜻으로 드린 말씀인데, 그 취지가 제대로 전달되지 않아서 그런 오해가 빚어졌군요. '재담(才談)'에는 '재담'으로 대응하는 것도 좋다는 것이 제 생각입니다. 전씨의 말은 사람 웃기는 걸 업으로 삼는 사람이나 할 수 있는 '웃기는 이야기'라는 것이 이 글의 요지임을 이해해주시기 바랍니다.

깨끗한 절망을 위하여

1999년 5월 정치권에서는 진기한 풍경이 펼쳐졌다. 김영삼 씨는 DJ를 독재자로 규정했다. 전임 대통령이 후임 대통령을 이렇게 비난한 일은 일찍이 없었다. 한나라당 이회창 총재는 한술 더 떠서 제2의 민주화투쟁을 벌이겠노라고 선언했다. 야당 총재의 이 같은 발언은 지난 50여 년 정치사에서 숱하게 되풀이된 바 있다. YS는 문민정부의 정통성을 자랑하기 위해 틈날 때마다 6월 민주항쟁을 예찬하곤 했다. 이 총재도 '제2의'라는 수식어를 붙인 걸 보면 유신과 5공시대 반독재투쟁의 역사적 정통성을 흔쾌히 인정하는 모양이다.

그런데 어쩐 일일까. 정작 반독재투쟁으로 인생의 황금기를 보냈던 모래시계 또는 386세대 유권자들은 두 사람의 '의분'과 '비장감'에 별로 공감하는 기색이 없었으니 말이다. 변함없이 반복되는 국회의 날치기 파동, 청와대만 바라보는 집권여당 국민회의의 무기력, 일하는 건 시원치도 않으면서 제 몫 챙기는 데는 고래심줄 같은 공동여당 자민련을 보면서,

'모래시계' 세대들은 정권교체만으로는 세상을 바꾸지는 못한다는 짙은 실망감을 토로한다. 하지만 YS의 '의분'과 이 총재의 '비장감'에 대해서도 냉소 말고는 줄 것이 없다.

'모래시계 세대'는 김대중이라는 정치인 때문에 수없이 많은 밤을 새며 토론한 경험이 있다. 그 중의 하나인 나 역시 그랬다. 김대중 정부에 어떤 태도를 취해야 할지, 나는 아직도 고민하고 있다. 그 고민의 중심에는 20년째 이런 의문이 놓여 있다. "우리에게 DJ는 무엇인가?"

이제 마흔 고개에 들어선 나에게 김대중은 여러 모습으로 나타났다. 1980년 봄 당시 DJ는 그저 유력한 야당의 대통령 후보에 불과했다. 그 당시 학생회 간부였던 나는 학생운동의 '지하 지도부'인 재학생 선배들로부터 유신정권 때 쫓겨났다가 대학으로 복귀한 복학생들과 DJ 사이에 모종의 연계가 있을지도 모르니까 되도록 접촉을 삼가라는 지시를 받았다. 그해 4월 수원에 있던 서울 농대에서, 일찍이 유신 쿠데타에 항의 자결한 김상진 열사 추모식에 참석한 DJ를 먼발치에서 보긴 했지만 별다른 정서적 유대감이나 존경심 같은 것은 전혀 없었다.

하지만 5.18은 우리 세대와 DJ의 '관계'를 크게 바꿔놓았다. 전국 주요대학의 학생회 간부들이 휴교령이 내릴 경우 일제히 가두투쟁을 벌이기로 약속해놓고서도 광주 한 곳 말고는 그 약속을 지킨 곳이 하나도 없었기 때문이다. 서울과 부산에서 시위가 일어났으면 광주가 그렇게까지 참혹한 보복을 당하지는 않았을 것이라는 자책감이 1980년대 내내 우리를 짓눌렀다. 그리고 '광주만의 희생'에 대한 이 집단적 채무의식은 그 지역민의 한과 슬픔을 상징하는 정치인 김대중과의 역사적 연대의식으로 발전했고, 이것이 1987년 대선에서 학생운동권과 재야의 'DJ 비판적 지지'라는 정치적 연대로 표출되었다.

부평역 집회로 기억한다. 연금에서 풀려난 DJ가 첫 대중 연설을 한 곳이다. 내가 그의 육성을 처음 들은 행사였다. "나는 무엇이 되느냐가 아니라 어떻게 사느냐를 중시한다"는 그의 말은 전두환 정권 아래서 모진 핍박과 모함에 시달려온 나 같은 사람의 마음에 깊은 공감을 불러일으켰다. 아마 성수대교 근처 한강 둔치에서 열린 선거유세였을 것이다. DJ는 "우리 당을 발판으로 진보세력의 정치적 진출을 도모하라"고 권했다. 한마디로 말이 통하는 사람이었다. DJ의 이러한 상대적 진보성 또는 개방적 자세는 일부에서는 독립적 진보세력의 정치적 진출을 방해하기 위한 술책이라는 비난을 받았지만 젊은 유권자들 사이에서 폭넓은 호응을 얻었다.

그러나 DJ에 대한 존경심은 1987년 대선에서 단일화를 이루지 못하는 것을 본 후 사라졌다. 하지만 나는 그가 대통령 후보 가운데 가장 훌륭한 정치인이라는 판단만은 버리지 않았으며, 그가 대통령이 되는 것이 나라를 위해 최선이라고 생각했다. 수많은 젊은 지식인들이 DJ 선거운동에 뛰어들었고, 더 많은 청년들이 공정선거감시단을 조직했던 것은 그 때문이다. 20여 년 세월을 오직 민주화운동과 감옥생활로 보냈으며 부정선거에 항의하는 구로구청 농성투쟁으로 구속되었다가 감옥에서 발병한 암으로 세상을 떠난 김병곤, 끝까지 구로구청에 남았다가 진압경찰에 밀려 4층에서 떨어져 하반신이 마비되는 중상을 입었던 양원태 같은 이들 모두 같은 심정이었을 것이다.

DJ는 결국 재야의 도움이 아니라 내각제 개헌을 고리로 한 DJP연합과 보수 행보를 통해 대통령이 되었고, 직접적인 '집권 기여도' 없이 건강과 생명을 바친 수많은 젊은이들에게 감사의 인사도, 따뜻한 보살핌도 주지 않았다. 우리 세대는 다른 대안이 없었기 때문에 1997년 대선에서도 DJ의 '정치도박'을 추인했으며, 아무런 '논공행상'도 요구한 바 없다. 지금 이 순간에도 고문과 감옥생활, 과로의 후유증으로 발생한 질병에 남편을 빼앗긴 아내들이 책 외판원을 하고 농사를 짓고 심지어는 공공근로를 해가면서 아버지를 잃은 아이들을 기르고 있다. 자랑스런 '국민의 정부'도,

또 그 정부를 상대로 '제2의 민주화투쟁'을 벌이겠노라는 야당도 그들의 기막힌 처지를 돌아보지 않았다. 이런 염치없는 세태는 1999년 말 여야 합의로 '민주화운동 유공자 보상법'이 국회를 통과하기까지 2년 가까이 계속되었다.

정치인 DJ를 찾습니다

그래도 DJ가 이른바 3김시대에 속한 정치인 가운데 다음 세대의 가치관과 소망에 대해서 조금이나마 마음의 문을 연 유일한 지도자라는 사실은 변하지 않는다. 하지만 머잖아 집권 후반기를 맞을 DJ와 우리 세대 사이의 유서 깊은 역사적 연대감은 이제 쉽게 결과를 예측하기 어려운 시험대에 올라 있다. 16대 총선을 코앞에 두고 김 대통령은 보수와 개혁의 양 진영에서 서로 어울리지 않는 인사들을 끌어들여 새 천년 민주당을 창당했다. 몇 년이나 갈지 모를 또 하나의 '선거연합'이 만들어진 것이다.

내가 속한 세대는 위로는 '민청학련 세대', 아래에는 '386세대'가 있어서 '낀 세대'가 되어버린 '정치적 이름이 없는 40대'다. 유신 쿠데타 이후 대학에 들어가 전두환에게까지 험한 꼴을 당했던 우리 세대는 그 역사에 비추어 아무리 국민회의가 미워도 한나라당을 지지하기는 어렵다. 국민회의가 괜찮은 후보를 공천하면 나가서 찍어주기는 하겠지만 과거와 같은 열성적 지지는 하지 않을 것이다. 그것은 꺾어버린 희망과 기대 때문이다.

참여연대 국제인권센터(앞으로는 독립단체로서 활동할 예정이다) 차미경 사무국장은 이 단체 기관지 『참여사회』 1999년 2월호에서 우리 세대의 씁쓸한 배신감을 다음과 같이 적절하게 압축했다.

개혁에 대한 기대와 아시아의 만델라로 불리는 인권 대통령에 대한 기대는 이미 사라지고 있다. 그 배신의 기분이 자못 우울하다. 더이상 달라지는 것이 없다면 나는 인권개혁과 관련해 마지막 희망을 깨끗이 지워버리고 싶다. 한 가닥의 미련보다는 깨끗한 절망이 오히려 새벽공기처럼 새로운 시작이 될 수 있을 테니까.

하지만 김대중 정권은 이런 경고와 항의의 목소리를 진지하게 받아들이지 않았다. 고관집 도둑 김강용 사건, 임창렬 경기지사 부부 수뢰사건 등으로 민심 이반이 시작된 가운데 5월 개각에서 김태정 검찰총장을 법무부 장관으로 기용한 데 이어 옷로비 사건이 본격적으로 터지면서 정부 여당의 인기는 날개 없는 추락을 시작했다. 그러나 '정치 9단' 김 대통령은 김태정 씨를 싸고돌면서 여론에 맞서는 믿을 수 없는 언행을 보였다. 나는 1999년 6월 『동아일보』에 다음과 같은 칼럼을 썼다.

잘못 보았을까 아니면 속은 것인가. 정말 믿을 수가 없다. DJ는 도대체 어디로 가버린 것일까. 나는 지금 대통령 김대중이 아니라 정치인 김대중을 찾고 있다. 그는 어디에 있는가?

무엇이 되느냐가 아니라 어떻게 사느냐가 중요하다며 듣는 이를 감동시키던 그이를 이젠 그저 씁쓸한 추억으로만 간직해야 할까. 정의가 강물처럼 흐르는 사회를 만들겠노라던 그 '황금의 꽃같이 굳고 빛나던 옛 맹서'를 벌써 잊은 것일까. 국민을 하느님처럼 섬기겠다고 거듭거듭 다짐하던 모습은 그저 '희미한 옛 사랑의 그림자'에 불과한가. 죄 없는 서민들의 고통에 눈시울을 적시던 취임식장의 DJ가 불과 1년 사이에 생판 딴 사람이 되었다는 말인가?

1997년 12월에 이루어진 것은 정권교체가 아니라 DJ의 '대통령 취직'이었던 것인지 모른다. 청와대 비서실은 DJ 면담 예정자들을 상대로 혹시라도 할지 모를 '싫은 소리'를 서면으로 제출받아 미리미리 솎아내는 일에 열심이라고 한다. 의도적 조작의 혐의가 짙은 여론조사로 장난을 치는 아부꾼들에게 곁을 주고, 하필이면 눈꼽만큼의 개혁 의지도 없는 법무장관을 감싸느라 '여론 충돌 실험'을 감행하는 DJ를 누가 상상이나 했으랴.

돈선거 실상을 폭로한 신문사를 고소하는 적반하장, 특검제와 인사청문회 공약을 저버림으로써 자초한 '김태정 파동', 개혁의 종언을 예고하는 제2기 내각의 면모, 준법각서라는 괴이한 변종을 낳은 인권정책 등 '국민의 정부'는 스스로를 과거의 정권과 구별짓는데 실패했다.

힘은 힘대로 썼지만 재벌개혁에는 별 진전이 없고, 송장이 된 은행에 천문학적인 돈을 쏟아붓는 동안 대다수 근로계층은 임금삭감과 정리해고의 고통을 감당해야 했다. 자영업자의 소득 파악에 필수적인 세무행정 인프라를 갖추지도 않은 채 국민연금 확대를 강행함으로써 그 훌륭한 제도를 원망의 대상으로 전락시켰다. 외환위기 극복의 공적이나 일관성 있는 대북정책은 마땅히 높이 평가해야 하나, 한두 가지 잘한 점도 없는 정부가 어디 있겠는가.

김대중 정권의 위기는 외환(外患)이 아니라 내우(內憂)이다. 야당은 지리멸렬하고 시민단체는 우호적이며 '반개혁세력'이 조직화되어 있는 것도 아니다. 이 위기는 고관집 도둑사건과 돈으로 도배질을 한 재·보궐선거, 옷로비 사건 등에서 노출된 집권세력의 '정치적 방탕'과 국민연금 및 한일어업협정 파동에서 드러난 정책적 무능에서 빚어진 것이다. 남을 욕할 이유가 없다.

DJP연합의 기반인 호남과 충청 유권자들은 할 말이 없다. 오랜 세월 연대감을 표명했던 모래시계 세대와 386세대는 한 가닥 남겨놓았던 DJ에 대한 미련을 끊어야 할 때가 왔음을 예감한다. 국민회의의 전통적 지지층이었던 도시 서민과 노동자들은 짙은 배신감을 토로한 지 이미 오래이다. 'DJ당'은 집권당일 뿐 사회적 약자를 위한 정당이 아니다.

전두환 씨와 5공 잔당에 이은 김영삼 씨의 정치 복귀는 김대중 정권의 '정치적 붕괴'의 원인이 아니라 그것을 확인하는 징후에 불과하다. '통치권자 김대중'은 이 위기를 타개할 수 없다. 민주주의와 국민을 하늘처럼 섬기는 '정치인 DJ'만이 할 수 있다. 그러니 'DJ를 찾습니다', 신문광고라도 내야 하겠지만 이를 어쩌랴. 그마저 반개혁세력의 선동으로 몰릴까 두려움이 앞서니 말이다.

"신은 너무 멀리 있고 황제는 너무 높이 있다."

김대중 정권에 대한 국민의 신뢰는 끝없이 번져나간 옷로비 은폐조작 파문과 함께 가속적으로 무너졌다. 어떤 이는 「정치인 김대중을 찾는다」는 칼럼에 대해서 "없는 것을 왜 아직 찾느냐"는 야유성 전자메일을 보내왔다. 개혁의 주체를 형성하고 전망을 제시하기보다는 자민련과의 지역연합을 강화하고 '젊은 피'와 저명인사들을 영입해 '화장을 고치는' 정도로 난국을 타개하려는 태도는 유권자들의 냉소를 샀을 뿐이다. 나도 개인적으로 그토록 오랫동안 김 대통령에 대해 품고 있었던 최소한의 기대와 신뢰를 접기로 했다. 다음은 내가 1999년 12월 7일자 『동아일보』 지면을 통해서 김대중 정권에 보낸 '작별인사'였다. 내 마음속의 민주적이고 유능한 정치지도자 김대중은 이제 없다.

김대중 대통령님, 미증유(未曾有)의 경제 난국을 극복하느라 불철주야(不撤晝夜) 애쓰신 노고에 우선 깊은 감사와 위로의 말씀을 드립니다. 보도에 따르면 1999년 경제성장률이 무려 10%에 육박할 것이라고 합니다. 하지만 대통령에 대한 국민의 지지는 바닥을 치고 있으며 집권당인 국민회의는 '수평적 정권교체'의 기쁨을 맛본 지 불과 2년 만에 간판을 내리게 되었습니다. 도대체 무엇이 잘못되었던 것일까요?

오늘 저는 김대중 정부의 성공과 나라의 번영을 바라는 유권자로서 대통령님의 상황 인식과 대처방식에 대한 이견(異見)을 말씀드리고자 합니다. 지난 5월 김태정 씨를 법무부 장관으로 발탁하셨을 때 참여연대는 "신은 너무 멀리 있고 황제는 너무 높이 있다"는 러시아 속담을 인용하면서 청와대로 보내던 '개혁통신'을 중단한 바 있습니다. 그때 저는 국민여론에 맞서 '정치적 충돌실험'을 감행하는 대통령이 우리가 알고 있던 그 '정치인 김대중'이 맞는지 물었습니다. 대통령님은 이 모든 항의를 묵살하셨습니다. 대통령의 눈과 귀를 가리는 '인의 장막'을 경계하는 지식인들의 목소리에도 귀기울이지 않으셨습니다.

김대중 대통령님, 저는 대통령님이 현금의 정치적 난국을 극복하기 위해서 내놓은 대안에 동의할 수 없습니다. 가칭 '21세기 민주신당'을 보십시오. 정치적 신념과 전력을 따지지 않고 사람을 끌어모아 무슨 개혁을 어떻게 하려는 것인지 도무지 짐작할 수 없습니다. 1987년 평민당을 창당하면서 "대통령 선거에서 지면 좋은 정당을 만들겠노라"고 하신 말씀을 기억하십니까? 이 약속은 아직 지켜지지 않았고, 이대로 나가면 '민주신당' 역시 민주적으로 스스로 노선과 정책을 결정하지 못하고 총재의 뜻만을 받드는 'DJ당'이 되고 말 것입니다.

경제분야와 대북정책에서 거둔 성공에도 불구하고 정부여당이 정치적으로 궁지에 빠진 원인이 무엇입니까. '수구세력의 저항과 음모' 때문이 아니라 개혁 의지를 포기하고 제풀에 무너졌기 때문입니다. 인사청문회와 특검제 등 중요한 선거공약을 폐기하거나 지키는 시늉만 했습니다. 국정원과 검찰 등 권력기관을 곁에 두고 편하게 정치를 하는 길로 너무 일찍 들어서 버린 탓으로 '언론문건 파동'과 '옷로비 은폐조작 파문' 따위의 정치적 추문이 연이어 터진 것입니다.

'동교동계 참모의 전진 배치'로는 국민의 신뢰를 회복할 수 없습니다. 대통령님께서는 청와대 비서실장과 정무수석 자리를 이른바 '동교동 가신'으로 채웠습니다. '민주신당'에서 조직과 기획을 담당하는 요직도 모두 동교동계 의원들이 차지했습니다. 게다가 대통령님은 며칠 전 국민회의 의원들을 불러모아 거의 혼자서만 하고 싶은 말씀을 하시면서 '애당심'을 특별히 강조하셨습니다.

이 모든 것이 그간 국민회의를 지지했던 사람들에게 좌절감을 안겨줍니다. 나름의 뚜렷한 소신과 역량을 가진 정치인들이 국민회의에 많이 있는데도 대통령님께서 '예스맨'만을 중용한다는 비판이 들리시지 않는지요.

대통령님, 싫은 소리를 하는 사람을 가까이 두십시오. 대통령님의 독선을 지적하는 지식인들의 목소리에 귀를 기울이십시오.

저 개인은 앞으로 대통령님을 비판하지 않을 것입니다. 희망과 애정을 잃으면 비판할 의욕도 잃게 됩니다. 저는 대통령님에 대한 기대를 이제 온전히 접었습니다. 2년이면 실망하기에 충분히 긴 세월이었습니다. 미움보다 더 아픈 것이 냉소와 무관심임을 잊지 마시기 바랍니다. 대통령님의 건승을 기원합니다.

해바라기는 있다

절대권력은 반드시 썩는다. 인도의 독립운동가 네루가 남긴 만고 불변의 진리다. 절대권력은 견제받지 않는 권력을 의미한다. 인간은 원래 불완전한 존재이기 때문에 그 누구도 권력 남용의 유혹에서 자유로울 수 없다. 3권분립과 지방자치 등 수평적, 수직적 권력 분할과 그 권력을 감시하는 언론의 자유를 필수요건으로 삼는 민주주의 정치제도는 이런 면에서 인간에 대한 불신에 근거를 두고 있다.

검찰과 청와대를 집어삼킨 '옷로비 사건'의 불길은 결국 김태정 씨 구속을 부르고 신동아 그룹의 로비 의혹사건으로 번져나갔다. 이 모든 사태는 문제가 사람이 아니라 제도에 있다는 것을 분명하게 보여주었다. 드라마 〈왕과 비〉식으로 말하면 이 사건은 원래 '외명부(外命婦)'에 속하는 '정경부인'들의 사치행각을 둘러싼 추문에 불과한 것이었다. 그런데 '의금부' 관리들이 엉터리 조사를 하고 '임금'에게 거짓 보고를 하면서까지 진상을 감추었다가 들통이 나는 바람에 정치문제로 비화해버렸다.

이번 사태는 김대중 정부의 자업자득이다. 지난 시대 가장 강력한 '통제받지 않는 권력'은 군부와 안기부였다. 그런데 '협객' 김영삼 씨가 하나회 숙청을 통해 정치군인들을 제자리로 돌려보내고 높아진 시민의식과 인권단체의 감시 때문에 정보기관의 권력 남용에 제동이 걸린 이후에는 검찰이 그 자리를 차지했다. 김대중 대통령은 야당 후보 시절 특별검사제와 인사청문회 도입을 공약으로 내건 바 있다. 권력기관의 정치적 편향성과 권력 남용을 경계한 사람들은 이 공약을 적극적으로 지지했다. 그런데 대통령과 국민회의는 이 약속을 파기해버렸다. 비극은 여기서 싹텄다.

우리 검찰은 예나 지금이나 사회정의보다는 거기 몸담은 사람들의 집단적 이익을 추구하는 권력집단으로 비쳐지고 있다. 학연과 지연이 '만수산 드렁칡'처럼 뒤엉킨 이번 사건에서 박주선 전 청와대 법무비서관은 진상과 정반대의 조사결과를 보고함으로써 대통령의 귀를 막았다. 지금까지 특검팀이 밝혀낸 것의 절반만이라도 진상에 접근하는 보고를 했더라면 '정치 9단' 대통령이 김태정 씨를 법무부 장관으로 기용하지는 않았을 것이다. 엘리트 검사라는 박주선 씨가 사건의 진상을 파헤치기는커녕 진상을 왜곡하는 데 가담한 것은 두말할 나위도 없이 연정희 씨가 인간적으로 절친한 선배인 검찰총장의 아내였기 때문이다.

사건이 불거진 이후 나온 검찰의 정식 수사결과가 사직동팀 조사결과와 거의 일치한 것도 같은 이유 때문이다. 검찰조직의 풍토는 일선 검사들이 법무부 장관을 비롯한 검찰 선배들의 잘못을 낱낱이 캐내는 것을 용납하지 않는다. 옷로비 특검팀과 달리 수사팀 자체의 내분과 검찰의 비협조로 좌초 상태에 빠진 조폐공사 파업유도 사건 특검팀을 보라. 최병모 특검팀의 공세적 수사에 대한 검사들의 비난과 저항도 같은 맥락에서 나온 것이다.

우리의 검찰조직은 사실상 대통령 한 사람의 통제만을 받는다. 대통령이 임명한 법무부 장관과 검찰총장이 검찰조직을 지휘한다. 검찰은 형사

소추권을 독점하고 있으며 이를 견제할 수 있는 기관은 전혀 없다. 12.12 쿠데타 불기소 처분을 대통령의 말 한마디에 번복하고, 10년이 지난 지금에 와서 서경원 사건에 대한 당시의 수사결과를 정반대로 뒤집는 데서 보듯 검찰은 정치적 풍향의 변화에 직접적으로 노출되어 있다.

이것은 검사들이 인간적으로 못된 사람이어서도 아니요, 검찰조직이 혼자 책임져야 할 일도 아니다. 우선적으로 책임을 져야 하는 것은 검찰의 도움을 받아가면서 편하게 정치를 하려는 대통령과 집권여당이다. '국민의 정부' 첫 법무부 장관이었던 박상천 의원이 "국민의 정부 시대에는 검찰권을 정치적으로 이용하는 일은 없다"는 황당무계한 논리를 내세워 특검제 공약을 파기한 데서 보듯 대통령의 참모들은 '검찰을 데리고 하는 정치'에 너무 일찍부터 맛을 들여버렸다.

다시 말하지만 수사책임자가 피의자의 남편에게 수사보고서를 유출시키고, 이것을 또다시 재벌기업의 로비스트에게 넘겨주는 황당한 일이 벌어진 것은 사람이 나빠서가 아니라 검찰권력에 대한 견제장치가 없기 때문에 일어난 사건이다. 과거에는 똑같은 짓을 해도 아무 일이 없었기 때문에 아무런 죄의식 없이 이런 짓을 저지른 것이다.

이와 같은 사태의 재발을 막기 위해서는 두 가지 조처가 필요하다. 첫째, 대통령은 집권당 의원들과 청와대 참모들, 심지어는 대통령까지도 범죄 혐의가 있으면 엄정하게 수사를 할 수 있는 사람을 검찰총장으로 임명하고 검찰을 정치적으로 이용하지 않겠다는 의사를 공개적으로 밝혀야 한다. 둘째는 검찰조직 자체가 권력을 남용하지 못하도록 권력기관에 몸담은 사람들이 관련된 범죄의 수사를 전담하는 특별검사제를 상설화하는 것이다. 이 두 가지를 실행하지 않는 정부는 검찰의 정치적 독립을 보장하고 검찰조직을 민주적 통제 하에 둘 의사가 없는 정부로 간주할 수밖에 없다.

개인적 원한과 비판은 다르다

김 대중 정권 전반기 내내 유일 야당이었던 한나라당은 전두환이 만든 민정당에서 시작해 노태우의 민자당과 김영삼의 신한국당 등 극우정당을 승계한 정당이지만 재야 민주화운동의 경력이 있는 진보적 지식인과 '좌익 전력'을 가진 인사들을 틈틈이 영입했다. 김영삼 전 대통령은 인기가 높았던 집권 전반기에 1992년 대선에서 '진보정당' 민중당을 이끌었던 인물들을 단체로 한나라당에 영입한 바 있다.

예컨대 김문수 의원은 1985년 봄의 구로지역 노동자 연대투쟁을 배경으로 탄생한 서울노동운동연합 지도위원이었고, 1986년 '5. 3 인천사태'의 주모자로 보안사에 끌려가 전기고문을 비롯한 온갖 가혹행위를 당한 적이 있으며 역시 한나라당 소속인 이재오 의원과 정태윤 씨 등과 함께 민중당을 이끈 중심 인물이었다. 이우재 의원은 민중당의 대표였다. 언론 민주화운동의 기수였던 이부영 한나라당 원내총무는 민통련 등 1980년대 재야 민주화운동 조직의 중심 인물이었다. 'DJ 저격수'라는 별명을 가진 이신범 의원은 내가 대학에 다닌 1970년대 말에는 '전설적인 학생운동가'였으며, 미국 망명까지 마다 않고 인권운동과 민주화운동을 벌였던 인물이다. 이재오 의원은 고등학교 교사로 일하던 1978년 '남민전 사건'과 관련하여 옥살이를 한 '좌익 전과자'다.

　나름의 개성과 활동영역을 지닌 이 '스타'들은 1980년대 반정부운동을 했다는 점 말고도 한 가지 공통점이 있다. DJ를 싫어하거나 미워한다는 것이다. 이건 괜히 하는 소리가 아니다. 가장 대표적인 '좌파 출신'인 김문수 의원은 김대중 씨가 "진보를 위장해 민중을 현혹한다"고 비난하고 민중당의 실패를 김대중이 국민을 속이는 데 성공한 탓으로 돌리곤 했다(본인이 이 글을 읽더라도 허위사실이라고 항의하는 일은 절대 없을 것으로 믿는다). 김문수 의원만 그런 게 아니다. 다른 사람들도 대동소이하다. 한때 주요인사들이 대부분 영남 출신이라는 사실을 들어 민중당을 '반DJ당'이라고 비아냥거린 이들이 있었는데, 출신 지역을 떠나서 한나라당의 재야 출신 의원들이 강력한 '반DJ 정서'의 소유자라는 것은 그들의 언행에서 오해할 여지가 없을 만큼 명확하게 드러난다.

　대표적인 사례 하나. 한나라당 이부영 원내총무는 제정구 의원의 별세로 위원장이 공석이 된 경기 시흥 지구당 개편대회에서 'DJ암' 발언으로 평지풍파를 일으킨 적이 있다. "3김의 구태정치에 맞서 싸워온 제정구 의원이 김대중 대통령의 억압을 받다가 속이 터져 DJ암에 걸려 세상을 떠났다." 국민회의 측에서는 이것을 '국가원수에 대한 음해'로 규정하고 사과를 요구했다. 보도에 따르면 한나라당 개편대회에서는 '공천 헌금치부', '일산 아방궁' 등 다른 독설도 숱하게 나왔다.

　제정구 의원과 관련된 'DJ암' 발언은 한나라당의 재야 출신 정치인들이 품고 있는 '원한'을 단적으로 보여주는 표현이기 때문에 우리 정치의 앞날과 관련해 한번쯤 곱씹어볼 만한 가치가 있다.

　고(故) 제정구 의원은 한창 일할 나이에 세상을 떠남으로써 많은 이들의 마음을 아프고 안타깝게 했다. '빈민운동의 대부'로 일컬어졌던 그는 '가난하고 핍박받는 사람들의 벗'으로 앞으로도 오랫동안 사람들의 가슴속에 남아 있을 것이다. 그의 생명을 앗아간 것은 암이다. 의학적으로 볼 때 암은 아직 그 정체가 명백하게 밝혀지지 않았다. 하지만 고인의 줄담배 습관을 아는 사람들은 흡연이 주요한 원인이었을 것으로 추측한다. 10여 년 전 지조와 능력을 겸비한 지식인으로 존경받던 고(故) 조영래 변호사를 데려간 것도 똑같은 병이었다. 물론 스트레스가 더 결정적인 원인이었을 수도 있다. 사회정의와 민주주의의 실현을 위해 평생 고뇌하고 노력하고 연구하고 탄압을 받으면서 산 분들이니까.

제정구 의원은 당시 김대중 평민당 총재가 김영삼 씨의 3당합당 합류를 거부한 '꼬마민주당'과 당 대 당 통합을 해서 만든 민주당 후보로 출마해 시흥 군포에서 당선됨으로써 14대 국회에 진출했다. 그리고 DJ가 정계에 복귀했을 때 새정치국민회의로의 합류를 거부하고 민주당 시흥지구당을 지키면서 15대 국회의원 선거에서 승리를 거두었다. 당시 동교동계가 민주당의 압도적 다수파였다는 사실을 고려할 때, DJ가 계파 의원들을 일거에 탈당시켜 국민회의를 전격적으로 창당한 것은 목적의 정당성 여부와 무관하게 방법적인 면에서는 일종의 '친위 쿠데타'였다. 제 의원은 여기에 동의할 수 없었기 때문에 '장렬한 산화'를 할지언정 지조를 굽히지는 않겠다고 말했다.

이부영 원내총무도 비슷한 경로를 거쳐 재선의원이 되었고, 1997년 대선 직전 '통추'를 함께했던 제 의원과 같이 한나라당에 합류했다. 그런 만큼 이 총무는 갑작스러운 '동지'의 죽음 앞에서 누구보다도 큰 아픔을 느꼈을 것이다. 이건 얼마든지 이해할 수 있는 일이다. 하지만 그런 아픔을 'DJ암'이라는 표현으로 터뜨리는 것은 옳지 않다. DJ가 정치하는 목적이나 방법이 옳지 않다고 생각했기 때문에 갈라선 것을 나는 존중한다.

하지만 근거 없는 말을 해서는 곤란하다. 나는 김대중 대통령이 제 의

원을 탄압하는 것을 본 일이 없다. 암에까지 걸릴 정도로 탄압을 했다는 데 나만 모르고 있을 리야 없지 않은가. 개인적으로 DJ를 미워하는 거야 내가 상관할 일이 아니고 말릴 생각도 없다. 하지만 여야 협상의 창구 역할을 하는 원내총무가 가슴 밑바닥에 있는 개인적 증오감을 그렇게 대책 없이 드러내서야 무슨 대화 정치가 되겠는가.

딱한 일이다. DJ보다 훨씬 더 급진적으로 민주주의와 인권을 주장했던 사람들이 여전히 파시즘의 그림자가 어른거리는 정당에서 벌이는 좌충우돌의 원동력이 고작 DJ에 대한 해묵은 원한이란 말인가. 이부영 의원을 비롯한 한나라당의 재야 출신 의원들은 DJ의 오류가 자신들이 저지르는 모든 잘못에 면죄부를 주지는 않는다는 점을 명심하는 것이 좋겠다.

'DJ 저격수'라는 별칭을 얻은 이신범 의원의 '맹활약'도 주목할 만하다. 지난해 이 의원은 같은 당 조웅규, 김영선 의원 등과 함께 미국으로 날아가 클린턴 대통령의 인권담당 보좌관과 국제 인권보호단체에 '판문점 총격공작 혐의'로 구속된 한성기 씨 등에 대한 안기부의 고문 의혹을 호소하고 관심을 촉구했다. 이에 대해 당시 정동영 국민회의 대변인은 한나라당 의원들이 아직 사실로 확정되지도 않은 일방적인 고문 주장을 미국 관리들과 조야 인사에게 고자질하고 한국 정부에 압력을 넣어달라고 호소한 것은 국가 체통과 위신을 손상시킨 사대주의 행각이라고 비난하는 성명을 냈다.

제 눈의 들보는 못 보고 남의 눈에 티만 욕한다

여기서 문제가 되는 것은 '일관성의 결여'다. 세계를 무대로 '인권운동'을 벌인 세 사람이 몸담은 한나라당은 어떤 정당인가? 과거 헤아릴 수 없이 많은 고문사건을 저질렀던 독재정권의 시녀 노릇을 한 정당의 후신이다. 투옥과 망명을 직접 경험한 바 있는 이신범 의원은 이런 사실을 누

구보다 잘 알 것이다. 그리고 얼마 전까지만 해도 자신이 집권여당 소속
이었다는 사실을 벌써 잊지는 않았을 것이다. 그들이 진정으로 인권보호
를 위해 태평양을 건넜다면, '주먹과 구둣발로 때리는 고문'에 격분하기
이전에, '물고문과 전기고문이' 횡행했던 과거의 용공조작 사건과 숱한
정치적 의문사 사건의 진상을 규명하고 한나라당의 책임을 묻는 일부터
해야 앞뒤가 맞다. '제 눈의 들보'는 보지 못하고 '남의 눈에 티'를 욕하
는데, 도대체 누가 손톱만큼의 진실성이나마 인정해주겠는가?

물론 앞뒤가 어긋나기로는 여당 대변인도 마찬가지다. '아직 사실로
확인되지 않은 일방적인 주장'으로 말하면 언론에 보도된 '총격공작' 사
건의 내용 역시 마찬가지가 아니었던가? 사건 관련자들은 '고문에 의한
허위자백'을 주장하는 중이었고, 재판이 끝나기 전까지는 누구든지 진상
이 어떻다고 단정할 수 없는 일이었다. 그리고 법정에서 유죄를 선고받기
전까지 관련 구속자들을 '무죄로 추정'하는 것이 우리 헌법의 원리다. 국
민회의는 '확인되지 않은 사실'을 가지고 야당을 정치적으로 공격하지
않았는가? 그리고 만약 고문이 사실이라면 이것을 국제적으로 알리는 것
을 사대주의로 욕할 수도 없지 않은가?

집권여당은 야당의 세 의원을 비난하기 전에, 고문을 한 적이 없다는
안기부의 주장을 국민들이 믿지 않는 이유를 따져보았어야 한다. 안기부
와 검찰은 과거의 숱한 조작사건 가운데 권력핵심과 직접 관련되었거나
집권여당에 정치적으로 유리한 것만 골라서 터뜨렸다. 마치 1980년의
'김대중 내란음모 사건'만 고문에 의한 용공조작이고 다른 '좌익사건'과
'간첩사건'은 다 진실인 것처럼 말이다. 유력한 야당 대통령 후보를 공산
주의자로 조작한 과거의 안기부와 검찰이 대학생과 재야인사 등 '보통
시민'의 인권을 보호해주었다고는 상상할 수도 없다. 그런데도 '국민의
정부'는 그 숫자와 정도를 짐작하기조차 어려운 다른 고문조작 사건의
진상을 밝히는 일에는 별로 관심이 없는 것처럼 보인다.

'충격공작'이 사실이라 하더라도 안기부 수사관들이 피의자들을 '차고 때릴' 권리는 없다. 안기부의 '고문'이 사실이라 할지라도 '충격공작' 사건을 그냥 덮을 수는 없다. 야당의 고문 주장에 날개를 달아주고 전혀 별개인 두 사건을 하나로 엮어준 책임은 집권여당에 있다. 과거의 숱한 '고문조작 사건'의 진상을 밝히고 책임자를 처단하지 않는 한, 안기부와 검찰 등 수사기관의 인권유린에 대한 국민의 의구심은 결코 사라지지 않을 것이기 때문이다.

DJ는 '아시아의 만델라' '인권 대통령'이라는 취임 초기의 명성에 걸맞는 인권개혁을 이루는 데 실패했다. 하지만 그렇다고 해서 한나라당 재야 출신 의원들의 DJ에 대한 증오심이 정당화되는 건 아니다. '권력자 DJ'는 야당의 견제를 받아야 한다. 비록 한나라당이 '극우와 보수의 잡탕'이라 하더라도 DJ가 전지전능한 신이 아닌 이상 비판과 견제는 필요하다. 그러나 명색이 한때 반독재투쟁의 기수였다는 사람들이 하는 비판이라면 최소한 사실에 근거를 두고 앞뒤가 맞는 논리를 가져야 하지 않겠는가.

그 사건은 제발 들추지 마세요?

 "**그** 사건은 제발 들추지 마세요 DJ, 정치보복 생각나요 DJ, 국민에게 도움도 안 되는 사건을……." 1999년 11월 SBS 텔레비전 방송의 사이버 해설가 '나잘난 박사'는 검찰의 '서경원 사건' 재수사를 이런 노래로 비꼬았다. 아무래도 모를 일이다. 김대중 정부가 언론을 탄압하는 독재정권이기 때문에 겁이 난 나머지 자연인이 아닌 사이버 인간을 내세워 대통령을 비판하는 것일까. 아니면 방송이 이렇게도 말이 안 되는 주장을 마음대로 해도 좋을 만큼 언론의 자유가 꽃핀 것일까.

우선 사실관계를 보자. 도대체 누가 '그 사건을 들추어' 냈는가. 한나라당 정형근 의원이다. 그는 부산에서 열린 한나라당 집회에서 DJ가 야당 총재 시절 서경원 의원의 비밀 방북 사실을 알면서도 신고하지 않음으로써 국가보안법상 불고지죄를 범했고, 서 의원이 북에서 받은 돈인 줄 알면서도 미화 1만 달러를 받았다고 주장했다. 그래서 노태우 대통령에게 싹싹 빌어서 겨우 용서를 받았다고도 했다.

그럼 대통령은 어떻게 해야 할까? 첫째, 입다물고 가만히 있는다. 그러면 정 의원의 주장이 사실처럼 되고 만다. 둘째, 그게 싫어서 진상 규명을 지시한다. 그런데 그러면 야당과 일부 언론인들은 이것을 '정치보복'이라고 비난한다. 도대체 어떻게 하라는 말인가. 김대중 대통령은 야당과 전임자에게서 연일 독재자라는 비난을 받고 있다. 별 힘도 없는 야당이 자신을 범죄자로 몰아가는데도 잡아다 두들겨 패지도 않으니 독재자 치고는 참 바보 같은 독재자다. 그게 아닐지도 모른다. '제왕적 대통령'이라는 소리를 듣는 강력한 대통령도 일단 덫에 걸려들면 꼼짝할 수 없을 만큼 색깔론의 마법이 강력해서 그럴지도 모른다. 그러니 우리 같은 평범한 시민이 걸려들면 인생이 여지없이 끝장나고 만다. 색깔론, 정말 무서운 괴물이다.

그런데 높은 시청률을 자랑하는 우리의 '나잘난 박사', 좀 근신하는 게 좋겠다. 나 박사가 펼치는 '국익론'과 '정치보복론'은 도대체 앞뒤가 맞지 않는다. 이미 알려진 것처럼 서경원 씨는 안기부와 검찰에서 고문을 견디지 못한 나머지 DJ에게 1만 달러를 주었다는 허위진술을 했다고 말했다. 검찰 수사가 진행 중이기 때문에 진상이 밝혀지려면 시간이 더 걸리겠지만, 1989년 당국의 수사결과 발표 시점에서 서씨와 그의 비서관 방양균 씨의 진술 말고는 정 의원의 주장을 뒷받침할 만한 아무런 증거도 없었다는 것만은 분명한 사실이다.

그런데 우리 언론은 불고지죄로 서 의원과 함께 감옥살이를 해야 했던 방양균 씨가 일찍이 고문 사실을 폭로했음에도 불구하고 별다른 관심을 보여주지 않았다. 가해자들의 이름을 정확하게 폭로함으로써 이근안 씨와 한 팀을 이루어 반인륜적 고문범죄를 자행한 대공수사관들을 법정에 세운 것은 터무니없는 간첩 혐의를 썼던 납북 어부 김성학 씨였다. 김씨는 영장도 없이 불법구금된 상태에서 무려 70일 동안이나 말 못할 고초를 겪었다. 김대중 정부는 이근안 씨의 예기치 못한 자수와 정형근 의원의 색깔론 공세로 군사독재 정권 시대의 고문범죄를 둘러싼 의혹이 터져 나오기까지 사실상 아무 일도 한 것이 없다. 김근태 부총재를 포함해 집 권당의 요직에 있는 인물들 가운데 고문 피해자가 한둘이 아닌데도 정부 는 진실을 밝히고 정의를 세우는 일을 외면한 것이다. 한심한 일이다. 정 말 욕먹어 싸다.

진상 규명과 정치보복의 함수관계

'서경원 사건'의 재수사가 '국익에 도움이 되지 않는다'는 '나잘난 박 사'의 노래는 독선과 오만과 무지의 산물이다. 대한민국은 민주공화국이 며, 고문은 가장 기본적 인권인 신체의 자유와 표현의 자유를 말살하는 헌법 파괴행위다. 헌법적 기본 질서를 수호하는 것보다 더 큰 국익이 무 엇이며 자유민주주의의 기본 가치를 짓밟는 일을 묵인함으로써 얻을 수 있는 국익이 도대체 어디 있는가.

'서경원 사건'이 그나마 재수사의 행운을 누리게 된 것은 대통령이 관 련된 사건이기 때문이다. 평범한 시민과 학생들에게 고문을 가했던 수많 은 '아직 이름이 밝혀지지 않은 범죄자들'이 지금도 멀쩡하게 거리를 활 보하면서 공권력을 행사하거나 국가의 연금을 타먹고 있는 것이 우리의 현실이다. 아무리 사이버 인간이라고는 하지만 나 박사의 국적은 대한민 국이 아닌가. 그러니 당연히 민주공화국의 사이버 시민으로서 기본을 지 켜야 할 것이다.

우리는 지금이라도 지난 시대의 수많은 고문 사건과 의문사의 진상을 밝히기 위한 한국판 '진실위원회'를 만들어야 한다. 이것은 정치보복과 는 아무 관련도 없다. 예컨대 지금의 국정원 간부들이 한나라당 이회창 총재의 측근들을 잡아다 고문을 해서 뇌물 사건을 조작했다고 하자. 그리 고 2002년 대선에서 이회창 총재가 당선되었다고 하자. '나잘난 박사'의 논리에 따르자면 '이회창 대통령'은 그들을 잡아들이지 말아야 한다. '정치보복'이 될 것이기 때문이다.

사이버 인간은 스스로 말하지 않는다. 그는 누군가의 목소리를 대신 낼 뿐이다. '나잘난 박사'의 수준은 그를 창조한 언론인의 수준에 따라 결정된다. 대한민국 3대 텔레비전 방송사의 해설위원이 이런 정도의 한심한 논리를 펼치니 대한민국의 앞날이 정말 어둡다.

그리고 말이 나온 김에 한나라당에도 한마디 해야겠다. '언론자유 수호투쟁'을 하고 '제2의 민주화투쟁'을 한다는 정당이 어떻게 고문범죄 혐의자를 싸고돌 수 있는가? 무식해서 그런지 뻔뻔스러워서 그런지 알 수가 없는 노릇이다. 아무리 김대중 정부가 잘못하는 것이 많다고 해도 이건 지나치다. 무식해서 그러든 뻔뻔해서 그러든 이런 짓을 하는 야당이 다시 집권당이 되어서는 절대 안 되겠다. 이회창 총재는 국민회의 지지율이 떨어지는데도 왜 한나라당 지지율이 오르지 않는지 자문해보기 바란다.

비전향 장기수에 관한 단상

감옥 체험까지는 아니더라도 군복무만 제대로 한 남자라면 웬만큼 알 것이다. 타의에 의한 '격리(隔離)'가 얼마나 고통스러운가를. 아들을 군에 보내본 어머니라면 아마도 다들 기억할 것이다. 신병훈련을 마친 아들이 '자대(自隊) 배치'를 받고서 첫 편지를 보내올 때까지, 사랑하는 자식의 소재를 알 수 없어 애태우며 보내야 했던 그 며칠이 안겨준 정체 모를 불안감의 무게를.

1999년 2월 특별사면을 받아 교도소 문을 나서던 '세계 최장기수' 우용각 씨의 표정은 환하게 밝았다. 하지만 거기에는 가족을 북에 둔 채 남녘의 감옥에서 한 발자국도 자유롭게 내딛지 못하고 산 41년 세월의 뼈아픈 한이 실려 있다. 우씨를 포함한 20여 명의 '비정규군 출신 전쟁포로'와 '남파간첩'들이 얼마 남지 않은 삶을 어디서 어떻게 마무리할 수 있을까. 북한 정부가 '국군포로'나 '납북어부'와의 맞교환에 응한다면 혈육을 다시 껴안아보고 손자들의 큰절을 받을 수도 있다.

하지만 북한이 '국군포로'의 존재 자체를 부정하는 종전의 입장을 수정할 가능성은 별로 없다. 보도에 따르면 정부가 '비전향 장기수'(정부와 언론은 '미전향未轉向'이라는 표현을 쓰는데 이것은 언젠가는 전향하겠지만 '아직은' 전향하지 않았다는 의미를 내포한다. 나는 어느 방송과의 인터뷰에서 담당 프로듀서의 지적을 받고서야 이 표현의 문제점을 깨달았다. 이데올로기적 가치판단이 배제된 중립적 표현인 '비전향非轉向 장기수'를 쓰는 것이 옳다는 것이다) 북송 문제를 남북 이산가족 재회사업과 연계하는 방안도 검토 중이라고 한다. 좋은 생각이다. 그렇지만 북한이 여기에 응하리라는 보장 역시 없다.

우리 정부와 국민들의 바람은 무시하고 막무가내로 '무조건 송환'만을 요구하는 북한의 처사가 잘못임은 두말할 나위 없다. 하지만 어쩔 것인가? '불확실성'과 '불가측성'을 외교전의 유일한 무기로 사용해온 북한 정부가 '공화국 인민' 20명의 여생을 위해 하루아침에 자세를 고쳐 무언가 '상호주의에 입각한 확실한 대가'를 내놓으리라고 기대할 수는 없지 않은가?

이 문제와 관련해서 볼 때 김대중 정부는 진퇴양난의 골짜기에 갇혀 있다. 그래서 이 문제는 아무런 진전을 보지 못한 채 수면 아래로 가라앉고 말았다. 우리 정부가 상호주의 원칙을 고수할 경우 '비전향 장기수'와 '국군포로'의 맞교환 성사는 고사하고 금강산 관광을 계기로 어렵사리 조성한 대화 분위기마저 깨질지도 모른다. 하지만 무조건 북송을 하다가는 햇볕정책을 '친북정책'이나 '국가안보의 포기'로 매도하는 극우세력과 야당의 정치적 공격에 날개를 달아줄 판이다.

'비전향 장기수' 문제는 북한의 문제인 동시에 남한의 문제이기도 하다. 북한 정부의 벽창호 같은 태도와 아울러 우리 사회의 냉전 이데올로기와 자폐적 사고방식이 문제의 해결을 가로막고 있기 때문이다. 대한민국은 민주공화국이다. 민주공화국은 인권과 자유를 최고의 가치로 삼는다. 대한민국은 '조선 민주주의 인민공화국'과 오랜 세월 체제경쟁을 벌였고 이제 그 경쟁은 사실상 끝났다.

남의 허물이 나의 알리바이는 아니다

냉전 시대에 권력자들은 일당독재와 중앙통제식 계획경제를 정치·경제적 기본질서로 삼는 '조선 민주주의 인민공화국'과 '닮아가기 경쟁'을 벌였다. 그들은 북한이 '반혁명분자'를 처단하기 위한 형법을 만든 것처럼 반공법(국가보안법)을 만들었다. 북한이 온 사회를 군사조직화한 것과 마찬가지로 그들도 국민들로 하여금 아침 저녁으로 국기에 대한 충성의 맹세를 하게 만들었고 학생 자치조직까지도 모두 군사조직과 비슷하게 만들었다. 통·반조직과 반상회를 '반체제 불순세력'을 적발하기 위한 감시·통제 조직으로 활용하려고 한 것 역시 북한의 '5호담당제'와 닮았다.

언론사를 국가기관으로, 기자를 공무원으로 만들어 국민을 사상적으로 통제한 북한처럼 보도지침을 내려보내 언론을 통제하고 여론을 조작했으며, 언론인에 대한 협박과 회유를 일삼았고 말을 듣지 않으면 직장에서 쫓아내고, 두들겨 패고, 감옥으로 보내기까지 했다. 천리마 운동과 '우리식 사회주의 혁명'을 다그치는 구호로 거리를 뒤덮었던 것처럼 국도와 골목길과 버스와 지하철 곳곳에 수없이 많은 반공구호를 내걸었다. "옆집에 오신 손님 간첩인가 다시 보자." "민주위장 좌익세력 살펴보고 신고하자." 이런 끔찍한 표어가 널려 있는 나라가 민주공화국일 수는 없는 일이었다.

이러한 '닮아가기 경쟁'에서 대한민국은 북한의 상대가 되지 않았다. 어느것 하나 북한만큼 철저히 실행하지 못했고 또 성공하지도 못했다. 만약 대한민국이 북한과의 체제경쟁에서 승리했다는 '냉전적 표현'을 받아들인다면 그 승리의 비결은 이 '닮아가기 경쟁'에서 패한 데 있다. 우리는 북한과 철저하게 달라져야 한다.

그런데도 우리 국민의 머릿속에는 체제경쟁이 '닮아가기 경쟁'이라는 사고방식이 뿌리 깊게 남아 있다. 북한 형법의 폐지를 국가보안법 폐지의 전제조건으로 삼고, '국군포로' 송환을 '비전향 장기수 북송'의 조건으로 삼고, 북한 사회를 전일적으로 지배하는 주체사상의 존재를 우리 사회에서 사상과 표현의 자유를 제한하는 알리바이로 삼는 논리는 바로 이러한 도착된 냉전적 사고방식에 뿌리를 두고 있는 것이다.

인권과 자유를 최고의 가치로 삼는 민주 사회라면 우리는 무엇보다 먼저 '비전향 장기수'를 인간으로 보아야 한다. 그들은 '상호주의적 거래'의 대상인 쌀이나 비료와는 다른 살아 있는 인간이다. 그들을 어느곳엔가 잡아둔다고 해서 그 때문에 다른 사람이 더 행복해질 일은 전혀 없다. 인생을 통째로 감옥에서 보낸 그들의 마음속에 김일성과 김정일 부자에 대한 충성심이 철옹성처럼 남아 있다 할지라도 그들이 대한민국의 기본 질서를 위협할 가능성은 전혀 없다. 그들은 남의 도움 없이는 평범한 일상생활조차 꾸리지 못할 만큼 병약한, 혈육과 고향산천을 껴안아보는 것을 마지막 소원으로 간직하고 사는 노인들일 뿐이다.

그들을 북으로 돌려보낸다고 해서 더 불행해질 사람 역시 아무도 없다. 이인모 씨 송환 때처럼 북한 정부가 그들을 정치선전에 이용한다 할지라도 그건 어디까지나 '내부 선전용'에 불과하다. 진실에 근거를 두지 않은 선전으로 모든 사람을 영원히 속일 수는 없다. 북한 역시 예외가 아니다. 북한 주민들은 사상을 바꾸지 않았다고 해서 사람을 몇십 년씩 감옥에 잡아두었던 남한의 처사에 대해 분통을 터뜨릴 것이다. 하지만 정상적인 두뇌 용량을 가진 사람이라면 끝까지 사상을 바꾸지 않은 이들을 조건 없이 북으로 돌려보낸 남한의 처사에 대해서는 좋은 평가를 내리게 될 것이다. 북한 주민들이 남한 주민보다 두뇌 용량이 작다는 생물학적 증거는 아직 없다.

　문제의 핵심은 이 노인들의 마지막 소원을 들어주느냐 마느냐는 것이다. 만약 이렇게 하는 것이 우리 스스로 판단하기에 옳은 일이라면, 남한의 수많은 이산가족의 똑같은 절절한 소망을 북한 정부가 냉혹하게 외면하더라도, 그래도 송환하는 것이 옳다. 우리는 너무나 오랫동안 상대방의 잘못을 이유로 들어 자신의 똑같은 잘못을 정당화시키는 냉전적 사고틀에 갇혀 살았다. 이것을 과감히 벗어 던질 수 있는 능력, 이것이 바로 '조선 민주주의 인민공화국'을 능가하는 '대한민국의 힘'이 아닐까 싶다.

"통일하지 맙시다!"

1999년 9월 15일 미국 정부는 우리 정부에 윌리엄 페리 대북정책 조정관의 정책권고안을 통보했고 우리 정부는 이를 공개했다. 「페리 보고서」는 북한이 미사일 개발을 포기하는 대신 미국이 대북 경제 제재를 완화하는 단기 방안을 채택하고 중장기적으로는 북한이 핵무기와 미사일 개발을 완전히 포기하는 조건으로 북한과 미국이 수교할 것을 권고했다. 이른바 '포괄적이고 통합적인 대북 접근정책'을 담은 이 보고서가 미국 의회의 보고 절차를 거쳐 미국 행정부의 공식 입장으로 채택된다면 향후 한반도의 정세는 근본적인 변화를 맞을 것으로 보인다.

우리 정부와 언론은 이 보고서에 대해서 대체로 환영하는 분위기였다. 하지만 일부에서는 '불확실성'과 '불가측성'을 외교전의 주무기로 사용하는 북한 정부의 독특한 협상전술을 들어 걱정 어린 전망을 내놓기도 했다. 하지만 정말로 중요한 것은 남북 두 정부와 국민들이 「페리 보고서」의 권고를 원만하게 추진할 태세가 되어 있느냐는 의문이다. 나는 1998년 가을 현대 금강호의 첫 출항을 보면서 다음과 같은 '불경스러운 질문'을 제기한 적이 있다.

'명예회장 선생'이 '장군'과 손잡고 벌이는 사업에는 수많은 의문이 따른다. 현대는 해마다 1억 5천만 달러씩 2004년까지 모두 9억 달러를 북한 측에 지불한다는데, 우리 헌법이 '대한민국 영토'로 규정한 지역을 불법적으로 점령한 '반국가단체의 수괴'한테 그런 거액을 주어도 되는 건가? 북한의 '장군'이 그 돈을 대륙간 미사일을 개발하는데 쓰면 어쩌나? 금강산 구경을 하는 동안 또 잠수정이라도 출현하면 그 사람들은 어떻게 되나? 무슨 돌발사태라도 터져서 남북관계가 또다시 냉각되어도 금강산 관광사업은 계속될까?

그런데 1999년 초여름 꽃게잡이철에 서해안에서 수십 명의 북한 군인들이 '전사'한 교전 사태가 정말로 터졌다. 여성 관광객이 억류당하는 바람에 한동안 관광선의 발이 묶이는 우여곡절이 있었고 뒤이어 '1980년대 주사파의 대부' 김영환 씨 등이 포함된 '자생적 주사파 간첩사건'까지 일어났지만 금강산 관광은 큰 탈없이 계속되었다. 야당과 보수 언론한테 욕을 먹어가면서도 끈질기고, 신중하고, 단호하게 '햇볕정책'의 기조를 고수한 정부의 태도는 칭찬할 만한 것이었다. 북한 정부 역시 사태를 파국으로까지 끌고가지 않는 합리적이고 진전된 태도를 보였다. 반가운 일이다.

그러나 북한 핵과 미사일 문제, 경제제재 해제, 북미수교와 한반도의 냉전 종식 등 주요 현안을 일괄 타결하려는 「페리 보고서」의 권고를 제대로 실현하려면 남북 정부와 국민들은 그야말로 '혁명적인 발상의 전환'을 해야 한다는 점을 강조하고 싶다. 왜냐하면 「페리 보고서」는 남북한의 평화적 통일이라는 '낡은 관념'에 대한 중대한 도전이기 때문이다.

통일보다 평화가 먼저

남북한 정부는 지금까지 입만 열면 평화적 통일을 외쳤지만 이는 모두 자신과 남을 동시에 속이는 위선에 불과했다. 우선 북한 정부는 대규모 관광객에게 그저 산만 보여주는 대가로 거액의 달러를 받으면서도 정부 차원의 실질적인 대화나 그들 스스로 주장해온 '각계각층의 인민의 교류'를 완강하게 거부해왔다.

북한 정부의 지도부는 입으로만 조국 통일을 부르짖을 뿐 실제로 통일을 할 의사는 손톱만큼도 없다. 인민들의 '먹을거리'조차 해결하지 못하는 체제의 권력집단이 남한과의 통일을 원한다면 그게 더 이상한 일이다. 그들은 독일식 흡수통일에 대한 공포감에 짓눌려 있다. 그리고 북한 인민들도 외부세계와 완전히 차단당한 채 아무런 정보도 없이 살아왔기 때문에 범민족대회 행사장에서 눈물을 흘리며 '조국 통일'을 외치지만 그것이 실제로 무엇을 의미하는지는 전혀 모르고 있다.

위선적이기는 우리 정부도 다르지 않다. 1980년대 말 소련과 동유럽의 사회주의 체제가 붕괴한 이후 역대 정부는 흡수통일을 할 의사가 전혀 없다는 말을 되풀이했지만, 내심 한편으로는 북한이 개방 노선을 택하면 의외로 빨리 통일이 되지 않을까 기대하면서 다른 한편으로는 북한의 체제 붕괴로 흡수통일을 해야만 하는 사태가 오면 어떻게 뒷감당을 해야 할지 걱정하는 양면성을 보인 것이다.

국민들 역시 말로는 통일을 염원한다고 하지만 속으로는 북한 동포들을 먹여 살려야 하는 사태가 오지 않을까 불안해한다. 그리고 실제로 독일식 통일을 한다면 '거주 이전의 자유'를 찾은 북한 주민들이 남으로 밀려오는 것을 막을 방법이 없는데, 그럴 경우 몇천 명의 노숙자 문제조차 원만하게 해결하지 못하는 서울과 주요 도시는 극도의 사회적 혼란상태에 빠져들 것이다.

뉴질랜드 아펙(APEC) 정상회담에 참석한 김대중 대통령이 "내 임기 중에 통일이 된다고는 생각하지 않는다"고 분명하게 못박은 것은 책임 있는 태도였다. 나는 우리가 '하루 빨리 통일해야 한다'는 조급증과 아울러 '평화적 통일'이라는 자기 기만적 관념을 버려야 한다고 믿는다. '평화적 통일'은 있을 수 없다. '평화'는 좋고 '통일'도 좋으니, 좋은 것 둘을 합친 '평화적 통일'은 더 좋다는 생각은 일종의 '착시현상'에 지나지 않는다. 우리는 '평화'와 '통일'을 한꺼번에 얻을 수 없다. 왜?

남북한은 절충이 불가능한 정치제도와 경제체제, 이데올로기를 가지고 있으며 수백만의 생명을 앗아간 참혹한 전쟁을 벌였다. 이유야 어쨌든 제각기 '남조선 역도'와 '북한 괴뢰'를 증오하는 수많은 사람들이 서로를 불구대천의 원수로 여기며 사는 곳이 한반도다. 이렇게 적대적인 두 체제의 '평화적 통일'은 이론적으로 불가능하며 역사적으로도 없었다. 통일은 어느 한쪽이 다른 쪽을 '잡아먹는' 것을 의미한다. 통일을 추구하는 한 '남을 먹어치우기 위한' 또는 '내가 잡아먹히지 않기 위한' 군사력의 증강은 불가피하며, 군사력이 커지는 만큼 '평화'의 가능성은 줄어든다.

'평화'로 가는 길은 양측이 명시적으로 '통일'을 포기할 때 비로소 그 문이 열린다. '햇볕정책'을 쓰든 '강풍정책'을 쓰든 남한이 공식적으로 '통일'을 포기하고 북한이 그것을 진지하게 믿을 때, 그리고 동시에 북한이 '적화'든 '연방제'든 통일을 원하지 않는다는 의사를 확실히 밝히고 남한이 그것을 진짜라고 믿을 때라야 불신과 적대감이 풀릴 수 있다는 말이다. 이산가족의 상봉과 각계각층의 다양한 교류, 안정적인 경제협력과 휴전선의 긴장 완화, 군비 감축과 평화회담도 양측이 '통일'을 명시적으로 포기해야 안정적으로 이루어질 수 있다.

남북의 정부 당국자들은 달걀을 깨뜨려 세운 콜럼버스처럼 과격한 '관념의 파괴'를 감행할 필요가 있다. '평화적 통일'은 먼저 '평화'가 자리를 잡아야 현실성을 가지게 되며, '평화'를 정착시키기 위해서는 우선

'통일'을 포기해야 한다는 말이다. 이런 의미에서 금강산 관광사업은 '평화통일'이라는 낡은 관념에 대한 중대한 도전이다. 금강산 관광, 그 이후 경협과 이산가족 상봉, 군비축소 등 남북교류의 안정적 확대를 바라기 때문에, 나는 이렇게 외친다. "통일하지 맙시다!"

탈북자의 인권과 위험한 이웃, 중국

한국 언론은 중국 국경을 넘은 북한인을 탈북자라고 하지만 이들은 난민이 아니다. 그들은 정상적으로 왕래하는 경우가 대부분이며 국내에서(신문마다 해석이 달라서 이것이 중국인지 북한인지는 분명하지 않다. 하지만 전후 맥락으로 볼 때 둘 모두를 가리킨다고 봐도 무방할 것 같다.– 저자) 정치적 제한을 받고 있지 않다. 유엔고등판무관실도 난민 범주에 속하지 않는다는 결론을 내렸다.

이것은 우다웨이(武大偉) 주한 중국대사가 1999년 9월 2일 한국언론재단의 초청강연에서 한 발언이다. 사실이라면 얼마나 좋으랴. 하지만 지난 몇년 간 두만강 북안(北岸)과 연변 일대를 취재한 우리 기자들의 리포트와 탈북자들의 생생한 증언은 우다웨이 대사의 말을 외교적 허언(虛言), 쉽게 말해서 헛소리로 만들고도 남을 만큼 많다. 다음은 2년 전부터 중국의 탈북 난민 구호활동을 펼치고 있는 '좋은 벗들'(이사장 법륜 스님)이

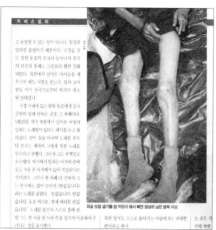

굶기를 밥 먹듯 해서 뼈만 앙상하게 남은 탈북 여성. 이것이 우다웨이 중국 대사의 눈에 정치·외교적 차원의 문제가 아니라 인권의 문제로 보여질 수 있어야 "민주문명 국가" 운운할 자격이 있는 것 아닌가.(『시사저널』, 1999년 5월 27일자)

언론에 공개한 내용으로, 중국 공안에 적발되어 송환된 탈북자들이 당하는 참상의 단면을 보여준다.

　　송환 난민은 국경지역 보위부에서 며칠씩 조사를 받는데 고문으로 뼈가 부러지고 머리가 터지는 사람이 적지 않다. 취조가 끝나면 어린이와 노인은 귀가조치되지만 16세가 넘은 성인은 교화소에서 강제노역을 해야 한다. 집단적 상습적 탈북자, 귀중품과 유물을 반출한 탈북자, 중국에서 시집을 가거나 인신매매된 경우에는 최고 15년의 징역형에 처해진다.

　이것이 사실이 아니라면 얼마나 좋으랴. 하지만 '좋은 벗들'이 촬영해 온 비디오 테이프는 함께 감옥에 수용되었던 16명의 탈북자 가운데 4명이 숨질 정도로 비인간적인 처우를 고발하는 생생한 육성 증언과 아울러, 살점이 떨어져나가고 영양실조와 피부병으로 온몸이 만신창이가 된 젊은 여성을 화면 가득 담고 있다. 그래도 명색이 '사회주의 조국'과 '노동자 농민의 천국'이라는 나라에서 이런 일이 벌어지고 있다는 것을 도저히 믿고 싶지 않지만, 그 수많은 증거에 대해서 그냥 눈감을 수는 없다.

그런데 우다웨이 대사의 눈에는 이 모든 것이 보이지 않는다. 그래서 이런 것을 보았다거나 바로잡아야 한다고 주장하는 사람에게 도리어 화를 낸다. "탈북자 문제는 어디까지나 북한과 중국과의 문제이며, 중국과 북한은 적절한 처리능력을 가지고 있다. 이 문제를 복잡하게 만들면 누구에게도 좋지 않다." 한마디로 자꾸 중국의 탈북자 문제를 거론하면서 이 문제에 개입하는 건 내정간섭이란다. 그리고 "탈북 여성의 인신매매 문제는 잘 모르겠고, '친족 나들이'는 옛날부터 있었던 일이다." 웃어야 하나 울어야 하나? 웃어 넘길 일이 아닌 것만은 분명하다. 내가 알기로 유엔고등판무관실이 탈북자를 원칙적으로 난민의 범주에서 제외시키는 '결론'을 내린 사실은 없다. 하지만 중국 정부의 입장에서 국제법상 난민의 지위를 부여하는 데 반대하는 것은 있을 수 있는 일이라고 본다. 난민의 지위를 인정하면 탈북자들을 수용해 보호하고 그들이 원하는 곳으로 보내줄 의무를 져야 하기 때문이다. 하지만 우다웨이 대사의 발언은 두 가지 면에서 그냥 넘겨버리기 어려운 문제를 안고 있다.

첫째, 우다웨이 대사는 대한민국과 중화인민공화국 사이의 친선과 우의를 다져야 할 외교관으로서 큰 잘못을 범했다. 탈북자 문제는 우리 국민들이 크나큰 관심을 가진 문제다. 그는 한국에서 근무하는 동안 북한을 돕는 민간단체들이 때로 정부의 만류와 방해를 무릅쓰면서까지 식량과 의약품을 모으는 것을 보았을 터이다. 탈북자들은 대부분 북한 체제를 사상적으로 거부하거나 자본주의 체제를 동경해서가 아니라 굶주림을 면해보려는 원초적 욕구 때문에 몰래 국경을 넘은 사람들이다. 설사 북한 주민이 다른 문화, 다른 역사를 가진 다른 민족이라고 해도 국경을 마주하는 이웃이라면 우리는 도우려 했을 것이다. 하물며 수천 년 역사를 함께 나눈 동포일진대, 그들의 비참한 처지를 보고 듣는 우리 국민들의 마음이 어떠하겠는가?

우리 국민은 중국더러 탈북자들을 보살펴달라고 요구하지 않는다. 다만 그들이 원하는 만큼 머무를 수 있도록 눈감아주는 정도만 해주기를 바랄 뿐이다. 만약 그렇게 하는 데 비용이 들어간다면 당연히 우리 정부에게 그에 상응하는 부담을 요구할 수 있을 것이고, 우리 국민은 돈을 내는 데 흔쾌히 찬성할 것이다. 그런데 '자꾸 그러면 좋지 않다'고 자못 협박조로 못을 박으니 기가 막힐 노릇이다. 도대체 우리가 무엇 때문에, 그리고 무슨 힘이 있다고 미국에 맞설 수 있는 유일한 강대국인 중국을 상대로 감히 내정간섭을 하겠는가.

그리고 배가 고파서 국경을 넘어온 사람들을 색출해서 본국으로 보내버리는 것이 과연 '적절한 처리'인가. 중국의 입장에서 우리 국민의 소박한 요구마저 수용할 수가 없다면 완곡한 말로 거절하면 될 일이다. '외교적 언사(言辭)'라는 것이 그래서 필요한 것 아닌가? 현지 국민들의 정서와 소망을 읽으려는 최소한의 노력도 하지 않고, 꼭 그럴 필요가 없는데도 주재국 국민의 자존심을 짓밟고 분노를 일으키는 사람은 외교관으로서 자격이 없다고 해야 할 것이다.

둘째, 우다웨이 대사는 이번 발언을 통해 중국이 '위험한 이웃'이라는 경각심을 일깨웠다. 그는 "중국이 2010년까지 국민총생산을 두 배로 늘리고 사회주의 시장경제체제를 공고히 해 2050년까지는 부강한 민주 문명국가를 만들 것"이라고 호언했다. 이건 그 개인의 견해가 아니라 중국 정부가 세운 중장기 목표를 소개한 데 불과하다. 하지만 이것이 탈북자 인권문제에 대한 그의 오만하고 공격적인 발언과 한데 묶이면 듣는 이의 마음에 공포감을 일으킨다.

탈북자는 반공투사가 아니다

대한민국은 시장경제와 민주주의를 헌법적 기본 질서로 삼는 나라다.

아직 시장경제가 온전히 자리잡지 못했고 민주주의도 초보적인 단계에 있지만 정치, 경제, 사회, 문화 모든 면에서 다양성을 존중하는 분권적인 사회로 발전하리라는 것은 의심할 나위가 없다. 그러나 중국은 시장경제를 경제적 기본 질서로 채택하고서도 정치체제만은 중앙집권적 일당지배를 유지하려 하고 있다. 사회주의적 시장경제가 아니라 다른 어떤 이름을 붙이더라도 이것이 중국형 개발독재라는 사실이 바뀌지는 않는다.

외교는 내치(內治)의 연장이다. 나는 사회를 전일적으로 지배하는 절대 권력이 이웃 나라와 평화롭게 지내는 것을 본 일이 없다. 자국 내의 사회·정치적 갈등과 대립을 설득과 타협을 통해 해결하지 못하는 정부가 우 대사의 말처럼 '다른 나라의 주권과 영토를 존중하고 대화를 통한 문제 해결을 지지' 하는 것은 이론적으로 불가능하고 역사적으로 사례가 없다. 만약 우다웨이 대사가 밝힌 계획대로 경제발전을 이루어낸다면 중국은 부강한 나라가 될 것이다. 그러나 정치적 이견의 존재를 인정하지 않고 의사표현의 자유를 억누르는 정치체제로 민주 문명국가를 만든다는 것은 어불성설이다. 민주주의 없는 부강한 나라는 위험하다. 20세기 세계를 두 차례나 피로 물들였던 세계전쟁이 그것을 입증한다. 중국 인민들도 지난 200년 동안 유럽과 일본 제국주의 국가들의 횡포를 싫도록 경험하지 않았던가.

"인권이 주권보다 우선한다는 논리는 일종의 신간섭주의에 해당하며 여기에 대한 경각심을 가져야 한다." 이것 역시 우리가 지난 박정희 시대에 지겹도록 들었던 말이다. 나는 미국 정부가 다른 나라의 인권상황을 비판하고 간섭할 자격이나 권리가 있다고 생각하지 않는다. 미국 정부는 인종차별과 극심한 빈부격차 등 자국 내의 인권상황을 개선하기 위해서 먼저 해결해야 할 숙제가 많다. 하지만 그렇다고 해서 중국의 인권상황에 대한 외부의 비판이 모두 잘못된 것은 아니며 중국의 인권문제가 사라지는 것도 아니다. 예컨대 엠네스티 인터내셔널의 인권보고서가 나오면

'민주 문명국가'의 언론은 자국 관련 내용을 상세히 소개하고 정당과 사회단체들은 개선책을 논의한다. 한국도 개발독재 시대에는 정부가 아예 보도를 막았지만 이제는 제법 '민주 문명국가' 비슷하게 이 문제를 취급한다.

우다웨이 대사는 이번 연설을 통해 한국 정부에 강력한 메시지를 보냈노라고 만족해할지도 모르겠다. 신문과 방송이 그의 연설을 비판 없이 소개하는 데만 주력했기 때문에 한국 국민들까지 그 메시지를 수용했다고 생각할지도 모르겠다. 그러나 천만의 말씀. 나는 외교학자도 아니고 외교관도 아니지만 현대 문명사회의 외교는 국가권력 사이의 거래만으로는 이루어질 수 없다는 것쯤은 안다.

탈북자 문제로 중국과의 외교관계에 긴장을 조성하고 싶지 않기 때문에 한국 정부는 공식적인 반응을 보이지 않았다. 자칫 민족주의적 반감이 표출되면 한·중 교역에도 악영향을 미칠 수 있기 때문에 언론도 비판을 자제한 것으로 나는 이해한다. 하지만 이번과 같은 공격적이고 거만한 연설이 가져다준 마음의 상처와 의구심은 오래도록 우리 국민의 가슴에 남는다는 것을 우 대사는 알아야 할 것이다.

그렇다고 우리가 잘났다는 건 아니다. 탈북자 문제에 대처하는 우리의 자세에도 심각한 문제가 있다. 중국 정부가 경직된 입장을 가지게 된 데는 우리 정부의 책임도 크다.

우리 정부는 지금까지 지극히 냉전적인 시각에서 탈북자들을 이용했다. 굶주림이 싫고 자유가 그리워서 북한을 탈출한 동포들에게는 지금 우리가 누리는 수준의 밥과 자유를 주면 된다. 떠들썩한 기자회견을 해서 얼굴과 이름을 공개하고 그들의 입으로 북한이 얼마나 형편없는 나라인지 증언하게 하는 것은 명백한 인권유린이다. 도대체 북한이 형편없는 나라란 것을 모르는 사람이 누가 있는가? 그들이 무슨 반공투사이기라도 하다는 말인가? 이러고도 우리가 탈북자의 인권을 거론할 자격이 있는지

의심스러울 지경이다. 이런 식으로 북한을 자극하니 북한 정부가 길길이 뛰는 것도 당연한 일이고 남북한 모두를 상대해야 하는 중국 정부의 입장은 더 곤란해지는 것 아니겠는가.

우리의 국가정보원은 독일 연방정보부(BND)에서 한 수 배워야 한다. 1960년대 말 이후 통일될 때까지 20년 동안 서독 연방정보부는 슈타지와 비밀거래를 해서 동독을 탈출하려다 붙잡힌 사람과 가족을 무려 30만 명이나 넘겨받았다. 슈타지는 교육비 명목으로 몸값을 요구했고 서독 측은 무려 80억 마르크(1999년 평균환율을 적용하면 약 5조 원)를 동독 교회를 통해서 슈타지에 넘겨주었다. 연방정보부는 이 사람들을 기자회견장에 내놓지도 않았고 신원을 공개하지도 않았다. 그 대신 살 집과 직장을 알선해주고 평범한 시민으로 살아갈 수 있도록 도와주었다.

'민주 문명국가'의 유능한 정보기관은 간첩을 잡는 일도 잘하지만 시민의 인권을 챙기는 데도 이렇게 애쓴다. 우리 정부의 탈북자 대책은 근본적으로 바뀌어야 한다.

낡은 권위와의 결별

사회정의를 위해서는 전문성에 대한 근거 없는
미신을 뒤집어야 한다. 집단적 사익(私益)을
공익보다 앞세우는 '전문가' 보다는
공익을 추구하는 자세를 가진 '문외한' 장관과
국회의원이 나는 좋다.

인문 정신은 누구의 몫인가?

김대중 정부는 21세기 지식기반 사회에 대비해 '신지식인 양성'이라는 장기 전략을 들고 나왔다. 여기에 호응해 교육부는 대학원 교육의 질을 높이고 국가적 전략분야의 우수 인재를 양성한다는 목표 아래 7년 간 1조 4천억 원을 고등교육에 투자하는 '두뇌한국(Brain Korea) 21' 사업을 기획 추진했다. 김대중 정부의 교육정책을 '신자유주의'로 규정한 여러 대학교수 단체와 인문학 분야의 논객들은 1999년 봄 몇 달 동안 '신지식인 프로젝트'에 대해서 날카로운 비판의 칼을 휘둘렀다. 다음은 내가 이러한 비판과 관련해 1999년 4월 초 주간 『뉴스플러스』에 기고했던 글이다.

1999년 3월 25일 『뉴스플러스』(지금은 『주간동아』로 바뀌었다) 커버스토리에서 김영민 교수(전주 한일대, 철학)는 김대중 정부의 '신(新)지식인' 기획을 가리켜 "인문정신의 빛을 외면한 채 이루어지는 21세기식 처세술과 닮은 가장 세련된 형태의 실용주의"로 규정했다. '신지식인'이 "신독(愼獨, 도리에 어그러짐이 없도록 삼감)이라는 인문적 공간에 미치지도 못하면서 구조와 제도의 변혁을 추구하는 사회과학적 감각을 갖춘 것도 아닌, 탄성 있는 재주꾼이나 아이디어맨의 느낌을 준다"는 것이다.

'신지식인'에 대한 비판은 여기서 멈추지 않는다. 신지식인 운동의 "그 문법, 가치체계, 멘털리티는 놀라울 정도의 협소성, 단견성, 위험성을 안고 있다." "무엇보다도 위험한 것은 '결국 돈이구나'의 가치체계, 호모 에코노미쿠스의 인간관, 시장논리와 부가가치론으로 사회를 운영하려 드는 초급 경영론적 멘털리티이다."

이상은 도정일 교수(경희대, 영문학)가 최근 『교수신문』 칼럼에서 한 말이다. 도 교수는 신지식인 운동을 현 정권의 경제위기 탈출이라는 단기 목표 달성 노력의 일환이자 창조적 지식기반 국가 건설이라는 장기적 목표와 연결된 운동으로 파악하고, 정부가 이를 위해 쏟아붓는 노력을 높이 평가하면서도 그 "노력의 방법과 논리와 목표는 기이하게도 군사정권 시절의 성장논리를 연상시키는 데가 있다"고 경고했다.

날카롭고 독창적인 글쓰기로 명성이 높은 두 인문학자의 신지식인 운동 비판은 '졸부 자본주의'보다는 '인문적 성숙의 사회'를 선호하는 사람이라면 누구나 경청할 필요가 있을 것 같다. 두 분의 말씀대로 "학력, 학벌과 관계없이 일상적인 경제활동의 현장에서 부가가치를 능동적으로 창출하는 사람", "기존 사고의 틀에서 벗어나 새로운 발상으로 자신의 일하는 방식을 개선, 혁신한 사람"만을 '신지식인'으로 떠받들고 '신독'에 힘쓰면서 돈벌이가 아닌 방식으로 사회 발전에 힘쓰는 창조적 지성인은 푸대접하는 사회를 성숙한 사회라고 말하기는 어려울 것이다.

그런데 두 분의 매서운 비판은 몇 가지 의문을 불러일으킨다. '인문정신의 빛'을 밝히는 것이 과연 국가의 임무인가? 그건 오히려 시민사회와 지식인들의 몫이 아닌가? 만약 이것이 지식인들의 몫이라면, 우리 사회의 '학력, 학벌과 관계 있는 구(舊)지식인 또는 인문적 지식인'을 길러내야 할 대학은 지금까지 거기 몸담은 교수들과 젊은이들의 '인문적 교양과 성숙'을 위해 무엇을 어떻게 해왔는가? 만약 정부가 신지식인이 아니라 '성숙한 인문적 사고'를 가진 지식인을 키우려고 한다면 지금 당장 무엇을 해야 하는가?

신지식인 운동이 내포한 위험성에 대한 비판에 나는 크게 공감한다. 그러나 지식과 정보의 생산, 유통, 활용이 사회의 운명을 결정하게 될 미래에 대비해 새로운 지식인상을 형성하는 것이 반드시 '인문정신의 빛'을 훼손한다고는 보지 않는다. 문제는 국가에도 있지만 근본적으로는 지식인 사회 내부에 있다는 것이 내 생각이다. '인문정신의 빛'의 밝기는 인문학 분야의 교수와 학생 수, 교육·문화부문에 대한 정부 지출의 크기에 비례하지 않는다. 대통령의 그 어떤 말씀이나 정부의 그 어떤 기획으로도 이 빛을 밝힐 수 없다.

인문정신은 오히려 지배권력과 싸우면서 자란다. 그것은 정치권력뿐만 아니라 기존의 문화권력과도 싸우면서 성숙한다. 그 빛을 밝히려면 신지식인 운동을 비판하기에 앞서, 자유로운 사고의 형성과 표현을 가로막는 법률과 제도, 그리고 남 비판은 잘하면서도 자기 혁신에는 지극히 냉담한 대학과 지식인 사회 내부의 권위주의부터 처부숴야 할 것이다.

이 반론에 대해 김영민 교수는 신지식인 프로젝트가 인문정신의 빛을 훼손하지 않으리라고 확신할 수 없기 때문에 비판적 태도를 견지하는 것이 옳다고 하면서, 지식인 사회 내부의 권위주의를 깨는 것은 신지식인 기획과는 무관하게 이루어야 할 과제라고 강조했다.

나는 개인적으로 김 교수의 견해에 공감하는 편이다. 다만 당시 인문학자들이 신지식인 기획에 대해 너무나 일방적인 비판 또는 비난을 퍼부었기 때문에 나는 그것이 그렇게 부정적인 면만 있는 기획은 아니라는 점을 지적하고 싶었다. 아울러 정부의 '경영론적 지식인관'에 대한 개탄과 비난을 지식인 사회 자체의 못난 점을 감추는 알리바이로 오용해서는 안 된다는 점을 강조하고 싶었다.

나는 개인적으로 'BK21 사업'과 관계 있는 사람이다. 나는 학술진흥재단 기획실장이자 교육부장관 자문기구인 대학원위원회 위원으로서 이 사업의 기획 과정에 관여했다. 그래서 'BK21 사업'에 대해서는 물론이요 '신지식인 기획'을 향한 지식인 사회의 과도한 비난에 대해서도 발언을 자제했다. 앞에 인용한 글은 그런 가운데 불가피하게 제기한 온건한 반론이었다. 이제 다음 글에서 우리 나라 고등교육에 대한 나의 과격한 견해를 가감 없이 밝히기로 하자.

대학 개혁, 고양이 목에 방울 달기

1998년 하반기 교육계는 교원의 정년 단축에 반대하는 교총의 집회와 시위로 벌집을 쑤신 형국이었다. 초·중등교육에 맞추어졌던 교육개혁의 논란의 초점은 1999년 상반기에 고등교육으로 옮아갔는데, 그 중심에는 교육부의 '두뇌한국 21' 사업이 있었다. 특히 민주화를 위한 전국 교수협의회(이하 민교협)와 전국 교수협의회는 1999년 6월 이 사업의 백지화를 요구하면서 보기 드문 집회와 시위를 벌이기까지 했다. 다음 글은 내가 그 시위를 보고 『동아일보』 1999년 7월 12일자에 기고한 글이다.

6월 15일 전국 대학교수 1,000여 명이 부산에서 '4. 19 이후 처음으로' 거리 시위를 벌였다. 7월 8일에는 명동성당에서 똑같은 집회를 가졌다. 격동 40년 세월을 시위 한 번 않고 보낸 교수들이 도대체 무슨 비상사태를 맞았기에 저러는 것일까.

문제는 '두뇌한국 21'이다. 교육부가 세계 수준의 대학원과 지역 우수 대학 육성을 위해 해마다 2,000억 원씩 7년 간 모두 1조 4천억 원의 신규 예산을 투입하는 이 사업을 취소하라고, '반민주적 대학정책의 전면 개혁을 위한 전국 교수연대회의'는 요구한다. '시카고 뒷골목의 마피아 사업' '중국 문화혁명 때의 홍위병 방식' '무뇌(無腦)한국 21' 등 이 사업을 계획하는데 참여한 교육부 공무원과 일부 교수들에 대한 비난은 하늘을 찌른다.

슬픈 일이다. 비판 논리를 끝까지 따라가보면 '아무도 더 행복해질 수 없고 누구도 더 불행하게 만들지 않는, 그러나 대다수가 불만을 가진 현재 상황을 그대로 유지하는 것' 말고는 성난 교수님들의 마음을 풀어드릴 길이 없다.

한국에서는 6만여 명의 교수가 400여 개의 대학에서 연구와 교육에 종사한다. 연간 2,000억 원 정도면 교수 한 사람에게 약 300만 원, 대학 하나에 약 5억 원 정도 돌아가는 돈이다. 이렇게 쪼개어 쓰면 고등교육 발전에 도움이 될까? 전국 교수연대회의 교수님들도 고개를 가로저을 것이다. 그렇다면 선택은 불가피하다. 문제는 여기에 있다.

우선 생명과학과 반도체 등 몇몇 공학분야에 몰아주는 데 대해서는 기초학문을 죽인다는 원성이 드높다. 몇몇 대학에 몰아주는 건 더 더욱 안된다. 소외된 대학을 죽인다는 아우성이 터지기 때문이다. 정부와 공기업의 특별한 지원을 받는 서울대, KAIST, 포항공대에 대한 지원은 지역 국립대학과 사립대학 죽이기라는 비난을 불러일으킨다. 주요 국립대학 교수들은 '두뇌한국 21'의 서울대 중심주의를 비판하면서 권역별 연구중심 대학 육성을 요구하지만 이것도 해법은 아니다. 각 권역의 소규모 국·공립대학과 사립대학들이 똑같은 논리로 권역별 연구중심 대학의 특례지원을 문제삼을 것이다.

여론수렴 부족에 대한 비판은 옳지만 무한정 타당한 건 아니다. 만약

'반민주적 대학정책의 전면 개혁을 위한 전국 교수연대회의' 대표자들이 2,000억 원을 집행할 권한을 부여받는다면, 전국 교수들의 여론을 수렴해 모든 대학, 모든 교수들이 두말없이 받아들일 합의안을 만들 수 있겠는가? 한정된 예산의 할당은 전형적인 제로섬 게임이다. 이 게임에서 자기 몫을 포기할 분야나 대학이 어디 있는가? 그러니 교수나 학생 수를 기준으로 예산을 나눠먹는 것 말고 여론수렴을 통해 얻을 수 있는 합의가 과연 무엇이 있을지 모르겠다.

교수들의 반대투쟁으로 가을까지 사업 시행이 늦추어지면 국제통화기금 사태의 와중에서 고등교육 발전을 위해 어렵사리 확보한 1999년도 예산 2,000억 원은 불용 처리될 것이다. 2000년 이후의 예산은 확정된 바 없으니 '교수연대회의'는 승리의 환호성을 올려도 된다.

물론 교육부 안은 최선이 아니다. 하지만 사업의 백지화는 국가적으로 볼 때 차선 또는 차악마저 배제하는 최악의 선택이다. 이 승리를 원하는 분들은 이렇게 자문해보셔야 할 것이다. "내가 속한 학문분야, 내가 몸담은 대학이 지원을 받지 못한다면 주로 대학원생을 양성하는 데 쓸 1조 4천억 원의 인력양성비는 없어지는 편이 더 좋은가?"

나는 1998년 6월 이후 지금까지 『뉴스플러스』를 시작으로 매주 한두 편의 시사칼럼을 어느 매체엔가 기고해왔다. 그러나 이 경우만큼 격렬한 항의와 비난을 받은 적은 없었다. 교총과 교육부 장관의 갈등을 다룬 칼럼 때문에 많은 '정체불명의 항의전화'와 전자메일을 받긴 했지만 이 정도는 아니었다. 칼럼이 나간 바로 그 날에만 내 개인용 전자메일 편지함에는 무려 39개의 항의편지가 들어왔다. 신문사로 온 것은 더 많았을 것이다. 내용도 인신공격에서부터 나의 '무지'를 깨우쳐주려는 '논문형 메일'에 이르기까지 다양했다. 적극적인 격려 메시지는 딱 하나뿐이었다. 나는 '민교협' 교수들에게 '천박한 신자유주의자'로 찍혔고 '이해찬 장관의 똘마니'로서 교수들의 술자리에서 안주감으로 씹히는 신세가 되었다.

일일이 소개할 여유가 없으니 여기서는 서강대 정치학과 손호철 교수가 『동아일보』 1999년 7월 19일자에 기고한 반론을 주제별로 소개하면서 남은 이야기를 하기로 한다. 그는 민교협 공동의장 자격으로 내 칼럼을 반박했다.

> 유씨는 이 문제에 관한 한 제3자가 아니라 이해 당사자임에도 이 같은 사실을 칼럼 속에서 전혀 밝히지 않았다. 그는 이 사업을 주도한 이해찬 의원의 보좌관 출신으로 이 의원이 교육부 장관 시절 교육부 산하단체인 학술진흥재단에서 기획실장으로 일하며 BK21 사업에도 관여했다.

손 교수는 내가 정체를 감추고 무언가 '비겁한 짓'을 한 것처럼 이야기하는데 알 만한 분이 왜 이러시는지 모르겠다. 나는 1998년 10월부터 한국학술진흥재단(이하 학진이라 함) 전문위원으로 일했다. 그리고 같은 해 12월부터는 이 재단의 기획실장직을 맡았고, 1999년 1월에 연봉 3,000만 원에 1년짜리 근로계약을 체결했다(그 이전 석 달은 월 65만 원의 활동비를 받는 '자원봉사자'였던 셈이다). 교육부 출입 기자들이 '과거의 운동권이 고위직 공무원으로' '불혹의 변신' 따위의 선정적인 제목을 달아 보도하는 통에 학진은 아마 돈으로 따지면 내 연봉보다 몇 배나 큰 홍보효과를 올렸을 것이다.

나는 근로계약을 맺을 때 '퇴근 후 프리랜서'로 자유롭게 활동한다는 조건을 붙였고 박석무 이사장은 이것을 수락했다. 『동아일보』와는 학진 기획실장이라는 직함을 표시하지 않고 시사평론가로 소개하기로 합의했다. 정부 산하단체의 간부라는 '주간 직업'과 시사평론가라는 '야간 직업'을 연관시키지 않기 위해서였다. 정부를 비판하는 일도 많은데 그 직함을 쓰면 재단에 쓸데없는 부담을 주게 될 것이고, 또 내가 쓰는 칼럼이 '낮의 직업'에 영향을 받지 않도록 하려는 의지의 표현이기도 했다. 내가 정부를 비판하거나 교수들을 비판하는 칼럼을 쓸 때마다 걸려온 수많은 비난 전화를 받고도 별 내색하지 않고 참아 넘겨준 박석무 이사장의 너그러운 태도에 대해 나는 지금도 고마운 마음을 가지고 있다.

손 교수는 내가 관련 당사자이기 때문에 이런 입장을 취했고, 그러면서도 관련 당사자라는 사실을 고의적으로 감춘 것처럼 말하지만 사실은 그렇지 않다. 나는 『뉴스플러스』와 『동아일보』에 수십 번의 칼럼을 쓰는 동안 단 한 번도 학진 기획실장임을 밝힌 적이 없다. 내가 관련된 사업과 관련된 문제라고 굳이 그걸 밝혀야 하는가. 그런 식으로 말하면 내가 야당을 비판하는 칼럼을 쓸 경우 한나라당 지지자들은 "정부 산하단체의 간부가 정체를 감추고 여당을 편드는 칼럼을 쓴다"고 비난하지 않겠는가. 하지만 나는 지금까지 받아본 수많은 항의전화와 전자메일 가운데 그걸 문제삼는 경우는 본 적이 없다. 그리고 솔직하게 말하건대 내가 학진에 몸담고 있지 않고 BK21 사업에 관여하지 않았다면, 나는 손 교수의 추측과 달리 훨씬 과격하게 교수들의 시위를 비판했을 것이다.

나는 내 칼럼에 대한 비판을 언제나 환영한다. 내 견해를 비판하는 전자메일 가운데 아주 악의적인 욕설이 아니라 어느 정도 성의가 담긴 것에 대해서는 짧기는 하지만 답장을 보낸다. 내가 학진 기획실장이건 아니건 도대체 그것이 무슨 문제가 되는가. 그 때문에 옳은 말이 거짓말이 되고 사기가 진실이 되는 건 아니지 않은가. 아까운 지면을 내용과 관계없는 인신공격에 할애한 손 교수의 태도를 나는 이해할 수 없다. 무슨 까닭인지 모르겠지만 감정이 크게 상한 듯한 손 교수의 감정적 비난은 거기서 끝나지 않았다.

이 칼럼은 "격동의 40년 세월을 시위 한 번 않고 보낸 대학교수들이 도대체 무슨 비상사태를 맞았기에" 시위에 나선 것이냐고 빈정거림으로써 교수 시위를 집단이기주의의 발로로 조롱했다. 이는 엄청난 사실 왜곡으로서 교수들, 특히 민교협에 대한 중대한 모독 행위다. 격동의 세월을 교수들이 시위 한 번 않고 보낸 것은 결코 아니다. 민교협은 전두환 세력이 1987년 호헌선언을 하고 나섰을 때 교수직을 내걸고 반대성명을 조직한 것으로 주요 활동을 시작해 1987년 6월항쟁 이후 현재까지 우리 사회의 민주화운동에 앞장섰다. 이 같은 민주화투쟁의 연장선에서 이루어진 민교협의 이번 시위를 교수들이 제 밥그릇이 걸리자 시위를 하고 나섰다는 식으로 조롱하는 것은 엄청난 왜곡이다.

동감이다. 대학 시절 내 지도교수님도 정치적 이유 때문에 해직을 당하신 분이거늘 내가 왜 대학교수들의 민주화투쟁 업적을 모르겠는가? 나는 그런 사실을 부정한 적도 없고 민교협을 조롱하지도 않았다. "4.19 이후 최초의 대학교수 시위"라는 표현은 이 시위를 주도한 교수들의 말에서 따온 표현이다. 정 못 믿겠으면 손 교수께서는 6월 15일 부산 시위 이후 교수협의회 대표자들의 발언 기록을 확인해보시기 바란다. 부산 MBC 시사토론에 출연한 전국사립대학교수협의회 회장님께서도 이 시위가 얼마나 중대한 사태인지를 강조하면서 똑같은 표현을 썼다.

물론 인용 출처를 밝히지 않은 것을 가지고 따진다면 할 말은 없다. 하지만 이것이 사실 왜곡이라면 그 책임은 교수협의회의 몫이지 내 몫은 아니다. 그리고 나는 '밥그릇'을 거론한 적이 없다. 어차피 2,000억 원은 한푼 남김 없이 대학으로 가는 돈인데 그럴 이유가 어디 있겠는가? 나는 2,000억 원이라는 제한된 자원과 그보다 훨씬 큰 대학의 자금 수요 사이의 갈등을 시원하게 해결할 묘책이 없다는 것을 지적했을 뿐이다. 사실을 왜곡한 것은 내가 아니라 손 교수였다.

예산문제 역시 우리는 오히려 고등교육 예산을 대폭 늘려야 한다고 주장한다. 제일은행 매각에 5조 원의 국고가 들어가는 판에 21세기 지식기반 사회 대비에 연 2,000억 원, 그것도 과거 사립대학 등에 지원하던 기존 예산을 깎아 만든 2,000억 원이 말이 되는가?

고등교육 예산을 늘려야 한다는 데 반대하는 사람은 아무도 없다. 나도 같은 생각이다. 그러니 이건 내 칼럼과 아무 관계없는 문제. 2,000억 원이 너무 적다는 데 대해서도 마찬가지다. 나는 이 정도 액수의 돈을 가지고 대학가가 발칵 뒤집히는 현실이 참혹하다고 생각한다. 문제는 그 다음, "사립대학 등을 지원하던 기존 예산을 깎아 만든 2,000억 원"이라는 표현이다. 혹시 이것이 어느 사업의 예산을 깎아 만든 돈인지를 밝히는 근거를 제시할 수 있는지 손 교수에게 묻고 싶다.

이해관계 조절 능력이 제로인 대학 사회

BK21 사업의 정식 명칭은 '21세기 지식기반 사회 대비 고등인력 양성사업'이다. 7년 간 1조 4천억 원을 투입할 예정이지만 계속 사업은 아니다. 1999년도 2,000억 원은 1998년 가을 예결위에서 단년도(單年度) 사업비로 통과되었다. 아무 세부 내역도 없이 제목 한 줄만 달랑 달고 나온 2,000억 원의 예산을 통과시키면서 국회 교육위원회는 추후 사업의 세부 계획을 위원회에 보고해야 한다는 조건을 단 바 있다. 재경부와 기획예산위원회에서는 1999년도 사업이 합리적으로 추진될 경우에만 다음 연도 예산을 인정하겠다는 입장을 취했다.

이 예산은 전액 신규 예산이다. 교육부가 대학교수들의 연구비를 지원하기 위해 편성해놓았던 기존의 학술연구조성비 예산 1,000억 원은 그대로 남아 있다. 교육부는 과거 학술진흥재단에 위탁 시행했던 이 사업과

BK21 사업의 중복을 피하기 위해서 총 3,000억 원을 통합 운영하는 방안을 마련했다. 신규 예산은 70% 이상이 대학원 석·박사 과정의 학생들과 젊은 연구자들을 위해 쓰이도록 대규모, 중규모 연구사업단에 제공하고 기존 예산은 소규모 연구팀과 개인연구, 그리고 대학부설 연구소에 지원하되 교수들이 양쪽에 중복, 지원할 수 없도록 만든 것이다. "기존 예산을 깎아 만든 2,000억"이라는 손 교수의 주장은 명백한 사실 왜곡이며 BK21과 교육부의 고등교육 정책에 대한 대학 사회의 감정적 반발을 증폭시키기 위한 선동인 것이다. 손 교수의 선동은 계속된다.

유씨의 주장은 연간 2,000억 원을 쪼개 쓰면 성과가 없으므로 집중 지원을 하는 것이 불가피한 선택이고 교수들의 반대 때문에 어렵게 확보한 예산이 날아가버리는 것을 보아야 교수들의 속이 시원하겠느냐는 것이다. 국민이 다 못 사느니 재벌들에게 집중 지원해야 한다는 박정희의 망령을 보는 것 같아 모골이 송연해진다. 우리는 결코 2,000억 원을 교수 수대로 똑같이 나누어 지원하라고 주장한 적이 없다. 다만 현재와 같은 집중 지원 방식, 특히 미리 특정 대학들에게 정보를 주어 준비시키고 관련분야 교수 수가 50명 이상이 되어야 한다는 식으로 경쟁방식이 불공정한 집중 지원방식에 반대했다.

그렇다. 누구도 "2,000억 원을 교수 수대로 똑같이 나누어 지원하라고 주장한 적이 없다." 선별 지원은 불가피하다는 말이다. 그러면 문제는 무엇을 기준으로 어떤 분야에 선별적으로 지원하느냐는 것이다. 교육부는 국제경쟁력 확보 가능 분야라는 기준을 적용하여 생명과학과 정보기술 등 공학분야 중 7개 분야를 중점 지원 대상으로, 교수의 연구업적과 학부 정원 감축 등 대학의 구조조정 의지를 신청자격 기준으로, 그리고 사업단 규모별로 3~50명의 참여 교수 수의 최저기준을 정했다. 이러한 선택이 최선이라는 증거는 물론 없다. 그러니 이의를 제기하고 비판하는 것은 당연하다. 하지만 이것을 가지고 "박정희의 망령을 보는 것 같아 모골이 송연하다"고 한 손 교수의 '감상'은 사뭇 '냉전적'이다. 손 교수가 보는 "박정희의 망령"을 쫓아내려면 어떻게 해야 할까? 사업단 규모를 30명 정도로 낮추면 될까? 집중 지원 분야를 20개로 늘리면 될까? "박정희 망령"을 불러낸다는 비난을 면하려면 몇 개 분야, 몇 명의 교수를 기준으로 해야 되는지, 왜 거기부터는 "박정희의 망령"이 없어지는지 손 교수는 답변해주시기 바란다.

손 교수는 지금 당장 해야 할 일과 장기적으로 추진해야 할 일을 구분하지 않는다. 그가 제시한 대안을 보면 그렇다.

예를 들어 우리가 주장하는 국·공립대학의 기초과학 특화, 사립대학의 응용과학 특화가 어떻게 산술적인 나눠먹기 요구인가? 교수대표체에 2,000억 원을 집행할 권한을 주면 잘하겠느냐고 묻고 있는데 최소한 교육부 안보다는 100배는 민주적이면서도 효율적인 대안을 만들어 제시할 자신이 있다.

답답한 노릇이다. 누가 그걸 "산술적인 나눠먹기"라고 비난했다는 말인가? 꼭 국·공립과 사립 사이의 특화까지는 아니더라도 대학간의 역할 분담에 대해서는 나도 개인적으로 적극 찬성한다. 전국의 모든 대학이 서울대의 복사판처럼 몰개성적인 우리의 현실을 개탄하는 것은 손 교수만이 아니다. 문제는 누가 어떤 방법으로 특화를 시킬 것인가에 있다. 정부가 법을 만들어서 국·공립대학의 응용과학 분야를 폐지하고 사립대학의 기초과학 분야를 없애버린다? 아마 헌법소원을 걸고 데모를 해서 난리가 날 것이다. 대학의 특성화는 다양한 정책을 통해서 이루어나가야 할 장기적 과제이지만, 이런 식의 역할 분담에 국·공립 대학교수들은 아마 목을 내놓고 저항할 것이니 우리는 앞으로 오랜 기간 이 문제를 놓고 사회적 합의를 모으기 위한 토론을 해야 할 것이다. 그런데 이런 '장기적 비전'을 1999년도 예산 2,000억 원을 할당하는 기준으로 삼는 건 불가능하다.

교수대표체가 "교육부 안보다 100배는 민주적이고 효율적인 대안을 만들어 제시할 자신이 있다"는 것도 안다. 하지만 이것을 실행하는 게 불가능하다는 사실은 손 교수도 너무나 잘 아실 게다. 안된 말씀이나 우리 대학교수들은 한 대학 안에서도 이해관계의 갈등을 조정하고 절충하지 못한다. 예컨대 매년 가을 교육부는 수도권 대학의 대학원 정원 조정신청을 심사한다. 말이 조정이지 모두가 증원 신청이다. 새로운 대학원을 만든다거나 기존 대학원의 정원을 늘려달라는 것이다. 그런데 모든 분야의 정원을 다 채운 대학원은 극히 드물다. 정원의 80%도 채우지 못하는 대학원이 태반이다. 그런데도 정원을 늘려달라고 한다.

교육부는 각 대학이 전체 대학원의 정원을 그대로 유지하는 가운데 정원을 채우지 못하는 분야의 정원을 깎아서 다른 분야에 보태주는 조정안을 제시하면 그대로 인정해주겠다고 권한다. 하지만 대학 측에서는 그걸 할 수가 없다고 하소연한다. 정원이 깎이는 분야의 교수들이 반대하기 때문에 안 된다는 것이다. 이런 실정에서 민교협이나 전국대학교수협의회 간부들께서 아무리 "100배나 민주적이고 효율적인 대안"을 만들어온들 무슨 소용이 있겠는가?

끝으로 BK21과 관련하여 신상 발언을 좀 해야겠다. 내가 학진의 계약직 전문위원으로 '취직'하면서 이해찬 장관과 박석무 이사장에게서 받은 가장 중요한 임무는 교육부 담당 공무원들의 정책의지와 학진 직원들의 실무역량을 결합해 총 3,000억 원의 BK21과 학술연구조성비 예산의 집행계획을 수립하는 데 도움을 주는 것이었다. 학진의 경영혁신 방안을 마련하는 것도 내 일이었다.

그런데 밖에서는 많은 오해가 있었던 모양이다. 내가 전해들은 바에 따르면 전교조와 민교협 등에서는 내가 교원 정년 단축과 BK21 사업 등 이해찬 장관의 교육개혁 정책 전반에 깊숙이 개입했다고 많은 비난을 했다. 하지만 나는 방금 말한 일을 제외한 다른 교육정책에 개입하거나 영향력을 미친 적이 전혀 없다.

나는 1999년 6월 말 계약기간의 절반만 채우고 학진을 떠났다. 유시민을 언제나 "이해찬 의원의 보좌관 출신"으로 보는 손 교수는 5월 개각 때 이해찬 장관이 교육부를 떠났기 때문에 따라나갔다고 믿을 것이다. 하지만 나는 그 이전 이 장관의 유임이 확실시되던 5월 초에 이미 사의를 표명했다. 아직 공고는 나지 않았지만 BK21 사업계획과 학술연구조성비 사업의 구조조정 계획이 마무리되었기 때문이다.

그리고 학진의 경영혁신이라는 또 다른 과제는 기획실장이라는 나의 권한으로는 연말까지 머물러 있어도 할 수 없다는 결론이 났다. 그리고 여기서 밝힐 수 없는 'IMF시대의 개인적 난관' 때문에, '겨우' 250만 원의 총액급여를 받으면서 하루 12시간이 넘게 일해야 하는 상황을 더는 견딜 수 없었기 때문이다. 이런 구질구질한 얘기를 늘어놓게 된 불가피한 사정을 독자 여러분께서 널리 양해해주시기 바란다.

희한한 '총단결'의 우울한 여운

상전벽해(桑田碧海), 청출어람(靑出於藍)! 1998년 가을 정부가 단행한 교육공무원 정년 단축 방침이 교육계에 불러일으킨 격랑은 이런 말로밖에는 표현할 길이 없다.

'교장 선생님들의 조직'이라는 비아냥을 듣던 한국 교총이 교육부 장관의 퇴진을 요구하는 궐기대회를 열었으니 이 어찌 상전벽해가 아닌가? 교총은 지난 반세기 동안 정부가 인정하는 '유일한 합법적 교원단체'였다. 교육부는 방학책을 사실상 강매하여 번 돈으로 조직을 운영하는 교총의 불법행위를 오랫동안 눈감아주었으며, 교총은 전교조 교사들을 학교에서 내쫓는 데 적극적으로 협력하는 등 언제나 찰떡궁합을 과시해왔다. 교총은 교원단체이지만 교육 그 자체보다는 교원의 급여와 지위 향상 등 사실상 노동조합이 해야 자연스러울 일만을 했을 뿐이다. 세상에 이런 교총이 반정부투쟁을 하다니! 정말이지 정권이 바뀌긴 바뀌었나 보다.

투옥과 해직의 고통을 마다 않고 싸웠던 전교조가 애초 내세운 깃발은

'참교육', 다시 말해 교육개혁이었다. 이름은 노조면서 사실은 교원단체가 할 일을 떠맡고 나선 것이다. 그런데 합법화를 눈앞에 두고 있었던 전교조는 교육부의 '교육비전 2002'와 교원정년 단축에 대해서, 그것이 그들 스스로 십여 년 간 주장해온 것을 대부분 수용하고 있는데도 지지는 고사하고 '교사를 개혁의 주체가 아닌 대상으로 취급한다'며 분통을 터뜨렸다.

도대체 누가 독재정권도 짓밟지 못했던 '교사들의 주체성'을 빼앗아버렸을까? 텔레비전 토론 프로그램에 출연한 교총의 간부는 전교조조차도 '정년 단축 결사반대'를 지지하고 있다며 세를 과시했다. 교총과 전교조의 연대투쟁을 구경하게 되었으니, 이 희한한 '40만 교원의 총단결'을 보고 웃어야 하나, 울어야 하나? 전교조가 정말로 '명실상부한 노동조합'이 되기는 되었는가 보다. 그러니 다시 한 번 '상전벽해'랄 수밖에.

이해찬 교육부 장관의 처지는 그야말로 사면초가(四面楚歌)였다. 대학의 구조개혁 정책은 계약제 말고는 구체적인 모습을 드러내지 않았지만, 교수사회의 기득권을 온존시키는 구조개혁은 있을 수 없다는 '만인 공지의 비밀' 때문에 대학교수들의 시선에는 경계심과 냉소가 가득했다. '교육비전 2002'와 교육공무원 정년 단축 때문에 교총은 '반정부단체'로 돌아섰고 전교조는 '교육 문외한 장관'의 개혁정책에 대한 지지를 유보했다. 국회 교육위원회에서 한나라당과 자민련 의원들은 노골적으로 불편한 심기를 내비쳤고, 국민회의 소속 의원들도 강 건너 불구경하는 이가 적지 않았다. 교육부 고위 공무원들이 적극적으로 나서기를 바라는 것은 애초부터 아무도 기대하지 않았던 일이다. 그러니 이 장관이 기댈 데라고는 국민 여론의 지지와 대통령의 지원밖에 없는 것처럼 보였다.

노령 교사들의 퇴임으로 절약한 예산을 가지고 수만 명의 젊은이를 채용하고 교육환경을 개선한다는 이른바 '경제논리'가 정년 단축의 요체는 아니다. 권위주의적이고 불투명한 학교 운영으로 교육현장을 질식시키는 학교 운영자와 모든 종류의 개혁에 저항하고 원래의 취지를 왜곡시키는 교육관료들을 물갈이하지 않고서는 어떤 교육개혁도 성공할 수 없다. 1999년의 정년 단축에 영향을 받는 노령 교육공무원들은 사회적 지탄의 대상이 된 '오늘의 교육현장'을 만든 당사자로서 집단적인 책임을 지고 물러나야 마땅하다. 게다가 이런 책임을 질 필요가 없는 분들을 위해서 '초빙교장'이나 '초빙교사'로 계속해서 교육의 뜻을 펼 길을 열어놓지 않았는가.

정년 단축의 교육적 의미를 정확하게 인식한 조직은 학부모 단체뿐이다. 특히 참교육학부모회 간부들은 신문, 라디오, 텔레비전을 가리지 않고 출연해서 '타협 없는 60세 정년'의 관철을 열렬히 요구했다. 참교육학부모회는 전교조의 '참교육운동'이 낳은 조직이니, 이 어찌 '청출어람'이 아닌가!

실종된 교육개혁

한나라당과 자민련의 반대 때문에 교원 정년은 결국 60세가 아니라 62세로 낙착되었다. 불가피한 정치적 타협이었다고 볼 수 있다. 그런데 여기서 암초에 부딪친 교육개혁은 그 이후 후퇴를 거듭하게 된다. 사실 정년 단축으로 물러나는 교사들은 대부분 교장과 교감 등 학교 운영자와 노령 교육관료들이다. 그들은 권위주의적 학교문화를 만든 책임자들이다. 이 사람들이 미워서가 아니다. 학교 현장에 다양성과 개성을 존중하는 민주적 분위기를 조성하기 위해서다. "노련한 교사들을 학교 밖으로 몰아낸 교육 문외한 이해찬"을 비난한 젊은 교사들은 도대체 그 동안 교사들의 자주성과 권위를 억압한 사람들이 누구였는지를 돌아볼 필요가 있다.

물론 사람을 몰아낸다고 개혁이 되는 건 아니다. 교육부는 학교 현장을 투명하고 민주적으로 만들기 위해서 국·공립학교뿐만 아니라 사립학교에도 심의기구인 학교운영위원회(이하 학운위) 설치를 의무화하는 사립학교법 개정안을 국회에 제출했다. 그러나 사립학교 법인의 이익을 대변하는 국회 교육위원들은 우여곡절 끝에 학운위를 단순한 심의기구로 격하시킨 수정안을 가결해버렸다. 전교조는 팔짱을 끼고 구경하다가 사후약방문식의 규탄성명을 냈을 뿐이다. 사립대학 법인이사의 1/3을 공익이사로 하는 조항은 아예 삭제되고 말았다.

김대중 대통령은 교육 지방자치를 옹호하는 선거공약을 내건 바 있다. 이 공약에 따라 교육부는 1999년 상반기에 시·도 교육위원 선거의 투표권을 학교운영위원회 대표가 아니라 위원 전원에게 부여하는 법률개정안을 입법 예고한 바 있다. 그런데 장관이 바뀐 이후 '교육비전 2002'를 비롯한 중장기 개혁방안을 사실상 폐기해버린 교육부는 이미 입법 예고까지 한 이 개정안을 1999년도 정기국회에 상정하지도 않았다. 이제 교육부는 개혁성을 완전히 잃어버린 것으로 보인다. 다시 전교조의 분발에나 기대를 걸어보아야 할까.

'후안무치' 는 힘이 세다

정년 단축 철회와 교육부 장관의 퇴진을 요구하며 궐기한 교총에 이어 또 하나의 교육 관련 '반정부단체' 가 떴다. 김대중 정부가 온갖 공을 들여온 노사정위원회의 정당성과 대표성을 부정하는가 하면, 새 학교문화 창조를 추진하는 교육부의 개혁정책을 분쇄하겠노라고 선언한 이 단체의 이름은 〈한국사립중고등학교 법인협의회(회장 홍성대)〉이다.

지난 1998년 12월 3일 주요 일간지들은 일제히 대문짝만한 광고를 실었다. 사립 중·고등학교 이사장들이 주축을 이루는 한국사학법인연합회는 「교원노조 허용과 사립학교법의 개악을 절대 반대한다!」는 제목의 이 광고에서 "교육현장의 위계질서는 물론 국가사회를 혼란의 수렁으로 이끄는 정부의 교육정책을 절대로 좌시할 수 없다"고 밝혔다. 다음날인 12월 4일 한국사립중고등학교 법인협의회는 여의도 63빌딩 국제회의장에서 1,000여 명의 회원이 참석한 가운데 정기총회를 열어, 교육부가 자신들의 요구를 들어주지 않을 경우 사립 중·고등학교의 문을 닫기로 '강력히 결의'했다. 정말 예삿일이 아니다.

사립학교의 이사장들이 제시한 요구의 핵심은 교원노조 합법화와 학교 운영위원회 설치 의무화를 위한 법률 제정과 개정을 철회하라는 것이었다. 이들은 "교원노조를 허용할 경우 사용자인 학교 측에도 정리해고제와 방학 기간 무노동 무임금 등 상응하는 권한을 부여해야 한다"고 주장했다. "세상이 바뀌어도 교원은 스승이지 노동자가 아니다. 전교조여, 너희가 굳이 노조를 만들어 스스로를 노동자로 전락시키려 한다면, 우리도 사용자로서 너희에게 노동자에게 합당한 대우를 해주겠노라. 마음에 들지 않으면 정리해고를 하고 수업이 없는 방학기간에는 봉급을 주지 않겠다." 이런 이야기다.

참으로 딱한 노릇이다. 학교법인은 영리를 추구하는 기업이 아니다. 사립 중·고등학교는 1998년 한 해에만 학교 운영비의 30%가 넘는 1조 8천억 원을 정부에서 지원받았다. 그건 모두 국민의 세금이다. 대한민국의 어느 사용자가 그런 장사를 하는가? 사립학교는 이사장의 사유물이 아니다. 게다가 교원노조는 단결권과 교섭권만을 가질 뿐 단체행동권은 행사할 수 없다. 학교 운영자로서 교사들의 자주적 단결이 좀 불편한 일이기는 하겠지만, 그렇다고 해서 '사재를 털어 육영사업을 한다'는 고매하신 어른들께서 이런 막가는 말씀을 함부로 해서야 교육이 제대로 되겠는가.

학교운영위원회 설치를 의무화하는 사립학교법 개정안도 그렇다. 2002학년도부터 대학 입시전형이 다양해지고 수행평가와 학교장 추천이 대학 진학에 큰 영향을 주게 될 터인데, 학교행정과 교육과정에 대한 학부모의 참여를 봉쇄해서야 어떻게 투명한 학교 운영을 할 수 있겠는가? 아이들 컴퓨터를 사고 단체급식을 하는 데서도 교장이 커미션을 먹는 일이 다반사인 판국에, 재단과 교사와 학부모의 협력과 견제 없이 무슨 수로 새로운 학교 문화를 만들 수 있겠는가.

'학교 폐쇄' 이야기는 정말이지 못 들은 걸로 하고 싶다. 영리를 추구하는 사기업조차도 직장 폐쇄는 노조의 파업 때문에 조업이 불가능한 비상사태에서 쓸 수 있는 방어수단에 불과하다. 그런데 교원노조가 파업을 하기는 고사하고 아직 법제화되지도 않았고, 게다가 단체행동권도 없는데 이게 웬 사오정 같은 '협박'인가. 전교조와 학부모단체에 대해서 '학생들의 학습권을 짓밟았다'고 흥분하는 분들이 그만한 일로 학교문을 닫아서 학습권을 아예 뭉개버리겠다고 해서야 말이 되는가.

사립학교 이사장 여러분, 먼저 노동관계법 공부 좀 하시고 국민 여론에 대한 조사연구부터 좀 하십시오. 반정부 투쟁깨나 해본 사람으로서 충고 드리는데요, 논리도 없이 무조건 과격한 구호를 외치다 보면 국민들한테서 외면당하기 쉽답니다.

이 글은 1998년 12월 초 『뉴스플러스』에 실었던 칼럼이다. 그런데 사립학교 재단 이사장님들, 정말 힘이 세긴 센 모양이다. 그들은 필사적인 로비를 통해서 사립학교 학교운영위원회의 설치를 의무화하는 법률 개정안을 크게 후퇴시켰다. 설치하기는 하되 아무 권한이 없는 자문기구로 하도록 만들어버린 것이다. 물론 노사정위원회 합의사항인 전교조 합법화까지 막지는 못했다.

그런데 이 분들에게는 두 가지만 좀 깊이 생각하라고 권하고 싶다. 첫째, 전교조 합법화가 이루어진 탓으로 교육이 망가졌는가? 무슨 난리라도 나는 것처럼 떠들었는데 무슨 난리가 났는가? 부끄러운 줄 아는 사람들이라면 앞으로는 좀 근신하셔야 할 것이다.

둘째, 학운위를 심의기구로 하는 데 그렇게 반대한 이유가 무엇이었는지 솔직하게 말씀해보시라. 곤란하면 내가 대신 답변해드리겠다. 직장 폐쇄와 무노동 무임금을 주장하셨는데 그건 스스로를 사용자라고 믿기 때문에 나온 말일 것이다. 대한민국의 어떤 사용자가 직원을 채용하면서 그 대가로 돈을 받는가? 사립 중·고등학교와 사립대학 재단 이사장들밖에 없다. 그것도 정부의 지원을 받아 학교를 운영하는 사람들이 말이다. 학운위를 설치하려는 것은 이런 일을 막아보려는 노력의 일환이다. 그리고 거기에 한사코 반대하는 것은 학교 운영을 투명하게 드러내는 것을 싫어하기 때문이다. 혹시 다른 이유가 있다면 책 날개에 있는 주소로 전자메일을 보내주시기 바랍니다. 안녕히 계셔요. 편지 기다릴게요.

웬 군사부일체(君師父一體)?

"연금법 개정과 관련하여 교원들이 불이익을 당하는 일이 없도록 하겠다."** 1999년 4월 12일 교육부 업무보고를 받는 자리에서 김대중 대통령이 한 말이다. 닷새 뒤 열린 교총의 대의원대회에서 김민하 당시 한국교원단체총연합회(이하 교총) 회장은 이렇게 맞받았다. "그 말을 곧이곧대로 믿을 교육자는 한 사람도 없다." 불신의 병이 이보다 깊을 수 있을까. 그리고 세상 참 좋아졌다. 1987년 전두환의 4.13 호헌 선언에 발 빠르게 지지성명으로 화답하고 노태우 정권이 교사 수천 명을 자른 전교조 사태 당시에는 교사는 노동자가 아니라느니 어쩌니 맞장구를 치던 교원단체의 대표가 '감히' 대통령의 말씀에 '똥침'을 놓고서도 별로 괘씸죄를 겁내는 기색도 없으니 말이다.

교총은 또 교육부의 개혁정책을 비난하는 광고를 내고 이해찬 교육부 장관의 퇴진을 요구하는 서명운동을 시작했다. 교육 문외한인 이 장관이 '교원 죽이기' 정책으로 교육현장을 공황상태에 빠뜨렸다는 것이 교총의 주장이었다. 그런데 이런 주장이 전혀 근거 없는 것으로 보이지는 않는다. 공무원연금법이 바뀌어 연금 수령액이 줄어들지도 모른다는 소문이 나돌면서 1만 명이 훨씬 넘는 선생님들이 한꺼번에 명예퇴직 신청을 했으니 교원 사회의 동요가 분명 심상치는 않았다.

무더기 명퇴 신청에 대해서는 일부 동정하는 분위기도 있었지만, 교직을 천직으로 삼고 산다고 한 평소의 말씀이 무색하다는 냉소적 반응도 적지 않다. 전교조 사태 당시 정부를 거들었던 교총의 서명운동도 그렇다. 수천 명의 교사를 파면한 근거 법률이 버젓이 살아 있는데도 교육부가 '법대로' 처리하지 않는 것은 우리 사회가 성숙한 증거라고 볼 수 있겠지만, 교원의 정치적 집단행동을 그토록 비난했던 교총이 한마디 변명도 없이 똑같은 행동을 벌이는 것은 아무래도 볼썽사납다.

이 대립과 반목의 진원지는 어디일까? 체력단련비 등 급여의 삭감은 다른 공무원들도 똑같이 감수해야 했던 'IMF 고통분담'이기 때문에 특별히 교사들만 들고 일어날 이유로 삼기에는 설득력이 부족하다. 수행평가제는 대학 진학에 큰 영향을 미치는 평가의 권한을 교사에게 부여하기 때문에 교권 확립에 오히려 도움을 준다. 촌지 척결이나 체벌 금지처럼 민감한 문제를 놓고 교육부가 현장 교사들의 의견을 충분히 듣지 않은 채 밀어붙이는 바람에 자존심이 크게 상했다는 것이 유력한 가설이다.

이 가설은 정부와 교원들이 상이한 '인식과 기대'를 가지고 있음을 시사한다. 우선 문제가 되는 것은 교직은 천직 또는 성직이라는 관념이다. 이런 관념은 거기에 맞는 특별한 존중을 요구한다. 성과급제나 수습교사제의 경쟁 논리는 그래서 특별한 반감을 부른다. 그와 관련된 또 다른 관념은 선생님은 아이들을 '사람답게 만들 책임'이 있다는 것이다. 체벌을 일괄적으로 금지하거나 일부 학교의 촌지 문제로 교사들을 매도해서는 교육이 되지 않는다는 견해는 이런 맥락에서 이해해야 할 것이다.

하지만 교직을 다양한 전문직종 가운데 하나로 간주할 경우, 차등적 보수를 비롯한 경쟁 원리의 도입은 자연스러운 일이다. 선생님의 일은 아이들의 지적(知的) 성장을 돕는 것이기 때문에 무엇보다 먼저 그에 필요한 전문적 능력을 키워야 한다. 촌지나 체벌은 교육에 도움이 되지 않으며 전문직의 직업윤리에도 맞지 않는다. 아이들은 저마다 개성을 존중받으면서 정신적, 지적(知的)으로 성장하는 바로 그만큼 인격이 형성되기 때문에 별도의 '전인교육'이 필요한 것은 아니다. 선생님은 아이들이 성장하는데 필요한 지식과 경험을 얻는 여러 원천 가운데 하나에 불과하다.

관점의 선택은 개인의 경험과 철학에 따라 달라질 수 있다. 하지만 선생님들에게 무한 책임을 지우고 아이들에게 무조건적 복종을 요구하는 '군사부일체'의 낡은 관념은 이제 벗어 던질 때가 되었다. 학교는 사회와 가정이 망가뜨려 놓은 아이들을 고쳐주는 애프터서비스 센터가 아니다. 선생님들이 그런 짐을 기꺼이 맡아준다면 고마운 일이겠지만, 그보다 먼저 해야 할 일은 학교와 선생님이 아이들을 망가뜨리는 일이 없도록 반성하고 경계하는 것이 아닐까 싶다.

여기까지는 1999년 4월 중순 『동아일보』에 쓴 칼럼을 거의 그대로 옮겨놓은 것이다. 여기에 대해서 많은 교사들이 항의하는 전자메일을 보냈다. 내가 근무하고 있던 한국학술진흥재단 이사장실로 전화를 걸어 민망한 소리를 늘어놓은 익명의 남자들도 있었다. 이 칼럼 때문에 나는 교육부의 '두뇌한국 21 사업'에 반대하는 대학교수 시위를 다룬 칼럼 「교수님들의 시위」 다음으로 많은 욕을 먹었다.

비난의 요지는 학교 현장을 잘 알지도 못하면서 교직을 천직으로 알고 박봉과 격무를 견디는 교사들을 모독하지 말라는 것이었다. 시골 학교에 근무하는 어느 초등학교 선생님은 촌지는커녕 호주머니를 털어 가정이 어려운 아이들을 보살피는 교사들의 사례를 열거하면서, 서울과 대도시 '일부' 학교에서 극히 '일부' 교사들에게나 있는 촌지 문제로 교육부가 전체 교사를 매도함으로써 교사들의 마음에 상처를 입혔다고 분개했다. 계속 체벌 문제를 들먹여 교사를 폭력집단으로 몰아붙인다면 아이들의 인성교육을 포기할 수밖에 없다는 '부드러운 협박'도 있었다.

놀라운 일이다. 내가 쓴 칼럼은 극히 온건한 것이었다. 교사들 사이에서 '해찬들 고추장'도 안 먹는다는 농담이 돌 만큼 비난을 받았던 이해찬 교육부 장관과 가까운 사이이고, 또 교육부 산하단체의 간부로 일하던 시절이었기 때문에 그렇게 온건하게 쓸 수밖에 없었다. 이런 정도의 글을 가지고 분통을 터뜨리는 교사가 있으리라고는 예상하지 못했다. 내가 그 당시 정말로 하고 싶은 이야기를 이제 숨기지 말고 해보자.

나는 교사의 아들이다. 미 군정 시절에 교직에 발을 들여놓았던 선친은 세상을 떠나기 1년 전까지 무려 35년 동안 고등학생들에게 역사를 가르쳤다. 큰아버지도 한때 교사였고 작은아버지도 초등학교 선생님으로 정년 퇴직한 분이다. 그리고 내 누이 넷 가운데 셋이 교사였다. 그 중 한 사람은 전교조 사태 때 해직당했다가 여러 해 만에 교단으로 돌아가 지금도 재직 중이다. 내가 어렸을 때 명절에 차례를 지내러 큰집에 가보면 거기 모인 친척들 가운데 절반이 교직에 있었다. 나는 개인적으로 교사들의 삶에 대해 너무나 잘 알고 있으며 열 살짜리 딸을 둔 학부모이기도 하다. 고등학교와 대학 동창 가운데 교직에 있는 친구들이 많이 있고 지금도 자주 만나고 있다. 학교 현장의 문제에 대해서 알 만큼 안다는 이야기다.

나는 학교 폭력을 혐오한다. 많이 당해보았기 때문이다. '불량학생'에게 괴롭힘을 당한 적도 있지만 내가 경험한 학교 폭력은 거의 모두 선생님들에게 당한 것이었다. 교사들에게 얻어맞을 확률은 성적과 반비례한다. 개인적으로 고등학교 때는 '예비 서울대생'이었기 때문에 학교의 방침에 내놓고 반발하는 경우에조차 폭행을 당하지는 않았다. 그와 달리 성적이 400명 가운데 50등 정도였던 중학생 때는 정말 무수히 얻어맞았다.

그러나 나는 단 한 번도 선생님의 매질에 승복해본 적이 없다. 교복에 다는 배지가 비뚤어졌다든가 돈이 없어 미술 시간에 쓸 준비물을 사오지 못한 것이 매질의 이유가 될 수는 없다고 생각했다. 수학 문제를 잘못 풀거나 영어 단어를 외우지 못했다는 이유로 종아리를 맞는 것도 마찬가지였다. 난들 왜 수학과 영어를 잘하고 싶은 마음이 없었겠는가? 이해를 못하고 요령을 몰라서 그런 것인데 더 친절하게 잘 가르쳐주지는 않고 매질을 하는 선생님이 나는 싫고 미웠다. 매를 맞아서 공부나 인격 형성에 도움이 된 것은 손톱만큼도 없다고 생각한다.

차라리 홈 스쿨링을

얼마 전 교육부가 학생 인권선언을 제정하려고 한 적이 있다. 아이들의 인권을 지켜주기 위해 교사와 학부모 등 어른들이 노력하겠다는 뜻을 표명하는 선언문이었다. 교육부는 각계 대표로 선언문 기초위원회를 만들었는데, 그 중에는 현직 교사들이 여럿 있었다. 선언문 초안을 좀 다듬어달라는 요청을 받고 참고삼아 선언문 기초위원회의 선언문을 살펴보았다. 그런데 놀랍게도 "학생은 모든 형태의 신체적, 정신적, 성적 폭력으로부터 보호받아야 한다"는 선언적 체벌금지 조항에 대해서 교사들이 모두 반대 취지의 발언을 한 것으로 나와 있었다.

모를 일이다. 선생님들도 모두 옛날에는 학생이었다. 나는 그 분들에게 묻고 싶었다. "선생님은 학창 시절 '승복할 수 있는 매질'을 경험해보았습니까? 선생님은 그 덕분에 공부를 더 잘하게 되었고 인격자가 되었습니까?" 물론 학급당 학생 수가 너무 많아서 체벌을 일절 금지하면 질서를 유지할 수 없다는 하소연에 일리가 없는 것은 아니다. 하지만 선언적의미의 체벌금지 조항까지도 반대하는 경직된 태도는 분명 지나치다. 만약 다른 사람에게 그 사람의 의지에 반해서 육체적인 고통을 주는 것이 형법상 폭력죄를 구성하는 범죄행위라면 교사가 학생에게 그 학생이 승복하지 않는 체벌을 가하는 것도 명백한 폭력범죄라고 할 수밖에 없는 일이다. 선생님을 경찰에 고발하는 것이 권장할 일은 아니지만 나는 청소년들이 부당한 폭력을 참고 견디는 나라보다는 신고하는 나라가 더 장래가 밝은 사회라고 믿는다.

촌지 문제도 그렇다. 학교가 사회의 다른 분야보다 더 깨끗하다는 증거는 없다. 교사들이 다른 직업 집단보다 높은 도덕성을 지녔다는 증거 역시 없다. 이른바 채택비와 납품비리 등 학교의 부패는 그 규모에 차이가 있을지언정 공무원과 경찰 등 다른 공공분야와 다를 바 없었다. 선생님에게 감사의 마음을 담은 작은 선물을 하는 것은 아름다운 일이며 선진국에서도 다 있는 일이다.

하지만 '촌지'와 '뇌물' 사이에 삼팔선이 가로놓인 건 아니다. 실제로 '촌지'를 주는 학부모도 적지 않고, 주지 않는 학부모가 심리적 부담을 느끼는 만큼 학교 현장의 촌지 관행은 이미 미풍양속의 범위를 벗어난 것으로 보아 마땅하다. 나는 이 문제를 해결하기 위해서는 예컨대 1만 원짜리 이상의 물건이나 현금은 무조건 뇌물로 간주하는 명확한 규정을 도입해야 한다고 본다. 물론 선생님들의 기분이 좋을 리는 만무하다.

그러나 이 문제를 공론화하는 그 자체를 '교원 죽이기'라고 비난하는 것은 올바른 태도가 아니다. 이런 논리로 보면 '공무원 부정부패 척결'을 외친 대통령 후보들은 모두 '공무원 죽이기'를 한 셈이고 법조비리의 근절을 외치는 시민단체는 '법조인 죽이기'를 시도하는 못된 자들이 되고 말 것이다.

나는 '교직은 성직 또는 천직'이라는 황당한 이데올로기를 거부한다. 개인의 직업 선택의 자유에 간섭하는 하느님은 어디에도 없다. 누가 총칼을 대고 교직에 종사하라고 강요한 적도 없다. 교직에 들어온 것도, 정년퇴직 때까지 그 자리를 지키는 것도 모두가 자신의 선택이다. 아이들의 정신적 성장을 돌보는 직업이라는 자부심이야 아무리 존중해도 지나치지 않을 것이다. 하지만 그렇다고 사회가 교사를 특별하게 대접해야 할 이유는 없다.

나는 교사들이 얼마나 큰 사랑으로 아이들을 대하는지 모른다. 사람마다 차이가 있을 것이다. 그러나 한 가지 분명한 것은 교사의 권위를 떠받치는 가장 중요한 요소는 교육전문가로서의 지적(知的) 능력이며 아이들과 학부모는 우선 잘 가르치는 교사를 원한다. 선생님들도 대부분 학부모일 터, 새 학년이 시작될 때마다 아이가 잘 가르치는 선생님을 만나는 행운을 누리기를 바랄 것이다. 교사로서의 전문적 능력이 뛰어나면 권위는 저절로 선다.

내 아이는 멀리 독일의 초등학교에 다니고 있다. 지금 3학년이다. 곧 아내가 귀국하면 이곳 초등학교 4학년이 될 것이다. 지금까지 아내와 나는 '촌지'나 '체벌' 같은 문제로 고민해본 적이 없다. 독일에는 '군사부일체'나 '교권' 같은 말이 없지만 담임교사의 말은 절대적인 권위를 가진다. 만약 내 딸이 내가 초등학교와 중·고등학생 시절에 만난 그런 선생님을 만난다면 나는 차라리 홈 스쿨링을 택할 것이다. 아이에게 매 맞는 두려움을 주는 학교, 노골적으로 돈을 요구하는 교사에게는 절대로 아이를 맡기지 않겠다.

이유 있는 반항

19 98년 9월 하순 프랑스에서는 고등학생들의 시위 사태로 온 나라가 시끄러웠다. 3주일 전 일부 지방도시에서 시작된 시위는 지난 15일에는 파리, 메츠, 리용, 툴루즈 등 전국 주요 도시로 확산되어 무려 50만 명이 거리로 나섰다. '교사 없이는 미래도 없다' 등의 피켓을 든 학생들은 교사 증원과 학교 폭력 방지대책 확충, 과밀학급 해소와 교육환경 개선, 교육과정 개편 등의 요구를 내걸었다.

학생 대표들을 만난 클로드 알레르그 교육장관은 학생들의 주장을 이해한다면서도 '정부가 한꺼번에 모든 문제를 다 해결할 수 없다'고 호소했다. 하지만 학생들은 '구체적인 약속'을 요구하면서 의회의 1999년도 예산심의가 시작되는 10월 말까지 전국적 시위를 계속했다. 학생들은 파리 등 일부 지역에서 경찰과 충돌해 부상자를 내고 지하철 운행을 중단시켰다. 시위현장 주변의 상점이 '약탈' 당하는 불상사도 있었던 것으로 전해졌다. 장 자크 케란 내무장관은 폭력행위자를 엄단하겠다고 경고했지만, 강력한 사회운동의 전통을 지닌 프랑스 사회에서 정치적 시위를 벌인 학생들을 처벌하는 경우는 상상하기 어렵다.

폭력행사 등 일부 불미스런 일을 제외하고 보면 1998년 학생 시위는 프랑스의 밝은 미래를 예고한다. 프랑스의 고등학생들은 '좋은 교육을 받을 권리'를 위해서 궐기했다. 그들은 정보와 지식이 가장 결정적인 생산요소가 되는 21세기 사회의 주역으로서 자신들의 미래를 위해서 무엇이 필요한지 알고 있으며, 나름대로 필요한 것을 얻을 수 있는 방법을 모색했고, 공통의 이해관계 위에서 실천을 위한 연대를 형성했다. 전국적 시위가 교육환경 개선을 위한 최선의 방법이라고 단정할 수는 없지만, 중요한 것은 학생들 스스로 자신들이 찾아낸 대안을 실천에 옮겼다는 점이다.

김대중 대통령은 선거 공약과 취임사, 8.15 경축사에서 21세기 정보·지식기반 사회를 이끌어갈 인재 양성의 중요성을 거듭거듭 강조했다. 그래서 그런지 컴퓨터를 잘 다루고 인터넷을 자유자재로 드나드는 아이들을 보면서 흐뭇해하는 어른들이 많다. 착각도 이만저만이 아니다. 컴퓨터와 인터넷의 시대에도 핵심적인 것은 정보를 수집하고 판단하고 처리하는 능력과 그 정보를 활용해 주어진 과제를 해결하는 능력이다. 당면한 문제를 정확하게 인식하고, 문제의 원인을 찾아내고, 그 문제를 해결할 수 있는 창의적인 방법을 찾아내고, 그 과정에서 다른 사람과 협력하고, 연대하고, 행동을 조직하는 능력을 가진 사람을 많이 길러내는 사회만이 발전할 수 있다는 이야기다.

우리의 고등학생들은 어떤가? 한마디로 눈앞이 깜깜하다. 새벽별을 보고 학교에 가서 잠잘 시간이 될 때까지 콩나물시루 같은 교실에서 지식을 주입받는다. 공부를 잘하는 아이들은 명문대학 인기학과에 붙기 위해 죽은 듯 지내고, 그런 학교가 싫은 아이들은 본드를 마시고 가출을 하고 폭력을 휘두른다. 심지어는 자살까지 하면서도 자신의 꽃다운 청춘을 질식시키는 비인간적 환경과 억압적 질서에 대들어볼 생각은 꿈에도 하지 않는다. 서글픈 청춘이다.

이렇게 자라난 아이들 가운데서 20년 후 나라를 이끌어갈 인재가 나와 지금 시위를 조직하고 있는 프랑스의 아이들 못지않게 아름다운 사회를 만들 수 있을까? 누가 우리 아이들을 이렇게 만들었나? 컴퓨터 통신을 통해서 학교 환경을 개선해달라고 청와대에 건의한 학생을 처벌한 학교 운영자들, 문제를 '개별적으로 해결'하기 위해 촌지를 주고받는 학부모와 교사들, 교육개혁 요구에 사보타지로 대응하는 교육관료와 기득권자들이 우리 아이들을 목조르고 있는 것이다. 이걸 뒤집어엎어야 나라가 살 것이다.

전문성은 만병통치약이 아니다

인간 사회는 분업을 통해서 발전했다. 고도의 분업화가 이루어진 현대 사회는 전문가를 필요로 한다. 육체적인 힘이나 물질적 자본보다 새로운 정보와 지식을 생산하고 활용하는 능력이 더 중요한 역할을 하는 21세기 지식기반 사회에서 이런 현상은 더욱 심화될 것이다. 그런데 우리 사회에는 '전문성'에 대한 이상한 미신이 있다. 어떤 분야에서 장기간의 활동 경험이나 학위를 가지고 있으면 무조건 전문가로 인정해주고, 그런 전문가가 공공기관의 책임자가 되어야 한다는 견해가 그것이다. 장관이나 정부 산하단체의 기관장이 바뀔 때마다 빠짐없이 등장하는 언론 인물평의 근저에는 늘 이런 견해가 깔려 있다.

예컨대 김대중 정부 2기 내각에 전격 발탁되었던 연극배우 손숙 씨는 그 짧았던 재임기간 내내 전문성 시비에 시달리다가 환경부 장관 자리에서 밀려나고 말았다. 국내 최대의 환경단체인 환경운동연합 공동대표였지만 언론은 그것을 전문성의 근거로 인정해주지 않았다. 1기 내각의 이해찬 교육부 장관에 대해서도 일부 언론은 '엉뚱한 인사'라고 비난했다. 교총을 비롯한 교원단체들은 "교육 문외한 장관이 교육을 망친다"고 그를 비난했다. 국회의원들의 상임위원회 배정이나 정부 산하단체 기관장 인사에서도 언제나 전문성 논란이 따라다닌다. 하지만 전문성에 대한 이러한 지배적 견해의 근거는 매우 취약하다. 관련분야 학위나 장기간의 경험을 가지고 있다고 해서 공익을 위하는 정책을 펴는 건 아니라는 말이다.

대표적인 예가 교육정책이다. 역대 교육부 장관은 대부분 대학교수와 총장들이었다. 그래서 대한민국 교육이 잘되었던가? 법무부 장관과 검찰총장은 거의 예외 없이 사법고시를 거친 판·검사 출신이 했지만 사법권의 정치적 남용과 법조비리에 대한 국민의 원성은 예나 지금이나 하늘을 찌른다. 국방부 장관도 모두 군 출신이 했지만 국민의 사랑을 받는 군을 만드는 데는 철저히 실패했다. 이것은 정도의 차이는 있지만 어느 분야에서나 마찬가지다. 전문성은 필요하지만 전문성만 있다고 만사형통인 것은 결코 아닌 것이다.

1999년 11월 24일 국회 법사위 법안심사소위는 이런 사정을 다시 한번 확인해주었다. 변호사법 개정안을 심의하면서 내부고발자 보호조항과 '전관'의 사건 수임제한 규정, 변호사와 사무장의 법원 출입제한 규정 등 법조비리를 줄이기 위한 핵심 항목을 모두 삭제해버린 것이다. 이 소위원회의 위원 6명 가운데 여기에 반대한 사람은 국민회의 조순형 의원뿐이었고, 삭제에 찬성한 나머지 5명은 모두 법조 출신이다. 15명의 법사위원 가운데 조순형, 조홍규(이상 국민회의), 이규정(한나라당), 송업교(자민련) 등 6명의 의원들이 삭제된 조항을 모두 되살린 수정안을 제출했다.

하지만 목요상 위원장과 최연희, 박헌기, 안상수, 정형근, 조찬형, 박찬주, 함석재, 차수명 의원 등 나머지 9명이 법조 출신이어서 법조비리 근절을 위한 변호사법 개정안이 제대로 처리될지는 미지수다. 법조 출신으

9-6 '대결'

'변호사법 개정안' 개악시도 법사위
법조출신이 15명중 9명 '압도적'
비법조출신 "개악 저지" 수정안 내

지난 26일 국회 법사위 법안심사소위
기 통과시킨 변호사법 개정안에 대해
'개악 여론'이 비판이 쏟아지면서 법사
위의 비법조인 출신 의원들이 주축이
돼 수정안을 내는 등 변호사법 문제가
심사 할수 있는 비례로 봇물로 터지고 있다.

국회 법사위는 28일 비공식토론을 의식해
서인지 예초 이날 전체회의에서 상정해
통과시킬 예정이었던 변호사법 개정안 상
정을 보류했다. 목요상 위원장(한나라당)은
위원들에게 "소의를 통과한 법안에 대해
논란이 많은 만큼 시간을 두고 더 논의할
편 뒤 상정하겠다"고 이유를 밝혔다.

하서 일부 조순환 의원 등 법조계 출신
이 아닌 법사위 위원 6명이 개정안을 준
법안으로 재검토할 것을 요구하며 수정안
을 제출했으나 안건 상정이 무산되어 논
란에 불러일으키 못했다. 조순환 의원 등은
"수정안을 냈다서시에 변호사법 통과" 받지
고 요구하면 위 위원들은 "위사위원으로
출려 있지 않았느냐 다음 기회에 이야기

'개악안' 상정 보류 지난 26일 열린 국회 법사위 전체회의에서는 '개악' 비판을 받아온 변호사법 개정
안 처리 문제에 관심이 집중됐으나 목요상 위원장이 개정안의 상정을 사실상 보류하면서 심의가 다
음회로 미뤄졌다. 오대성 위원장이 전체회의에서 안건을 심의하고 있다. 연제원 기자 drc@hani.co.kr

의사"라며 문제를 따로 미뤘다.

이날 변호사법 수정안은 소위에서 시제를
된 스시간 수입제한 규정 스대무고발사
보호조항 스사건수임부분 의식과 보고 의
무 규정 스변호사회 사무감사 범위와 수
사기관 출입금지조항 등을 모두 원안대로
통과시킬 것을 요구하는 내용이다. 조순환 의
원은 "정부가 법조비리 척결을 위해 앞장
참 개혁의지 없이 내놓았던 게 국회에서
도와주지도 못할법을 만들고 있는 안타가"
며 "아이들 떠나 이런 문제의지에 동의하
는 의원을 위해 나 수렴하를 마련했다"고
말했다.

이날 수정안을 제출한 의원은 미국
변호사인 유재건 국민회의 부총재를 복
외조건으로 조순환·조홍규·진하당 유재
택, 자민련 송영길 의원 등 모두 6명의
비법조인 출신이다. 변호사 소속 대부분
15명이어, 이 중 이 의원을 제외한 전부
상 최면종·백종천·연상수 정형근·주진
환·백종주·함석재·박수병 의원은 모두
법조계 출신이다.

안심회 기자 shni@hani.co.kr

변호사 집단의 사익을 공익보다 앞세운 법조계 '전문가' 들의 '변호사법 개정안' 개악 시도 (『한겨레』, 1999년 11월 25일)

로서 수정안 제출에 참여한 이는 미국 변호사 자격을 가진 국민회의 유재건 의원뿐이었다.

1999년 5월 임시국회에서도 이런 풍경을 본 적이 있다. 국회 교육위원회에는 직접 사립학교 법인을 운영하거나 이런저런 관련을 맺고 있는 의원들이 많다. 그런데 교육위원회는 정부가 제출한 교육관련법 개정안을 심사하면서 사립학교의 학교운영위원회를 심의기구에서 자문기구로 격하시키고 사립대학 법인의 공익이사제 도입을 삭제하는 등 학교 운영의 투명성과 민주성을 높이기 위한 조항을 대폭 약화시키는 수정안을 만들어 통과시켰다. 아다시피 사립학교 법인은 직원을 뽑으면서 돈을 받아 챙기는 거의 유일한 '기업' 이다. 학교운영위원회에 심의권을 주고 사립대학 법인 이사회에 공익이사제를 도입하면 이러한 돈을 받고 교사와 교수를 뽑거나 건축비를 횡령하는 등의 범죄행위를 예방하는데 효과가 크다는 건 너무나 분명하며, 그 혜택은 수많은 학생과 학부모에게 돌아갈 것이다.

공익을 추구하는 '문외한'이 더 낫다

하지만 국회 교육위의 일부 의원들은 소수의 사립 학교법인 소유자의 사익을 지키기 위해 다수 학생과 학부모의 이익을 짓밟아버렸다. 어디 교육분야뿐인가. 변호사와 회계사 등 전문업종에 부가가치세를 부과하는 부가세법 개정안 역시 그 분야 출신 의원들의 끈질긴 방해 때문에 숱한 우여곡절을 겪어야만 했다.

재미있는 것은 변호사법 개정안 심의 과정에서 법조 출신 국회의원들은 여야를 초월하는 강력한 '직업적 결속력'을 과시했다는 사실이다. 1999년 11월은 옷로비 사건과 서경원 사건 재수사를 둘러싸고 여야가 죽기살기로 살벌한 대결을 벌인 시점이다. 이런 가운데 법조 출신 국회의원들이 연출한 '희귀한 여야 공조'는 보는 이를 그만큼 더 슬프게 했다.

국회의원 윤리실천규범 제10조는 이렇게 되어 있다. "국회의원은 심의 안건 등과 직접적인 이해관계를 가지는 경우에는 사전에 이를 소명해야 하며 관련 활동에 참여해서는 안 된다." 어디 그뿐인가. 국회법 제48조도 이해관계를 가진 의원들의 법안 심사를 금하고 있다. "국회의장과 교섭단체 대표의원은 의원이 다른 직(職)을 겸하고 있는 경우 그 직과 직접적인 이해관계를 가지는 상임위원회의 위원으로 선임하는 것이 공정을 기할 수 없는 현저한 사유가 있다고 인정하는 때에는 해당 상임위 위원으로 선임해서는 안 된다." 지키지도 않을 국회법을 뭐 하러 만들어놓았는지 모르겠다. 입법부 스스로 법을 지키지 않으면서 누구더러 지키라고 법을 만드는지도 알 수가 없다.

사회정의를 위해서는 전문성에 대한 근거 없는 미신을 뒤집어야 한다. 대학교수를 절대로 교육부 장관으로 임명하지 말고, 법조 경력이 없는 법률전문가를 법무부 장관으로 발탁하고, 민간인을 국방부 장관으로 세우고, 건설업계에 아는 사람이 전혀 없는 이에게 건설교통부를 맡기자. 그러면 나라꼴이 지금보다는 훨씬 좋아질 것이다. 집단적 사익(私益)을 공익보다 앞세우는 '전문가'보다는 공익을 추구하는 자세를 가진 '문외한' 장관과 국회의원이 나는 좋다.

238 〈 61 ?

'238 〈 61.' 1998년 9월 참여연대가 신문에 낸 「국가개혁을 위한 연속광고」 제2탄의 제목이다. 238보다 61이 크다니, 무슨 소린가? 사연인즉 시민단체들이 추진하는 부패방지법 제정안에 299명의 국회의원 가운데 238명이나 서명을 했는데도, 국회가 이 법안을 상정조차 하지 않고 있다는 것이다. 그런데 이 '괴상한 부등식'은 '대한민국 국회에서만 통하는 수학'이 아니라 대한민국 사회의 모든 곳에서 통하는 부등식이며, 일정한 조건이 갖추어지기만 하면 세계 만방에서 통하는 '수학'이다.

엉뚱한 소리 같지만 뇌물 주고받기를 비롯한 모든 형태의 부정부패는 '이기적 욕망을 추구하는 개인'의 관점에서 보면 매우 '합리적인 행동'이다(자유주의 진영의 이데올로그들이 신봉하는 '이기적 개인'과 '합리적 행동'은 원래부터 윤리도덕과는 아무 관계도 없다!). 부정부패는 다음과 같은 부등식이 성립하면 '합리적 선택'이 된다.

'뇌물의 액수 〉적발되어 처벌받을 확률 × 처벌에 따른 손실의 액수'

여기서 겹쳐진 부등호는 '현저히 크다'는 뜻이다. 그렇다면 어떤 조건 아래서 이런 부등식이 성립하게 될까? 좌변 뇌물의 액수는 국가권력이 쳐놓은 인·허가권과 감독권 등 규제의 그물이 강력하고 촘촘할수록, 그리고 공무원과 국회의원 등의 재량권이 클수록 높아진다. 예컨대 유흥업소의 영업시간 제한이나 소방점검, 위생점검 따위에 대한 규제가 심할수록 단속권한을 행사하는 공무원들은 더욱 두툼한 촌지를 받게 되고 상납의 고리는 더욱 길고 두터워진다. '규제의 정글'이 깊을수록 부등식의 좌변은 커진다는 이야기다.

적발의 확률이 낮을수록, 그리고 실제 처벌받을 확률이 낮을수록 부등호의 우변은 작아진다. 그래서 부정부패로 먹고 사는 '합리적 개인'들은 부정부패에 대한 감독권을 행사하는 사람들에게까지 상납의 고리를 건다. 여기서 가장 골치 아픈 장애물은 '내부 고발자'들이다. 그래서 그들은 이문옥 감사관의 경우에서 보듯 '내부 고발자'를 고립시키고 협박하고, 그래도 말을 듣지 않으면 쫓아내거나 감옥으로 보내버린다. 우리 나라에서는 부정부패가 적발될 확률도 매우 낮고, 실제로 처벌받을 확률은 더욱 미미하다. 뇌물 제공자가 처벌받을 확률은 제로에 가깝다. 그래서 부등호의 우변은 자꾸만 작아진다.

우변의 크기를 좌우하는 또 하나의 요인은 적발당하고 처벌받을 경우 입게 될 손실의 액수다. 부패가 만연한 공무원 사회에서는 거의 모두가 처벌받을 잠재적 가능성을 안고 살아간다. 그래서 그들은 누군가가 처벌받을 경우 손실을 줄여주기 위해서 일치단결한다. 직원 중 누군가 비리를 적발당하면 재빨리 사표를 내서 파면을 피하게 해준다. 전직 대통령과 재벌 총수, 유명 정치인들은 처벌도 물방망이일 뿐만 아니라, 세월이 조금만 지나면 금방 사면복권이 되어 모아둔 '떡값'으로 평생 호의호식 한다.

'부패부등식'의 좌변을 줄이기 위해서는 별다른 효과 없이 공무원들의 배만 불려주는 쓸데없는 규제를 과감하게 줄여야 한다. 부등식의 우변을 줄이기 위해서는 시민단체의 주장처럼 조직 내부의 부정부패를 고발하는 사람을 철저히 보호하는 법률을 만들어 부정이 적발될 확률을 높여야 하고, 적발된 비리에 대해서는 가차없는 처벌을 내려야 한다. 비용을 들이지 않고 우변을 키우는 방법은 '일벌백계'로 처벌에 따른 손실액을 대폭 높이는 것이다. 작은 부정에 대해서도 파면 등 중징계를 하고, 돈을 준 사람도 똑같이 처벌하고, 뇌물로 모은 재산을 한푼 남김 없이 몰수하는 법률을 만들어야 한다.

비즈니스화된 부정부패

수십 명의 젊은 목숨을 앗아간 인천 호프집 화재사건이나 성수대교, 삼풍백화점 붕괴사고에서 드러난 것처럼 우리가 오늘날 목격하는 부정부패는 조선시대의 삼정문란(三政紊亂)처럼 권력자가 선량한 백성을 착취하는 그런 고전적인 사회현상이 아니다. 그것은 불특정 다수의 생명과 건강을 희생양으로 삼아 업자와 공무원들이 벌이는 현대적 비즈니스다. 소수의 예외를 제외하면 대한민국의 거의 모든 직업집단이 이러한 검은 비즈니스에 발목이 잡혀 있다. 동네 노래방에서 10만 원짜리 수표를 정기적으로 받아 챙기는 동네 파출소나 소방서의 말단 직원, 억대 뇌물을 챙기는 고위직 공무원 등은 규모가 달라서 그렇지 비즈니스의 성격은 똑같은 것이다.

인간이 원래 물질적 유혹에 흔들리는 불완전한 존재인 만큼 부정부패를 완전히 뿌리 뽑는 것은 불가능하다. 1999년 12월 정부여당은 내부 고발자 보호와 부패사범 처벌 강화, 시민감사 청구제도 도입 등을 주요 내용으로 하는 부패방지법을 국회에 제출했다. 그러나 이런 정도로 부정부패가 크게 줄어들 것이라고 낙관하기에는 이르다. 법률을 만들고 비리를 적발, 처단해야 하는 정당과 국회, 언론, 검찰, 법원에서도 '부패부등식'의 좌변이 압도적으로 크기 때문이다. 부정부패를 획기적으로 줄이기 위해서는 공직자가 합법적으로 받을 수 있는 선물의 액수를 명시적으로 제한하는 더 강력한 법률이 필요하다. 예컨대 1만 원 이상의 현금이나 선물은 그 이름이 촌지든 떡값이든 무조건 뇌물로 간주해 받은 사람을 단호하게 처벌하는 것이다. 이렇게 해야만 부패부등식의 우변을 확실하게 키울 수 있고 감시와 처벌에 드는 비용을 덜 들이고 부정부패를 획기적으로 줄일 수 있을 것이다.

그러나 어쩌랴. 이런 법률을 만들어야 할 국회의원들이 이런 강력한 부패방지법을 원하지 않을 터이니 말이다.

얼굴 있는 '박노해'의 거품

1999년 여름 『중앙일보』가 석 달 간 연재했던 '얼굴 있는 시인'의 산문 「박노해의 희망 찾기」는 하나의 파격이었다. '좌익 무기수' 출신에게 한 면을 통째로 내주고, 거기에다 임옥상 화백의 품격 높은 그림까지 총천연색으로 곁들였으니. 그런데 월요일 아침 박노해의 글을 읽을 때마다 왠지 입맛이 씁쓸했다. 그러면서도 그 씁쓸함이 어디서 온 것인지를 딱 꼬집어낼 수 없었기 때문에 속이 더 불편했다. 그러던 중 열한 번째 산문 「오늘은 다르게」(7월 12일)를 보고서야 나는 몇 달 동안이나 머릿속을 맴돌던 의문을 풀었다. '박노해가 변절했다'거나 '박노해는 변함없는 빨갱이'라는 '수군거림'에 대한 다음과 같은 그 자신의 대답이 열쇠였다.

변화와 변절은 다른 것이다. 맛이 가더라도 썩어 변질된 맛과 잘 익어 승화된 맛은 전혀 다르다. 내가 변하지 않았다고 보는 눈과 내 변화를 부정적으로만 보는 눈. 이들은 사람과 세상을 진화, 발전하는 과정으로 보지 않고 완결된 고정체로만 본다는 점에서 서로 닮았다. 자기 관점 이외에는 모두 틀렸다고 보는 절대 유일의 잣대만을 가지고 있다는 점에서도 서로 통한다.

박노해는 출옥 이후 쓴 산문을 한 권의 책으로 묶었는데, 제목이 하필이면 『오늘은 다르게』다. 솔직히 고백하건대, 나는 15년 전 박노해가 '얼굴 없는 시인'이었던 시절 발표한 시집 『노동의 새벽』을 읽고서 크게 감동을 먹었던 사람으로서 그 감동은 지금까지도 간직하고 있다. 하지만 그가 1986년 이후 『노동자신문』과 『노동해방문학』에 실었던 수많은 '투쟁시'와 '시사시(時事詩)'에서는 별다른 감흥을 느끼지 못했다.

나는 박노해가 가졌던 사상에 반대한다는 것을 분명하게 밝히면서 그의 석방을 요구하는 글을 여러 차례 썼다. '나의 자유는 언제나 나와 생각이 다른 사람의 자유를 의미한다'는 진짜 자유주의자의 신조에 공감하기 때문이다. 여기서 잠깐 월간 『리뷰』 1998년 여름호에 「나의 자유는 사상적 반대자의 자유」라는 제목으로 기고했던 글의 몇 대목을 보자.

자기의 생각을 표현할 권리를 박탈하는 체제에 맞서 싸우는 것은 분명 용기 있는 행동이다. 자기와 비슷한 생각을 가진 사람이 그 생각을 말했다는 이유로 박해를 받을 때 연대를 표명하면서 어깨를 걸고 함께 싸우는 것 역시 가치 있는 일이다. 하지만 민주주의를 신봉하는 시민으로서 할 수 있는 가장 가치 있는 행동은, 자기가 반대하는 사상과 견해를 가진 이가 그것을 표현했다는 이유로 박해를 받을 때 거기에 대항해서 함께 투쟁하는 것이다. 이것은 용감하고 의미 있는 행동일 뿐만 아니라, 사회적 인간으로서 할 수 있는 가장 아름다운 행동이기도 하다. 로자 룩셈부르크의 말대로 정치적 자유란 언제나 "나와는 의견을 달리하는 사람의 자유"를 의미한다.

　대한민국이 정말로 민주주의 사회로 가고 있다면 박노해와 사노맹 관련자들은 당장 풀려나야 마땅하다. 그들이 과거의 사상을 포기했는지 여부는 전혀 중요하지 않다. 엉뚱한 말처럼 들릴지도 모르겠지만, 민주주의는 현실을 인식하고 미래를 예측하는 인간의 능력이 매우 제한되어 있다는 사실을 인정하는 데서 출발한다. 좌익이든 우익이든, 사상의 다양성을 혐오하고 소수파와 이견집단에게서 표현의 자유를 박탈하는 모든 형태의 전체주의와 독재는 '절대적으로 옳은 것'에 대한 광신에서 시작된다.

　동서고금에 존재했던 지배적인 사상치고 처음에 이단적인 소수파의 사상이 아니었던 것은 하나도 없다. 이 나라를 지배하는 '자칭 자유민주주의 신봉자'들이 진짜 민주주의자라면, 단 1,000만분의 1퍼센트라도 사회주의가 진리일 가능성을 인정해야 한다. 자유시장에서 전개되는 경쟁이 경제적 진보의 새로운 가능성을 발견하는 과정인 것과 마찬가지로, 표현의 자유를 전제로 한 '사상의 자유시장' 없이는 '그릇된 사상의 도태와 새로운 진리의 발견'이 이루어질 수 없다. 역사적으로 입증된 민주주의 정치제도의 '경쟁력'은 그것이 '사상의 자유시장'을 기초로 하고 있기 때문이다. (……) 박노해가 이 체제에 '물리적인 위해'를 가할 수 있는 가능성은 100억 분의 1퍼센트도 되지 않는다. 그가 아직까지 거기 붙들려 있는 것은 단지 박노해가 그들에게 '기분 나쁜 인물'이기 때문일 뿐 다른 이유는 없다는 것이 내 생각이다.

　박노해는 특별사면을 받아 출감하는 바로 그 순간 대중매체의 '스타'로 떠올랐다. 주간 『이코노미스트』 같은 '친재벌적 경제전문지'가 "100만 원 정도 주식 투자를 해보고 싶다"는 박노해의 말을 대문짝만하게 내건 인터뷰를 실을 정도니 다른 일간신문이나 월간지는 더 말할 나위도 없다. 지금 미국 로스쿨에서 석사과정을 밟고 있는 백태웅과 더불어 사노맹의 최고 지도자였던 전력을 생각하면 그야말로 '코페르니쿠스적 전환'가 아닐 수 없다. 나는 '사회주의 혁명가 박노해'의 사상과 사노맹의 운동방식에 대해서는 손톱만큼의 공감대도 가진 적이 없다. 하지만 그가 감옥에서 이미 "나는 모든 주의자이며 아무 주의자도 아니다"고 고백했기 때문에 그의 사상을 비판할 필요는 없어진 지 오래다.

이 글은 동시대를 살아가는, 그리고 노선은 달랐지만 비슷한 사상적 방황을 겪은 사람으로서 '인간 박노해'에게 보내는 충고다. 혹시 주제넘은 짓이라고 할지는 모르겠으나 이런 충고를 하기로 마음먹은 것은 걱정과 연민 때문이다. 박노해의 글은 많은 사람들에게 묵은 상처를 덧들이는 쓰라림을 안겨주었다. 그가 앞으로 무슨 일을 어떻게 하면서 살아갈지는 모르겠으나 박노해 자신의 삶에도 이미 적지 않은 상처를 남긴 셈이다. 나는 「박노해의 희망 찾기」에서 그 넓은 지면을 메우느라 하지 않았더라면 더 좋았을, 그리고 별로 할 필요가 없었던 이야기를 늘어놓는 그의 모습에 안쓰러운 마음을 금할 수 없었다. 그래서 이제 그에게 권하려 한다. 잠시 붓을 멈추고 남들의 말에 귀를 기울여보시라고.

여전히 박노해는 진리다?

박노해는 자신이 긍정적으로 변화, 발전한다고 주장하지만 내가 보기에 그는 별로 변하지 않았다. 자기의 변신을 스스로 "승화"라고 예찬하는 태도가 특히 그렇다. 박노해가 변하지 않았다고 보기 때문에 나는, 그의 논리대로라면 "한번 빨갱이는 영원한 빨갱이"라고 주장하는 공안검사들과 한패가 된다. 그리고 "박노해가 변절했다고 수군거리는" 사람들과도 "닮은 꼴"이 되어버린다.

하지만 나는 박노해는 공산주의자가 아니라고 믿는다는 점에서 공안검사들과 견해를 달리한다. 사상적으로 볼 때 박노해는 자기 말마따나 "모든 주의자이며 아무 주의자도 아니다." 하지만 이걸 사상적 "변절"이라고 비난할 정도로 철딱서니없는 열혈 공산주의자를 나는 아직 본 일이 없다. 이 점에서 박노해는 무언가를 크게 오해하고 있다. 누군가 "변절"이라는 표현을 썼다면 그건 틀림없이 사상적인 문제가 아니라 '인간적인 서운함' 또는 '배신감'을 토로한 것일 게다.

박노해는 말한다. "사람들은 내 얼굴이 변했다고들 한다. 그러나 나는 원래의 내 얼굴로 돌아왔을 뿐이다." "엄혹한 독재정권 시절, 그 '짐승의 시간'을 '인간의 시간'으로 되살리기 위해 우리는 성난 얼굴로 싸울 수밖에 없었다." 그러니 내가 인간의 얼굴을 되찾았다고 해서 욕하지 말고 늬네들도 정신 차리고 얼굴을 바꿔라, 그런 뜻이다.

하지만 박노해는 변하지 않았다. 성난 얼굴을 어느 날 갑자기 웃는 얼굴로 바꾼다고 해서 사람이 달라지는 건 아니다. 박노해는 우선 자기 자신이 "자기 관점 이외에는 모두 틀렸다고 보는 절대 유일의 잣대만을 가지고 있"지 않은지 돌아볼 필요가 있다. 겸손하게 웃으며 매스컴에 얼굴을 내밀지만 그는 자신이 "절대 유일의 잣대"를 휘둘러 많은 사람들에게 상처를 입혔던 과거를 지금 어떻게 생각하는지를 밝히지 않는다. 그러면서 지금 자신의 판단이 옳다는 말만을 되풀이한다.

준법서약서 문제가 불거졌을 때를 돌아보라. 나는 박노해의 석방을 진심으로 기뻐했으며 그가 준법서약을 했다고 해서 변절자라고 비난하는 사람을 보지 못했다. 그런데 끝내 서약을 거부하고 감옥에 남은 사람들과 이 제도를 변형된 전향제도라고 비판한 인권단체에 대해 박노해는 '유연하지 못하다'고 훈계했다. 조금 미안한 표정을 짓고 말았더라면 차라리 좋았을 것이다. 가수 심수봉의 입을 빌면, '보내주는 사람은 말이 없는데 떠나가는 남자가' 큰소리치는 격이었기 때문이다. 박노해의 '적반하장'에는 그만한 이유가 있다. 그는 "자기 관점 외에는 모두 틀렸다고 보는 절대 유일의 잣대를 가지고 있"기 때문이다. 옛날이나 지금이나.

'모두에게 자유를!' 양심수를 전원 석방하라는 이들의 외침을 그냥 모른 척이나 할 일이지 '유연하지 못하다'고 점잖게 나무랄 건 뭔가?(『시사저널』, 1998년 8월 27일)

박노해는 비장한 어조로 자신의 선택을 옹호한다. "극좌와 극우의 양쪽에서 날아오는 돌팔매에 몸을 드러내놓기보다는 과거 이름의 영예를 지키며 조심조심 걸어가는 길이 얼마든지 있"는데도, "'지조'와 '변절'의 양극단 사이에서 '바른 변화'의 길을 창조적으로 열어" 나가기 위해서 "울면서라도 앞서가"겠노라고. 경주교도소에서 "참된 시작"을 한 박노해, "사람만이 희망"이라는 깃발을 들고서 극좌와 극우의 비난을 받으면서도 "바른 변화"의 길을 열어가는 박노해. 그런데 안타깝게도 그는 자신이 추구하는 변화가 "바른 변화"라는 것을 논증하려고 애쓰지 않는다. 그저 세상이 달라지고 있으니 우리도 달라져야 하며 자신의 변화가 '바른 변화'라고 주장할 뿐이다.

박노해는 사노맹 경력을 "과거 이름의 영예"로 간직하고 있다. 놀라운 일이다. 나는 박노해라는 "이름"을 가진 시인에게 "영예"를 선사하는 사람은 수없이 많이 보았으되, 사노맹이라는 조직의 "이름"에서 그 어떤 "영예"를 떠올린다는 사람은 본 일이 없다. 인정하는 이가 별로 없는데 도대체 무슨 "영예"란 말인가. 박노해는 "감옥의 혼거방(混居房) 한쪽에서 갓 스물 된 '새끼건달'들이 먹바늘로 살을 찔러 문신을 새기고 또 한

쪽에서는 서른 살쯤 된 중간보스들이 벌겋게 생살을 벗기며 문신을 지우고 있는" 것을 보았다며 이렇게 개탄한다. "왜 문신을 지우는 선배들이 철없이 문신을 새기는 후배들에게 자신의 변화된 생각을 책임 있게 말해주지 못하는 걸까."

사회주의 입문을 '문신 새기기'에, 그리고 사회주의 버리기를 '문신 벗기기'에 빗댄 이 비유의 적절성은 논외로 하더라도 문제는 여전히 남는다. 철없이 문신을 새기는 후배들을 말리는 데는 선배들의 "변화된 생각"이 별로 도움이 되지 않기 때문이다. 그보다는 문신을 새김으로써 당하게 되는 고통과 불이익이 얼마나 큰지를 생생하게 이야기해주는 편이 낫다.

마찬가지로 박노해가 자신의 "바른 변화"에 돌팔매질을 하는 '극좌 후배'들을 '교화'하려면 자신의 "변화된 생각"을 이야기하기보다는 사회주의 혁명가였던 시절에 자신이 했던 말과 썼던 글, 사노맹의 운동방식이 얼마나 많은 사람들에게 걱정과 두려움과 상처를 주었는지를 낱낱이 고백하는 편이 훨씬 낫다. 하지만 그는 매우 추상적인 몇 개의 싯귀 말고는 그런 이야기를 한 적이 없다.

설교는 이제 그만!

박노해는 감옥문을 나서면서 세 가지 운동원칙을 세웠다고 한다. 첫째, "더이상 지는 싸움은 하지 않겠다. 한꺼번에 성취하기보다는 착실하게 역량을 축적하는 운동"을 하겠단다. 그런데 이런 운동은 벌써부터 남들이 하고 있다. 민주노총과 전교조를 보라. 착실하게 역량을 축적해서 마침내 합법화를 쟁취하지 않았는가. 둘째, "돈이 되는 운동을 하겠다. 사람을 감동시키고 비전을 주며 사는 데 도움이 되는 운동에는 사람과 회비가 모일 수밖에 없"단다. 그런데 이것도 벌써 남들이 하고 있다. 참여연

310

대나 환경운동연합, 동강을 살리려는 각종 시민단체들은 회비와 후원금을 제법 모으고 있다. 셋째, "즐거운 운동을 하겠다. 영혼이 맑고 건강한 사람들이 좋은 뜻을 모아 서로 연대하면서 보람과 재미를 나누는 운동이라면 어찌 사람들이 참여하지 않겠는가." 그런데 이 것마저도 남들이 먼저 시작해버렸다. 윤구병 선생 같은 분이 하는 생활공동체와 대안학교운동, 결식아동을 돕는 중국집 주방장들의 모임, 장애인을 돌보는 비장애인들의 모임은 수도 없이 많다. 박노해가 어디에 참여할지 두고볼 일이다.

그가 어떤 운동원칙을 세우든 그건 자유다. 하지만 돈도 되고 재미도 있는 운동을 일찍부터 해온 사람들은 박노해와는 달리 지는 싸움을 하거나 돈이 안 되는 운동을 하거나 괴로운 마음으로 운동하는 사람들을 훈계하기보다는 자기 일에 열심이다.

또 지는 싸움, 돈 안 되는 운동을 누군들 좋아서 하겠는가? 처음에 지다가도 나중에 이기는 수가 있고, 돈이 안 모이다가도 갑자기 돈이 되기도 하고, 괴로워도 굳세게 하다보면 볕이 드는 그런 운동이 얼마든지 있지 않은가. 도대체 무슨 "절대 유일의 잣대"가 있기에 박노해는 이기는 싸움과 지는 싸움을, 돈 되는 운동과 안 되는 운동을, 괴로운 운동과 즐거운 운동을 그렇게 두부모 자르듯 구분할 수 있는지 나로서는 도무지 알길이 없다.

나는 또 박노해가 누구를 향해 '희망 찾기'를 역설하고 있는지 모르겠다. 혹시 '운동권'에 발가락 하나라도 걸치고 사는 또는 걸쳤던 적이 있는 사람들을 향한 것이라면 번지수를 잘못 짚었다. 예컨대 나는 별로 절망적인 상태에 있지 않다. 과거 민주화운동을 했던 사람들, 심지어는 사노맹과 『노동해방문학』에 참가했던 이들조차도 별로 그런 것 같지 않다. 고시도 보고, 아이도 낳고, 취직도 하고, 그렇게 "평화로운 저녁밥상"들을 차리면서 산다. 진보의 보폭이 그리 넓고 빠르지는 않아서 기운이 좀 빠지고 불만이 많지만, 그래도 세상이 조금씩은 나아져가고 있다는 걸 부정하지는 않는다.

그리고 "사람만이 희망"이란 거, 새로울 것도 없는 이야기다. 그 많은 젊은이들이 죽고 다치고 감옥에 가면서도 공장으로 농촌으로 숨어들고 유인물을 찍고 화염병을 만든 것이 다 그 "희망"인 "사람"을 일깨우고 조직하기 위해서가 아니었던가. 아직도 "문신을 지우"지 못한, 또는 "새로 문신을 새기는 후배들"을 걱정하는 마음이야 좋지만, 요새는 그런 사람 별로 없으니까 박 시인이 그렇게까지 걱정하고 개탄할 필요가 없다.

'운동권'과 무관한 보통 사람들을 향한 것이라고 해도 마찬가지다. 보통 사람들도 설교를 듣는 건 별로 달가워하지 않는다. 그래서 박노해의 발밑이 어쩐지 불안해보인다. 허세와 거품의 징후가 뚜렷하기 때문이다. 예컨대 그는 경주교도소 독방 "감은암(感恩庵)" 생활 7년 동안 무려 "1만 권의 책"을 읽었다고 자랑한다. 7년이면 약 2,500일이니까 하루도 빠짐 없이 하루 네 권을 읽으면 1만 권을 읽을 수 있다. 취조와 재판을 받고 면회를 하고 편지를 쓰고 밥을 먹는 시간과 잠을 자는 시간을 빼고 넉넉히 계산해서 하루 12시간을 읽었다고 가정하면 한 권 읽는 데 평균 3시간이다. 이게 물리적으로 가능한 일인가?

내가 무슨 좁쌀영감이라서, 또는 박노해가 미워서 트집거리를 잡으려고 이런 걸 계산한 것이 아니다. 우스꽝스럽기로 말하자면 책을 몇 권 읽었노라고 공개적으로 밝히는 박노해나 그게 사실인지 덧셈 뺄셈을 하는 유시민이나 오십 보 백 보다. 그런 줄 뻔히 알면서도 이러는 것은 '거품'에 대한 걱정 때문이다.

안타까운 일이다. 박노해의 말에서는 높은 데서 놀겠다는, 그런 의지랄까 욕심이 엿보인다. 정말로 그만한 '내공(內攻)'이 있다면야 기꺼이 거물 또는 도사님 대우를 하고 존경의 뜻을 보낼 의사가 있다. 하지만 그가 쓰는 글에서는 그런 깊이와 무게를 느낄 수가 없다. 너무나 딱한 예를 한 가지만 들자. 박노해는 "문화혁명가 서태지"를 한껏 추켜세웠다. 그런데 자신이 세대의 벽을 뛰어넘는 문화감각을 가졌다는 걸 이렇게 표현한다. "20년 늦게 태어났으면 서태지가 되었을 것이다." 이건 강준만 교수의 '웃자고 하는 자기자랑'과는 성격이 다르다. "20년 늦게 태어났으면 나도 서태지의 열성팬이 되었을 것"이라고 하면 좀 좋은가.

이렇게 따지는 것도 사실 1만 권을 읽었다는 말에 시비를 건 것과 마찬가지로 쫀쫀한 짓이라는 걸 나는 안다. 하지만 충고는 매워야 제 구실을 한다는 생각 때문에 쫀쫀하다는 비난을 받는 한이 있어도 어쩔 수 없다. 지나간 한 시대의 상징적인 인물이 거품과 허세 때문에 스스로를 우습게 만드는 길로 빠져드는 것을 수수방관하는 것보다는 충고를 하느라고 욕을 먹는 쪽이 더 낫다고 나는 믿는다.

박노해 시인에게 간곡히 권한다. 당신이 쓴 「희망 찾기」의 첫줄부터 마지막줄까지 꼼꼼히 되짚어가면서 따져보십시오. 거기 오직 박노해만이 할 수 있는 말이 도대체 얼마나 들어 있는지를. 희망을 가지라고 당신이 외친다고 해서 누가 희망을 얻을 수 있겠는지를. 천안문 시위를 유혈진압하고 중국식 개발독재를 수립한 덩샤오핑에 대한 일방적인 찬양과 웬만한 사람은 다 아는 만델라와 음베키에 대한 찬사가 누구를 또다시 감동시킬 수 있는지를. 나물 파는 할머니를 포함한 온 국민의 불신풍조에 대한 질타가 권력자의 도덕강의와 얼마나 다른지를. 금강산 안내원과의 답답하기 짝이 없는 대화 기록에서 그 무슨 평화와 통일에의 희망을 찾을 수 있는지를.

나는 박노해 시인이 과장된 감수성과 빛나는 어휘, 힘찬 문장만으로는 남에게 '희망을 찾아주는' 감동적인 산문을 쓸 수 없다는 사실을 깨닫기 바란다. 아울러 이 글을 '입에 쓴 좋은 약'으로 받아들여주기를 바란다.

그리고 한 가지 더! 박노해는 몇몇 지식인들의 문제제기에 대해 성실한 답변을 할 의무가 있다는 점을 덧붙여야 하겠다. 예컨대 강준만 교수가 『인물과 사상』에서 박노해를 칭찬한 데 대해 김규항이 제기한 반론, 그리고 그가 '영성(靈性)'을 비롯한 신비로운 개념을 함부로 쓰는 데 대한 김정란 시인의 우려, 그리고 자신의 변화가 '바른 변화'임을 논증해 보이라는 나의 요구를 박노해 시인은 읽고 들었을 것이다.

배우 심혜진이 진행하는 텔레비전 프로그램 〈파워인터뷰〉에 출연한 박노해는 이 모든 비판에 대해 "반박할 대상이 아니라 극복해야 할 대상"이라며 눙치고 넘어갔다. 그리고는 출판사의 마케팅 수단인 문화면 기사와 『오늘은 다르게』 광고, 기자들과의 인터뷰 등을 통해서 자기가 하고 싶은 말만을 쏟아내는 일방통행으로 일관하고 있다.

박노해의 출옥 후의 행적은 그가 의식적으로 '공인(公人)'으로서의 삶을 택했다는 느낌을 준다. 대중매체를 통해 쓴 글과 한 말은 본인의 의도나 평가와는 다른 사회적 효과를 가진다. 박노해는 자신의 말과 글에 대한 사회적 반향에 대해서 책임 있는 자세로 대응할 책무가 있다. 묵묵부답은 자칫 오만의 증거로 받아들여질 수 있다. 매체는 얼마든지 있지 않은가. 『인물과 사상』도 있고 『이머지』도 있으며, 진보적 지식인들의 사랑방 노릇을 하는 『말』지도 있다. 더 대중적인 주간지나 월간지도 좋다. 박시인이 싣겠다고 하면 어느 매체가 거절하겠는가.

박노해 시인은 산문집 『오늘은 다르게』 출간에 즈음한 신문 인터뷰에서 "지식인 사회가 나를 왕따시키려고 하는 것을 알고 있다"고 말했다. 걱정이다. 이 글 역시 그런 '왕따 음모'의 산물로 볼지 모를 터이니 말이다. 나는 지금 걱정을 하는 중인데 박노해는 그걸 '왕따'라고 하니 앞으로는 이런 걱정도 그만두어야 할 것 같아서 정말 유감이다.

난폭한 화해

새천년을 코앞에 둔 1999년 벽두에 언젠가는 '가버린 천년의 문화적 야만성'을 적나라하게 드러낸 증거로 기록될 만한 사건이 있었다. 이 사건은 적어도 1999년까지는 여성이 자동차나 텔레비전 같은 물건보다도 더 못한 대접을 받았다는 것을 알려준다. 바로 다음과 같은 고색창연한 사연이다.

누군가 이웃사람이 막 새로 뽑아다 놓은 자동차를 고의적으로 망가뜨려놓았다고 하자. 이런 짓을 한 사람은 발각될 경우 형사처벌을 받게 된다. 차값을 온전하게 물어주고서 망가진 차를 인수해야 하고, 거기다 처벌을 원치 않는다는 피해자의 진술서를 첨부하면 아마도 관대한 처벌을 받을 것이다.

어떤 '법률적 총각'이 이웃집 처녀를 자동차로 납치해서 강간을 했다가 경찰에 붙잡혀 형사처벌을 받게 되었다고 하자. 그런데 이 파렴치범은 처벌을 원치 않는다는 피해자의 의견을 첨부함으로써 관대한 처벌을 받을 수 있다. 피해자와의 합의조건은 '망가진 처녀'를 자기 마누라로 '인수'함으로써 '책임'을 진다는 것이다. 처녀는 물건이 아니고 '대체'도 불가능하기 때문에 돈은 한푼도 물어줄 필요가 없다. 재수가 좋으면 나중에 처녀를 '인수'할 때 '예단'이라는 이름의 지참금까지 챙길 수도 있다.

페미니스트 여러분, 오해하지 마시라. 여성을 우습게 여겨서 자동차와 비교하는 것이 절대로 아니니까. 여성이 때로는 물건보다도 못한 취급을 받는 '미개한 대한민국의 현실'을 이야기하려고 이런 '불경스러운 비교'를 했을 뿐이다. 게다가 이건 가상적인 비교가 아니다. 불행한 일이지만 엄연한 현실이다.

어떤 너그러운 판사 나으리께서 '미혼의 강간범'을 집행유예로 석방해주었다. 신문을 웬만큼 관심 있게 읽는 사람이라면 사회면 구석의「휴지통」같은 곳에 짤막하게 보도된 이 사건 기사를 보았을 것이다. 문제의 강간범은 비 오는 날 거리에서 한 여고생을 납치해 일을 저질렀다. 승용차로 바래다주겠노라 호의를 베푼 다음 사고를 친 것이다. 언론에 알려진 집행유예 선고의 유일한 근거는 가해자와 피해자의 부모가 여고생이 성년이 되면 둘을 혼인시키기로 합의했다는 사실이었다. 이거 이래도 되는 것일까?

결혼만 하면 만사 오케이?

우선 이해할 수 없는 것은 피해자의 부모다. 길 가는 여고생을 납치해서 강간한 범죄자에게 도대체 무엇 때문에 딸을 시집보내려는 것일까? 혹시라도 여자는 '순결'을 바친 남자와 결혼해야 한다는 낡은 이데올로기 때문은 아닌가? 낯 모르는 여학생을 강간할 정도로 난폭하고 염치없는 심성(心性)과 행동양식을 가진 남자는 십중팔구 아내를 때리는 폭력남편이 되는 법인데, 수백 년 묵어 곰팡내가 나는 '조선시대 이데올로기'가

316

그만한 위험을 감수하면서까지 따라야 할 만큼 소중한 것인가?

다음은 문제의 판결을 내린 판사 나오리다. 신문에 이름이 나지는 않아서 확언할 수는 없지만 여러 가지 정황으로 미루어볼 때 남자일 가능성이 매우 높은 그 판사는 도대체 무슨 생각으로 그런 관대한 선고를 내렸을까?

이런 종류의 사건은 강간범죄 중에서도 특별히 반사회적인 흉악범죄다. 비 오는 날 모르는 이웃에게 차편을 제공하는 것은 사회를 아름답게 만드는 선행이다. 이런 종류의 호의를 가장한 범죄가 자꾸 일어나면 선량한 시민들이 서로를 도우면서 사는데 필요한 사회적 신뢰가 발붙일 수 없다. 죄질이 아주 나쁘다는 말이다. 설혹 당사자가 진심으로 반성을 하고 피해자의 부모가 선처를 원한다고 할지라도, 혼인 문제는 피해 여학생이 성년이 된 다음 사회생활을 하면서 스스로 판단하고 결정할 문제인데, 어떻게 혼인 합의를 '정상참작'의 근거로 삼을 수 있다는 말인가?

제일 딱한 처지에 빠진 사람은 난데없이 날벼락을 맞은 그 여학생이다. 그 여학생은 성폭행을 당한 그 자체만으로도 쉽게 치유하기 어려운 정신적 상처를 입었을 것이다. 게다가 이제는 한 사람의 생애에서 가장 아름다운 시기를 즐길 기회마저 박탈당하고 말았다. 생각해보라. 대학이나 직장에서 남자들을 보면서, '저 남자들 가운데 누군가를 내 인생의 영원한 반려자로 삼을 수 있을까', 가슴이 설레는 경험을 해보지 못하는 인생이 얼마나 처참한 것인지를. 백마 탄 기사 또는 운명처럼 다가오는 사랑에 대한 기대를 품어보지 못하는 젊음이 얼마나 삭막한 것인지를. 부모와 법원이 도대체 무슨 권리로, 인생의 가장 빛나는 시기에 일시적으로만 맛볼 수 있는 이 귀중한 삶의 기쁨을 빼앗아버린다는 말인가.

물론 인간의 삶에서 절대로 일어날 수 없는 일은 없다. 끔찍한 범죄의 가해자와 피해자가 진정으로 반성하고 용서하고 화해하는 경우도 없다고 할 수는 없으며, 짧게 보도된 이 사건이 바로 그런 경우일지도 모른다. 하지만 비록 그런 경우라도 용서하려면 그냥 용서해야지 혼인을 전제로 한 용서는 피해자를 더욱 불행하게 만들 뿐이다. 여성의 삶을 '생리적 처녀성' 여부와 결부시켜 재단하는 케케묵은 가부장주의를 바탕으로 한 화해를 진짜 화해로 인정할 수는 없는 일이다.

나도 때론 포르노그라피의 주인공이고 싶다?

1999년 10월 탤런트 서갑숙 씨의 『나도 때론 포르노그라피의 주인공이고 싶다』(이하 『나도…』로 줄임)가 큰 사회적 파문을 일으켰다. '풋사랑의 설렘'에서부터 '처녀 버리기', '상처받은 사랑', '결혼과 이혼', '애정 없는 섹스'를 거쳐 '사랑의 공유'와 '멀티오르가즘 얻는 법'에 이르기까지, 주로 성적 체험을 중심으로 글쓴이의 개인사를 엮어 놓은 이 책은 출간 한 주 만에 수만 부가 팔렸다고 한다. 제목과 내용이 연예인의 사생활에 대한 관심과 성적 호기심을 충족시켜주기 때문일 것이다.

『나도…』 파문은 『즐거운 사라』와 『천국의 신화』가 당한 수난을 떠올리게 했다. 교보문고가 '청소년에게 유해하다'는 이유로 이 책을 전량 반품했다는 보도가 나갔지만 사실이 아니었다. 교보 측이 이 책을 '유해서적'으로 판단하고 19세 미만 구독불가 서적 코너에 진열하겠다고 하자 출판사 측에서 공급을 거절한 것이었다.

KBS 텔레비전 드라마 '학교Ⅱ'의 프로듀서는 일방적으로 서씨의 출연 정지를 통보했다. 서씨는 녹화 현장에 갔다가 아무 예고 없이 출연 정지 통보를 받고 씁쓸하게 발걸음을 돌려야 했다. 그러자 검찰은 교보문고와 방송국의 조처에 화답이라도 하듯 『나도…』가 '음란물'인지 여부에 대한 내사를 시작했다고 밝혔다. 표준형 시나리오에 따른 사태 전개다. 그뒤 이 책은 독자들이 다 아는 대로 간행물 윤리위원회의 판정에 따라 '19세 미만 구독불가' 딱지를 붙이고 비닐 커버를 쓴 채 서점 진열대에 올랐다.

이 사건은 표현의 자유, 특히 성담론의 자유에 대한 우리 사회의 옹졸하고 편협한 태도를 남김 없이 드러내보였다. 성담론은 사회주의 사상과 더불어 광신적 반공주의자와 위선적 도덕군자들이 지배하는 '민주공화국' 대한민국에서는 절대적 금기로 간주되어왔다. 하기야 이게 아주 새로운 현상은 아니다. 우리는 조선시대 이래 언제나 새로운 사상적 조류를 '사문난적(斯文亂賊)'으로 몰아 박해하는 전통을 가진 나라에 살고 있으며 이런 전통은 국가보안법에 의해 면면히 계승되어왔다. '남녀상열지사(男女相悅之詞)'에 대한 탄압 역시 조선시대 이래 유구한 역사와 전통을 자랑한다. 이 전통 역시 '음란물'과 '미풍양속 훼손'을 단속하는 형법으로 계승되어왔다.

우선 교보문고에 한마디 물어보자. '유해성'의 기준이 무언지도 궁금하지만, 지금까지 교보문고가 팔았고 지금도 팔고 있는 그 수많은 책들 가운데 『나도…』보다 더 '청소년에게 유해한' 것은 없는가? 예컨대 '음란함'을 잣대로 삼을 경우 『나도…』는 소설 『실락원』이나 『게르마늄의 밤』 따위와 비교하면 그야말로 '새발의 피'에 불과하다. 폭력과 살인이 난무하는 무협지나 추리소설과 달리 『나도…』는 가족과 사랑 이야기를 담고 있을 뿐이다. 혹시 거래조건 때문이라면 모르지만 '청소년 교육'을 이유로 이 책을 차별대우할 이유는 없지 않겠는가. 그리고 간행물 윤리위원회의 판정과 무관하게 독자적인 판단에 따라 이 책을 성인용 책 코너에만 진열하겠다고 밝혔는데 그거야 좋은 일이다. 하지만 『월간 인물과 사상』 1999년 12월호에서 최성일 씨가 한 다음과 같은 말에 대한 대답은 준비해두어야 할 것 같다.

'판매 심의'의 주역이라는 교보문고 영업부 과장의 말이 재미있다. "랩을 씌워서 판매할지 여부는 출판사가 최종 결정하는 겁니다. 물론 책을 매장에서 팔고 안 팔고는 우리가 결정합니다." 인터뷰 기사는 교보문고를 상도덕에 투철한 건전기업으로 미화하고 있으나, 여기에는 무서운 진실이 숨어 있다. 유통조직을 통해서 얼마든지 책의 전달 흐름을 차단하는 것이 가능하다는 사실이다. 서점 이용자의 한 사람으로서 이 말밖에는 할 말이 없다. 교보문고에서 책을 사고 안 사고는 독자가 결정합니다.

다음은 드라마 출연 정지 문제다. 서갑숙 씨는 실제 교사가 아니라 교사 연기를 했을 뿐이다. 성적 체험에 대한 솔직한 고백과 교사 배역 사이에 모순이 있다고 느낀다면 스스로 그만두어도 좋을 것이다. 하지만 극중에서 선생님 역할을 하는 사람이 실제로 '도덕 모범생'이 아니라고 해서 배역을 박탈할 권리는 누구에게도 없다. 출연자들에게 '모범적 사생활'을 요구하는 조항이 계약서에 들어 있지 않다면 말이다.

검찰이 불기소를 결정하고 내사를 종결한 것은 그나마 진일보한 처사라 할 만하다. 『즐거운 사라』와 『천국의 신화』가 당했던 수난을 돌이켜볼 때 『나도…』가 '음란 출판물'로 기소당할 가능성을 배제할 수는 없는 일이었다. 『천국의 신화』가 출간되었을 때 기소를 담당했던 검사는 선사시대의 군혼(群婚)을 다룬 장면을 두고 "이건 완전 포르노"라고 주장했다. 국민의 가치관을 바로 세우고 미풍양속을 수호하겠다는 고매한 사명감에 사로잡힌 야심만만한 검사가 검찰청 어딘가에서 빨간색 볼펜으로 밑줄을 그어가면서 남의 책을 '분석'하고 '평가'하는 광경은 생각만 해도 끔찍하다.

서씨는 돈을 벌 목적으로 『나도…』를 썼다는 이런저런 청소년보호단체의 비난에 대해서 예상되는 인세 수입과 텔레비전 출연 정지 등 연예인 활동을 하지 못함으로써 발생하는 손실을 비교해가면서 그게 아니라고 해명했다. 그런데 이것도 참 웃기는 논란이다. 그런 비난을 하는 사람들은 I.Q가 두 자리 수가 아닌지 의심스럽고 또 그렇게 구구절절 해명을 해야 하는 서갑숙의 처지도 딱하기 짝이 없다.

무슨 의도로 책을 썼는지가 도대체 왜 중요한가? 우리가 자본주의 시장경제를 기본 질서로 삼는 민주공화국에 살고 있는지가 다 의심스러울 지경이다. 잘 나가는 전문의한테 인명을 구하려는 숭고한 사명감이 아니라 돈을 벌 목적으로 의사가 된 것이라고 비난한다면? 변호사더러 사회정의와 인권 실현이 아니라 돈을 벌기 위해 사법고시를 보지 않았느냐고 다그친다면? 동네 쌀집 아저씨더러 주민의 굶주림을 해결하기 위해서가 아니라 돈을 벌 목적으로 쌀집을 열었다고 욕한다면? 기업인더러 고용 창출이 아니라 돈벌이를 위해 창업을 한 것 아니냐고 묻는다면? 그런 소리를 하다가는 아마 미친 사람 취급을 받을 것이다.

너는 괜찮지만 나는 안 되는 이유

그런데 서갑숙은 왜 이런 터무니없는 비난을 받아야 하는가? 나는 서씨가 『나도…』를 쓴 동기가 무엇인지 아무 관심도 없다. "가슴 벅찬 사랑의 진리를 남에게 전하기 위해서"일 수도 있고 그저 돈을 벌고 싶었기 때문일 수도 있다. 어쨌든 이 책은 남의 자유를 침해하지 않는다. 그러한 표현 행위를 공권력이 억압하는 것은 표현의 자유를 보호하는 우리 헌법의 기본 정신에 어긋난다.

진정으로 '청소년을 보호'하려는 분들에게 권하고 싶다. 청소년들에게

이 책을 읽어보게 한 다음 이것이 '유해한 음란 출판물'인지 반응을 들어보라. 안마시술소와 단란주점, '과부촌'과 '미인촌'의 간판이 불야성을 이루는 나라를 만들어놓은 어른들이 이 정도의 책을 가지고 난리를 치는 것을 보고 청소년들이 무어라 할 것 같은가.

나는 나이 마흔이 넘은 지가 벌써 오래 전인데도 아직 어른 대접을 못 받고 있다. 지금도 그런지는 모르겠지만 사법고시를 통과한 내 친구들이 국립 사법연수원에 다니던 시절에는 영화 검열에서 삭제한 부분만을 모아서 보여주는 교육 프로그램이 있었다고 한다. 젖꼭지가 나왔다거나, 음모(陰毛)가 노출되었거나, 관객에게 성적 모욕감을 준다는 이유로 가위질한 장면들이었다. 나는 그 친구에게 물어보았다.

"너 그걸 보고 모욕감을 느꼈니? 혹시 여자를 강간하고 싶은 욕구를 느꼈니?"

"아니."

"그럼 넌 봐도 괜찮은데 난 왜 안 되지?"

나는 아직도 이 질문에 대한 답변을 기다리고 있다. 대한민국에는 두 종류의 국민이 있는가 보다. 하나는 스스로 판단할 능력이 없는 미숙하고 우둔한 국민이요, 다른 하나는 그들을 보호하기 위해 모든 것을 대신 판단해주는 검열자들이다.

우리는 정말로 '민주공화국'에 살고 있는가?

아직도 '개 옆구리'가 필요하십니까?

동물 애호가들께는 매우 죄송스런 말씀이지만, '개 옆구리'라는 것이 있다. 가까이 두고서 이유 없이 걷어차도 아무 뒤탈이 없는 그 무엇을 가리키는 말이다. 이런 편리함 때문에 사람들은 너나없이 하나쯤은 '개 옆구리'를 가지고 싶어한다.

나도 이 세상의 다른 모든 남자들과 마찬가지로 '개 옆구리'를 하나 가지고 세상에 나왔다. 부모님에게 아들을 점지하신 삼신할머니 덕분이다. 우리 남자들은 많은 골치 아픈 문제들을 '여자의 존재' 탓으로 돌려버릴 수 있다. 예컨대 그 말썽 많은 '옷로비 사건'의 경우가 그렇다. "망할 놈의 여편네들 같으니라구!" "여자들이 집구석에서 밥이나 할 일이지……." "마누라 하나 제대로 건사 못하는 놈들이 무슨 놈의 장관!"

그러면서도 이 사건이 남자들이 만들어놓은 접대문화의 한 변종이라는 사실에 대해서는 간단히 눈을 감는다. 물론 모든 남자가 다 이 공짜 선물을 애용하는 것은 아니다. 발길질을 거부하고 나선 '괘씸한 페미니스트'

들과 이들의 '반항'에 동조하고 나선 '배신남'들이 적지 않기 때문이다.

'개 옆구리'는 일종의 남성적 특권이다. 역사적으로 볼 때 기득권자가 자발적으로 특권을 포기하는 건 언제나 예외에 속한다. 기회가 생길 때마다 주저 없이 발길질을 함으로써 스트레스를 해소할 수 있는 '개 옆구리'를 버리고 싶어하지 않는다는 말이다. 심지어는 여자들 중에도 이런 남자들의 행위에 적극적으로 가담하거나 '걷어차일 짓을 한 여자들'을 비난하는 데 동조하는 이들이 적지 않다. "같은 여자로서 정말 창피해요." 텔레비전 카메라 앞에서 주저 없이 이렇게 말하는 여자들이 그렇다. "같은 남자로서 정말 창피해요." 전두환이 사람을 죽이고 기업인들한테서 수천억 원의 돈을 갈취한 사실을 두고 이렇게 말하는 남자가 있다면 아마도 덜 떨어진 인간 취급을 받을 것이다. 그런데 같은 여자로서 창피하다는 말을 하는 여자는 절대 그런 눈총을 맞을 염려가 없다. 다른 모든 지배적 이데올로기가 그런 것처럼 성차별 이데올로기의 힘도 이렇게 강력하다.

1999년도에는 '라스포사의 여인들' 말고도 여러 여자들이 심한 몰매를 맞았는데, 그 중에는 별 잘못도 없는데 매를 맞은 사람도 있고, 잘못이 있기는 하지만 똑같은 잘못을 한 남자들에 비해 훨씬 가혹한 발길질을 당한 사람도 있다.

우선 손숙 전 환경부 장관의 경우, 그는 러시아 공연이 끝난 후 수많은 관람객과 기자들이 지켜보는 가운데 기업인들이 준 격려금을 받아 극단 동료에게 전해준 죄로 장관 자리를 내놓아야 했다. 액수가 좀 많기는 했지만 뇌물도 아니었고 청탁도 없는 돈이었다. 그가 남자였더라도 언론이 그렇게 독하게 옆구리를 걷어찼을까. 아마 기껏해야 가십 한두 줄로 끝났을 것이다. 언론사 데스크를 점령한 남자들은 전문성 결여를 들어 손숙의 장관 기용을 끈질기게 비난했지만 그는 그 비난이 옳은지 여부를 검증할 기회조차 갖지 못한 채 무대 아래로 밀려 떨어지고 말았다.

손숙 전 장관의 도중 하차는 성차별 이데올로기의 힘이 그만큼 강력하다는 증거이다. (『시사저널』, 1999년 7월 8일자)

"같은 여자로서 정말 창피해요."

나는 손숙 씨가 애꿎은 희생양이었다고 본다. 검찰총장 시절부터 말썽이 많았던 김태정 씨를 법무부 장관으로 발탁한 김대중 대통령의 '오만한 인사'에 대해서 국민 여론이 좋지 않았기 때문에 제2기 내각을 씹을 기회만을 노리고 있던 언론에게 '격려금 사건'은 놓칠 수 없는 호재였다. 개각 발표일 아침 신문 가운데 조선일보만이 유일하게 손숙 전 환경부 장관이 포함된 신임 장관 명단을 정확하게 보도하는 특종을 올린 데 대한 다른 언론사의 화풀이였다는 설명도 있다. 청와대 비서실 고위인사 가운데 누군가가 자신의 이익을 위해 조선일보에 개각 명단을 흘린 것인데 손숙 씨가 보복의 유탄을 맞았다는 해석이다.

그 다음은 김태정 전 법무장관의 부인 연정희 씨. 외화도피 범죄 혐의로 구속될 위기에 처한 재벌총수 부인과 사정기관 총수의 부인이 어울려

다니면서 옷을 주고받은 건 분명 잘못이다. 하지만 연씨는 김대중 대통령의 제2기 내각 인사에 대한 전반적인 불만, 특히 김태정 씨의 장관 기용에 대한 언론과 야당, 시민단체의 불만 때문에 지은 잘못에 비해 턱없이 과도한 비난을 받아야 했다.

특별검사가 추후에 밝혀낸 사실을 보면 '옷로비 사건'은 신동아 그룹 박시언 부회장이 여권의 실세를 상대로 펼친 전방위 로비의 곁가지 같은 것이다. 문제는 호피무늬 코트가 아니라 청와대 사직동팀과 검찰의 '남자들'이 선배인 김태정 씨를 보호하기 위해 진상을 은폐하고 대통령을 속였다는 사실이다. 한마디로 말해서 고관부인들이 고급 의상실을 출입한 일로 사건이 불거지긴 했지만 사태의 실제 책임은 권력을 가지고 장난을 친 남자들이 떠맡아야 마땅하다.

끝으로 1999년도 로비계의 큰손이었던 주혜란 여사. 어디 그가 받아챙긴 돈이 그뿐이랴만 4억 원만으로도 무거운 처벌과 도덕적 비난을 받기에 부족함이 없다. 하지만 '개 옆구리'를 걷어차는 고약한 심보는 여기서도 어김없이 발동되었다. 얼마 전 법무부는 형사피의자의 인권 존중을 위해 미결수가 정장을 하고 법정에 나올 수 있도록 규정을 고쳤다.

나는 짙은 화장을 좋아하진 않지만, 이건 어디까지나 개인의 취향문제. 평소 화장에 몹시 공을 들이는 주씨에게 화장은 정장의 일부일 수 있다.

그런데 주요 신문들은 주혜란 씨가 검찰에 출두하기 전에 화장을 하느라고 시간이 많이 지체되었다는 가십을 실어 주씨를 형편없는 여자로 만들었다. 물론 주씨의 행위를 보면 형편없는 사람이었다는 것은 분명하다. 하지만 아무리 죄가 밉기로서니 화장하느라 좀 꾸물거린 것까지 그렇게 씹어야 속이 풀리겠는가. 임창렬 씨가 '의관을 정제'하느라 조금 지체해도, 그건 별 문제가 아닌데 말이다.

문제는 형평성이요 역지사지(易地思之)다. 잘못을 저지르는 데는 남녀가 따로 없다. 남자든, 여자든 잘한 만큼 칭찬받고 잘못한 만큼 지탄받아야 한다. 그렇지만 여성의 경우 특별한 배려를 해주어야 한다. 남성들은 자신들이 주도하는 사회적 질서와 도덕규범에 익숙하지만 여성은 그렇지 않기 때문이다.

그런데도 남자들이 오히려 더 엄격한 잣대를 자의적으로 휘둘러 '잘난 여자'들의 '옆구리'를 걷어차고 일부 '배웠다는 여자들'까지 여기에 가담하는 작금의 사태는 대한민국이 '야만문화의 낮은 단계'에 머물러 있음을 증명한다.

지나친 여성화, 지나친 남성화

정부와 공공기관, 정당의 주요 직책 30%를 여성에게 할당하겠다던 김대중 대통령의 여성할당제 선거공약은 아직 이루어지지 않았다. 예견할 수 있는 미래에 실현될 가능성도 희박하다. 그런데 놀랍게도 벌써 20년 전부터 여성할당제를 시행해온 대학들이 있다. 게다가 여성 할당 비율이 50%나 되니 진보적이라는 김 대통령의 할당제 공약을 무색하게 만드는 가히 파격적인 제도라 하겠다. 그런데 뭔가 좀 이상하다. 대통령 직속 여성특별위원회(위원장 강기원)가 서울대, 홍익대, 성균관대, 건국대 등의 미술계열과 서울대, 연세대, 경희대, 상명대 등의 음악계열에 대해 이러한 여성할당제를 명시한 신입생 모집 요강의 시정을 요구하고 나섰으니 말이다. 여성특위는 여성의 권리를 신장하고 성차별과 싸우는 국가기관인데 어째서 '완전한 남녀평등'을 보장하는 모집 요강에 시비를 거는 것일까?

이를 둘러싸고 벌어진 학부모들의 시위는 더 이상하다. 예능계 여학생의 부모들은 대학을 방문해서 이 여성할당제의 폐지를 요구하는 시위를 벌였다. 수험생 아들을 둔 학부모들은 거꾸로 여성특위의 조처에 항의하는 시위를 벌였다. 이런 이상한 시위가 벌어진 것은 이 제도가 사실은 여성할당제가 아니라 남성할당제이기 때문이다.

전국 예·체능계 고등학교의 재학생 가운데 남학생은 겨우 10%에 불과하다. 그러니 미술과 음악 등 예능계 학과에서 여학생들이 압도적 강세를 보이는 것은 너무나 당연하다. 그런데 대학의 해당분야 학과를 '지배'하고 있는 남자들은 이것을 일종의 '재앙'으로 본다. 모든 재앙은 미리 예방하는 것이 최선이다. 그래서 만든 것이 예술계의 '지나친 여성화'를 막기 위한 남성할당제였다. 남자들은 이런 종류의 '재해방지대책'을 교육대학과 사범대학에도 적용하고 싶어한다. 실제로 신입생의 20%를 남학생에게 할당하는 대학도 있다. 교단의 '지나친 여성화'가 아이들 교육에 나쁜 영향을 미친다는 것이 그 이유다.

'싸나이' 들의 잔치

대한민국 남자들, 정말이지 옹졸하고 쩨쩨하다. 앞뒤가 맞지 않는 건 말할 나위도 없다. 도대체 여자들이 왜 교직과 예술분야에 몰리는가. 잘 나가는 다른 분야를 모두 남자들이 장악하고 있으니 그걸 피하느라고 여자들이 그런 분야에 몰리는 것이다. 그런데 그것마저 남성할당제를 만들어 봉쇄를 하겠다고?

'지나친 여성화'를 문제시하는 논리는 옹색하기 짝이 없다. 우선 나는 그냥 '여성화'와 '지나친 여성화' 사이의 경계가 어디인지, 여성화가 지나친 나머지 실제 어떤 좋지 못한 일이 생겼는지 모르겠다. 하지만 무엇이든 중용과 균형이 좋다고들 하니까 남녀가 반반씩 섞이는 것이 바람직하다고 치자. 그러면 당연히 이런 의문이 떠오른다. 우리 사회의 다른 분야는 거의 모두 '지나친 남성화'가 나타나는데 거기에는 문제가 없는가.

우선 정치권을 보면 거의 완전히 '남자들의 잔치'다. 주먹다짐과 멱살잡이가 심심치 않게 터지는 것은 '지나친 남성화' 때문이 아닐까? 공공부문의 고위직도 남자들의 독차지다. 난잡하기 짝이 없는 접대문화와 뇌물 없이 되는 일이 별로 없는 공공부문의 부패도 '지나친 남성화' 하고 뭔가 관계가 있지 않을까? 국가안보와 사회의 안녕 질서를 책임지는 공안기관도 남자들의 세상이다. 전기고문과 물고문이 판을 쳤던 것도 정형근 의원이나 이근안 씨처럼 '국가안보를 위해서는' 물불을 가리지 않는 '싸나이'들만 있어서 그랬던 게 아닐까? 신입생 환영회나 동아리 축제에서 필름이 끊어지도록 술을 먹고 연례적으로 사고를 치는 대학생들의 난폭한 음주문화도 대학에 남자가 '지나치게 많은' 탓이 아닐까? 이 모든 불행한 재앙을 예방하기 위해서 사회의 모든 분야에 대학 예능계열과 같이 '남녀할당제'를 도입하자고 하면 남자들은 무어라 할 것인가.

1999년 7월 1일부터 시행된 '남녀차별 금지 및 구제에 관한 법률'은 사회적 약자인 여성의 인권을 보호하는 것을 목적으로 한다. 대학의 '남성할당제'는 명백한 위법행위다. 그런데 이런 제도를 시행하고 있는 대학 당국은 여성특위가 공개적으로 시정을 요구한 10월까지 그저 입을 꽉 다문 채 모르쇠로 일관했다. 대학 총장과 입시관련 행정책임자들이 이것이 위법임을 몰랐다면 그건 지식의 부족이요, 알고서도 팔짱을 끼고 있었다면 양식이 결여되었다는 증거다. 만약 이미 공고해버린 2000학년도 신입생 모집요강을 뒤늦게 바꿀 수 없다는 불가피한 사정 때문이라면 미리 그런 사정을 설명하고 다음해부터는 바로잡겠다고 약속을 했어야 옳다. 지성의 산실이라는 대학마저도 법률의 강제가 있어야만 마지못해 불합리한 제도를 고치는 참혹한 세상을 사는 것이 슬프다.

다시 슬픔과 노여움으로

"슬픔도 노여움도 없이 살아가는 자는 조국을 사랑하고 있지 않다."

나는 15년 전 감옥에서 쓴 「항소이유서」에서 러시아 시인 네크라소프의 이 싯귀를 인용했는데, 이것이 예상치 못했던 사회적 반향을 불러일으켰다. 그런데 정작 나 자신은 그때는 물론이요, 지금까지도 네크라소프의 시를 단 한 편도 읽은 적이 없으며 그가 어떤 사람이었는지도 전혀 모른다. 솔제니친의 처녀작 『이반 데니소비치의 하루』의 작품해설에 솔제니친이 공감을 표시하면서 인용한 이 말이 있어서 빌려다 썼을 따름이다.

나는 힘센 남자는 아니지만 일을 제법 많이 그리고 열심히 하는 편이다. 나이 마흔이 넘은 지금 나는 그 힘이 어디서 왔으며, 앞으로는 어디에서 인생의 에너지를 얻을 것인지 자문해본다. 어느 정도 자의식이 형성된 스무 살 이후만을 본다면 내 삶의 에너지는 슬픔과 노여움, 그리고 부끄러움에서 나왔다.

작품해설 한 귀퉁이에 있던 네크라소프의 싯귀가 내 시선에 잡힌 바로 그 순간 무심코 삼킨 뜨거운 찻물처럼 목구멍을 타고 들어가 심장 한가운데 자리를 잡아버린 것은 아마도 그 때문이었으리라. 저지른 적이 없는 죄를 쓰고 감옥에 들어 있었던 때라 감수성이 아주 예민했던 탓도 있겠다. 네크라소프의 싯귀는 중학생 시절 아무 잘못도 없이 영어 선생님한테 흠씬 두들겨 맞고 돌아온 날, 동네 이발소에서 "삶이 그대를 속일지라도 슬퍼하거나 노여워 말라"는 푸슈킨의 시를 처음 보았을 때와 비슷한 감동을 주었다.

하지만 이 글이 밖으로 유출된 후 일으킨 반향으로 미루어 보통 시민들 역시 전두환 정권의 야만행위와 그것을 막지 못하는 자기 자신에 대해 슬픔과 노여움을 느꼈음에 분명하다. 나는 1987년 6월 민주항쟁의 거대한 에너지가 수많은 사람들의 가슴 밑바닥에 자리잡고 있던 슬픔과 노여움에서 나왔으리라 믿는다.

슬픔과 노여움이 힘이 될 수 있는 것은 사람이 부끄러움을 아는 존재이기 때문이다. 갓 대학에 입학했던 1978년 여름, 나는 구로공단 봉제공장의 내 또래 여성노동자들이 매주 60시간 넘게 일해서 받는 한 달치 월급이 대학촌의 한 달 하숙비보다 적다는 사실을 알게 되었는데, 그 뒤로는 밥을 남긴다든가 여자대학 학생들과 그 당시 잘 나가던 〈우산속〉이라는 곳에서 단체 고고미팅을 한다든가, 첫시간 강의에 지각을 하는 그 모든 평범한 일에서 부끄러움을 느끼게 되어버렸다. 선배들이 긴급조치 위반으로 재판을 받는 걸 본 뒤로는 사법고시를 보려고 생각했다는 사실 그 자체도 부끄러워졌다.

사랑이나 행복을 향한 갈망이 아니라 슬픔과 노여움에서 힘을 얻는 사람이 많은 곳은 어둡고 불행한 사회다. 나이가 들고 때가 묻어서 그런지, 세상이 조금씩이라도 좋아져서인지, 그도 저도 아니면 조국을 사랑하는 마음이 줄어든 탓인지는 모르겠으나, 내가 세상에 대해서 느끼는 슬픔과 노여움은 많이 줄어들었다. 하지만 내 삶의 에너지가 줄어든 것 같지는 않다. 슬픔과 노여움이 버리고 간 자리를 부끄러움이 메웠기 때문이다.

프리랜서 또는 시사평론가라는, 자격증도 필요 없고 등단 절차도 없어서 누구나 마음대로 '참칭'할 수 있는 편리한 직업을 가진 지금, 나는 어떤 조직에도 속해 있지 않으며 어떤 운동에도 참가하지 않고 산다. 책을 읽고 글을 쓰는 것이 내가 하는 일의 전부다. 20여 년의 고민과 방황과 시행착오 끝에 찾은 이 직업 아닌 직업은 몸에 잘 맞는 옷처럼 편안하다.

그런데 내가 쓰는 글에 대해서 이제 독기를 빼고 격조가 있는 글을 쓰라든가 모난 곳을 다듬으면 좋겠다는 충고를 하는 분들이 많다. 하지만 나의 글쓰기를 지탱하는 힘이 아직도 사라지지 않은 슬픔과 노여움, 그리고 날이 갈수록 무게를 더해가는 부끄러움이기 때문에, 나는 그 고마운 충고를 외면할 수밖에 없다.

공안검사의 마음에 들지 않는 그림을 그렸다는 이유로 화가에게 유죄선고를 내리는 법관들은 나를 노엽게 한다. 마음속의 생각을 토해내도록 강요하는 준법서약서도 나를 노엽게 한다. 자신들은 틈만 나면 단란주점 룸살롱에서 젊은 여자를 끼고 놀면서 호스트바와 게이바를 특별히 단속하는 법규를 만드는 보건복지부의 '머리 벗겨지고 배 나온 아저씨'들도 나를 화나게 한다.

내란을 일으키고 양민을 학살한 범죄자들을 사면하고 천문학적 액수의 뇌물을 먹은 전임 대통령 아들의 징역형을 탕감해주면서 방송 민주화를 요구한 노동조합 지도자를 잡아 가두는 자칭 '국민의 정부'는 나를 슬프게 한다. 출신 지역과 소속 정당이 바뀐 것을 제외하면 예나 지금이나 변함 없이 계속되는 고위공직자들의 비리사건이 또한 나를 슬프게 한다.

이 모든 슬픔과 노여움을 고작 글쓰기로밖에 표현하지 못하는 내가 부끄럽다. 자신의 생각을 있는 그대로 표현했다는 이유로 잡혀가는 사람들을 그냥 보고만 있어야 하는 내가 부끄럽다. '지금은 사정이 너무 나빠, 한두 해만이라도 돈을 벌어 생활의 근거를 만들어야 해.' 이렇게 변명하면서 국가권력이 저지르는 야만행위를 방관하는 내가 부끄럽다. 남에게

콩팥을 떼어주고 골수를 뽑아주는 장기기증자와 장애인의 손발이 되어 봉사하는 수많은 이웃을 보면서도 그 용기와 희생정신을 따라 배우고 실천하지 못하는 내가 부끄럽다.

갈수록 부끄러움이 커지는 것은 아마도 내가 세상에서 느끼는 슬픔과 노여움을 제대로 터뜨리지 않는 탓이리라. 이제는 얻어터지고 쫓기고 감옥에 갈 만큼 뚜렷한 '반체제적 소신'이 없기 때문일지도 모른다. 하지만 슬픔과 노여움과 부끄러움이 내 삶의 활기를 지탱하는 세 기둥이라는 데는 변함이 없다. 반세기 만의 정권교체가 준 희망과 기대가 실망과 환멸로 바뀐 이즈음, 나는 슬픔과 노여움의 부름에 더 충실히 응할 때가 왔음을 예감하면서, 이럴 때 힘이 되는 맹자의 말씀을 되뇌어본다. 무수오지심비인야(無羞惡之心非人也). '부끄러움을 모르면 사람이 아니다.'

프리랜서의 비애, 자기 검열

직업을 쓰는 난이 있는 문서를 작성할 때마다 자문해본다. 내 직업은 무엇인가? 어떨 때는 자유기고가, 다른 때는 시사평론가, 또 다른 때는 프리랜서라고 쓴다. 독일 유학생활을 마감하고 돌아온 이후 '변변한 직장' 없이 2년을 살았다. 하기야 반 년 정도 교육부 산하단체인 한국학술진흥재단 기획실장으로서 봉급쟁이 생활을 하긴 했다. 하지만 원래가 1년짜리 계약직인 데다가, 서너 달도 채 지나기 전에 그 근로계약에 서명한 것이 실수였음을 깨달았기 때문에 그 곳을 내 인생에서 의미 있는 직장이라고 생각한 적은 없다.

통계청이나 국세청에서는 인정하지 않겠지만 내 직업은 '지식 소매상'이다. 지식 소매업은 유통업의 일종이다. 일찍이 묵가(墨家)는 생산하지 않는 자는 먹을 권리가 없다고 주장했는데, 이건 백 번 지당한 말씀이다. 하지만 생산은 하지 않고 말만 많은 유가(儒家)를 이 논리로 공박한 것은 온당치 않은 처사였다. 사회적 분업이 높이 발달하면 직접 땅을 갈거나 기계를 만지지 않고도 생산에 기여할 수 있기 때문이다.

오늘날 가장 중요한 생산요소는 지식과 기술이다. 사회에 필요한 새로운 지식을 창조하는 사람은 최소한 남들만큼 또는 남들보다 더 잘 먹고 잘 살 자격이 있다. 여기서 새로운 지식이란 유전공학이나 정보통신기술 등 요즘 잘 나가는 산업 지식뿐만 아니라 사회를 더 합리적으로 조직 운영하고 문화적으로 풍요롭게 만드는 데 도움이 되는 모든 분야를 포함한다. 누군가가 창조한 새로운 지식과 정보를 널리 퍼뜨려 많은 사람들이 활용할 수 있도록 하는 '지식 유통업자' 도 마찬가지로 먹고 살 권리가 있다. 아무리 귀중한 지식이라도 몇몇 '전문가' 들끼리만 알고 지낸다면 세상에 별 도움이 되지 않기 때문이다.

사농공상(士農工商)이라는 유교 이데올로기는 지식산업 종사자들에게 다른 산업 종사자들보다 높은 자리를 제공한다. 그런데 이 이데올로기는 지식산업 안에서도 그대로 통용된다. 새로운 지식과 정보를 창조하는 것을 본업으로 하는 집단은 대학교수와 국책 및 기업연구소의 연구원들이다. 우리 나라에는 약 4백여 개의 대학에 6만 5천 명의 대학교수가 있으며 대학 외 연구소의 박사 연구원도 만만치 않은 숫자이다. 이들 가운데 실제로 새롭다고 할 만한 지식을 창출하는 사람은 그리 많지 않다. 대부분은 학생들에게 기존의 지식을 전수하거나 남이 만든 새로운 지식을 활용하는 일에 종사한다.

그런데 일반 국민들을 위한 지식 유통에 관심을 가지는 사람은 별로 없다. 전문서적이나 학술논문은 업적 평가에 반영하지만 일반인을 위한 교양서적을 열심히 내는 것은 마치 정도(正道)를 벗어난 행위인 양 폄하한다. 한마디로 유통업을 우습게 여기는 것이다.

지식과 정보의 유통을 책임지고 있는 것은 언론과 출판업계이다. 그런데 텔레비전과 주요 일간지의 오피니언 코너는 지식 유통에는 별로 관심이 없는 대학교수들이 거의 독점하고 있다. 대한민국은 간판이 지배하는 사회여서 '일정하게 소속된 곳이 없이 글쓰는 일로 먹고 사는' 프리랜서가 언론이라는 지식 유통망에서 한몫을 하기는 매우 어렵다. 요행히 여기에 끼어드는 경우에도 대우가 영 시원치 않다. 요즘 웬만한 주간지나 월간지가 프리랜서에게 주는 원고료는 200자 원고지 1매에 8천 원 내지 1만 원에 불과하다. 2백만 원의 실질소득을 올리려면 매월 250매 정도를 어딘가에 기고해야 하는데 이건 사실상 불가능하다.

그래서 프리랜서는 출판업계의 문을 두드린다. 하지만 여기도 사정이 만만치 않다. 월 2백만 원, 연봉 2천 5백만 원 정도의 소득을 얻으려면 8천 원짜리 단행본을 기준으로 3만 부가 넘게 팔리는 책을 해마다 한 권씩 써야 한다. 이것 역시 예외적인 능력을 가진 사람이라야 할 수 있는 일이다. 프리랜서는 지식 유통업자인 만큼 새로운 지식과 정보를 찾아서 끊임없이 공부와 취재와 여행을 해야 하는데, 거기 들어가는 시간적, 금전적 비용이 또한 적지 않다.

스스로 '지식 소매상'을 자처해서 그런지 나는 킴스클럽이나 월마트보다는 동네 구멍가게를 좋아한다. 값이 비싸고 없는 물건이 많지만 편리하기 때문이다. 고등어를 한 마리 사더라도 자반용이라고 한마디만 하면 등쪽을 타서 내장을 빼고 왕소금을 적당히 뿌려주니까 밥 하는 동안 석쇠에 얹어놓기만 하면 만사 끝이다. 나는 독자들에게 친절하고 서비스 좋은 '지식 소매상'이 되고 싶다. 남에게 신세지지 않고 한평생 살 수 있다면 끝까지 그렇게 살다 가고 싶다.

프리랜서의 비애는 먹고 살기가 힘들다는 데 그치지 않는다. 프리랜서를 가장 슬프게 하는 것은 어쩔 수 없이 해야만 하는 '자기 검열'이다. 프리랜서로서 나는 운이 좋은 사람이다. 특히 언론계에 서울대 출신이 많아서 그리 어렵지 않게 일거리를 얻곤 한다. 일을 주는 분들은 능력을 보고 준다고 하지만 연고가 지배하는 대한민국에서 그 말을 액면 그대로 받아들일 수는 없는 일이다. 언론이라는 지식 유통업계에서 '왕따'를 당하지 않으려면 원고를 청탁한 신문사와 잡지사 기자들을 너무 난처하게 만드는 일을 되도록 삼가야 한다.

나는 한국 사회의 기준으로 보면 적잖이 '과격한' 지식인이다. 어떤 정치결사나 기업에도 속해 있지 않기 때문에 좌충우돌 내키는 대로 쓴다. 내가 신문을 직접 팔아야 한다거나 인기를 얻어야 할 이유가 없기 때문에 다수 의견을 추종하기보다는 소수 의견을 대변하는 경우도 많다. 언론사가 대놓고 비판하기를 꺼려하는 집단이나 개인에 대해서까지 독설을 늘어놓는다. 그러니 당연히 크고 작은 문제가 발생한다. 문제가 너무 자주 생기면 밥줄이 끊어질 수 있다. 프리랜서의 자기 검열이 시작되는 곳이 바로 이 지점이다.

자기 검열의 영역은 매우 넓다. 우선 우리 나라 언론의 못난 곳을 들추어내는 글은 곤란하다. 특정 언론사를 꼭 집어 비판하는 건 더 더욱 안 된다. 글을 실어주는 신문사나 잡지사와 특별한 관계에 있는 기업을 공격하거나 그 언론기업에서 힘있는 사람과 특별한 관계에 있는 정치인을 '씹는' 것도 문제를 일으킬 수 있다.

정치인을 집단적으로 욕하는 거야 언제나 환영이지만 종교집단이나 대학교수, 교사처럼 구성원의 수가 많은 집단을 대놓고 욕하다가는 험한 꼴을 당할 수도 있다. 국가정보원과 검찰을 비롯한 권력기관의 심기를 너무 불편하게 해서도 안 되고 사상적으로 지나치게 튀는 발언 역시 기피대상이다. 이렇게 숱한 지뢰밭을 피해 조심조심 쓰다 보면 결국 칼럼이라는 것이 귀 빼고 뭐 뺀 당나귀꼴이 되기 십상이다.

그러나 어쩌랴. 인생은 끊임없는 타협이라며 스스로를 위로할 수밖에. 만수산 드렁칡이 얽히고 설키듯 서로서로 밥줄을 엮어가며 사는 자본주의 사회에서 독야청청 유아독존은 불가능하다. 이런 맥락에서 볼 때 이

책은 '비겁한 우회전략' 또는 현실적 타협의 산물이다. 지금까지 신문과 잡지에 발표한 글을 모으면서 나는 현실과 타협할 필요성 때문에 스스로 검열하고 수정하고 삭제했던 것들을 다시 살려냈다. 신문과 잡지에는 실을 수 없었던 '민감한 주제'에 대해서는 새로 썼다. 이것이 윤리적으로 떳떳한 행동인지 나 자신도 확신할 수 없다. 다만 독자 여러분의 너그러운 이해와 용서를 바랄 뿐이다.